圆通制·工作标准系列

ENTERPRISES REVENUE MANAGEMENT WORKING STANDARD

企业收入管理工作标准

田高良 王民权 编著

中国财政经济出版社

图书在版编目（CIP）数据

企业收入管理工作标准/田高良，王民权编著．—北京：中国财政经济出版社，2013.4

（圆通制·工作标准系列）

ISBN 978－7－5095－4321－4

Ⅰ.①企…　Ⅱ.①田…②王…　Ⅲ.①企业管理－财务管理－标准

Ⅳ.①F275－65

中国版本图书馆 CIP 数据核字（2013）第035570号

责任编辑：王晓蕊　　　　责任校对：黄亚青

封面设计：耕　者　　　　版式设计：耕　者

中国财政经济出版社 出版

URL：http：//ckfz.cfeph.cn

E－mail：ckfz@cfeph.cn

社址：北京市海淀区阜成路甲28号　邮政编码：100142

营销中心电话：88190406　北京财经书店电话：64033436　84041336

北京财经印刷厂印刷　各地新华书店经销

787×1092毫米　16开　21印张　332 000字

2013年5月第1版　2013年5月北京第1次印刷

定价：50.00元

ISBN 978－7－5095－4321－4/F·3503

（图书出现印装问题，本社负责调换）

质量投诉电话：010－88190744

反盗版举报热线：88190492、88190446

圆通制·工作标准系列丛书
《企业收入管理工作标准》编委会

ORDER

代序

工作标准化是实现科学管理的良策

提高工作效率，保证工作质量，实现科学工作的基础是什么？

首先，需要让工作人员了解什么是科学工作。科学工作就是通过制定工作标准，在工作过程中或工作结束之后，结合工作标准评价工作偏差的科学性。

其次，我国全面推行内部控制制度，“控制”有约束、限制之意，那么，在控制之前，应当让工作者明白遵循的工作标准，如果没有工作标准，内部控制就无从谈起。

最后，由于工作组织者知识范围、能力水平存在很大差距，不同工作者对一项工作任务的理解程度必然存在差距，如果缺乏工作标准指导，或者说工作者根本就不知道已经存在的工作标准，就无法用“科学”这个词汇去衡量了。

工作标准是工作人员严格遵循法律法规等技术标准的规定，在管理标准规定的时间范围内，将需要完成的工作，通过科学的归纳、整合、分解、排序和加工处理，形成最佳结果的描述文件。

脑力劳动如何工作标准化？王民权先生创立了“圆通制”，圆通制系统阐述了科学工作的原理和方法，有效解决了脑力劳动标准化这一问题。因此，工作标准化研究是基于圆通制科学工作原理和方法之上的。

从研究角度来看，工作标准化具有将工作的各个要素、各个环节、各部门有机地结合起来，构成一个新的有机整体的能力。综合的过程对于准确认识工作之间的内在联系、从整体上考察客观工作项目具有重要的作用。这种标准化，已经不再是简单的大拼盘，也不是制度的堆积，而是在以人为本的基础上各学科、各要素之间的有机渗透、交叉和融合。这种标准化，既有多个学科制度的交叉，也有多个学科制度的渗透，不是简单的专业学科机械相加，而是紧紧抓住各个要素之间的内在联系，紧紧抓住对各部分的制度要求之间的内在联系，从中把握事物整体的本质和运动规律，得出一个全新的整体性的认识和要求，从而进行科学加工的过程。

工作标准把科学工作的理念转化为科学工作的正确思路。不同地区、不同系统、不同单位、不同岗位虽然工作基础不一样、条件不相同，有的甚至存在很大差异，但他们都必然将需要解决的发展问题、民生问题、社会问题、单位问题转化为每一个具体岗位的具体工作。完成这些工作虽然需要创造性，但大多数人的工作首先都需要在遵守相同规则（继承前人经验和成就）的基础上认真完成。相同的行业、相同的部门、相同的工作岗位、相同的工作内容，必然决定完成工作问题具有很多相同之处，决定了工作人员必须善于把科学的工作标准理念应用到本地区、本部门、本单位实际的工作思路。工作人员只有学习工作标准，执行工作标准，才能向建立标准、超越标准这种境界转化，只有了解和掌握了标准，才有创新的基础。

我国企事业单位最科学的内部控制制度就是在实际工作中将所有的制度要求都能落到实处。而我国目前的技术标准和管理标准，普遍表现形式是条文，如何在一个单位、一个体系、一个项目、一个事件或者一项工作中完整地表现各种制度要求，做得科学彻底、经典，就不能简单地依靠个人经验积累。需要通过科学的归纳和整理，把完成工作任务技术标准要求的各个工作要素结合起来，组成一个整体，再根据管理标准要求对这个整体进行分解、排序，通过工作者的科学加工、处理过程进行总结，形成工作标准。其他工作人员通过对这一工作标准的学习和掌握，起到经验传授与继承的作用。内部控制的核心目标是杜绝各种违反制度的情况发生，只有将各种制度控制点明确在每一具体工作环节之中，内部控制才能够见到实际效果。

根据国家标准委统计资料显示，我国改革开放 30 多年来，制修订各种标准有25000多项，这些标准基本属于技术标准或管理标准，对于如何将各种技术标准与管理标准科学、有效地结合，获得最佳效果的工作标准相对较少，我院希望藉由组织研究、编写、出版《圆通制·工作标准系列丛书》，开创工作标准研究新局面，为科学提高全国工作者的工作水平作出贡献。

中国工作标准研究院

2011年8月

PREFACE

前言

随着我国《企业内部控制基本规范》及其配套指引的先后颁布实施，标志着我国企业内部控制规范体系已基本建立。同时，伴随着我国企业信息化工作的深入推进，如何才能保证信息化背景下企业内部控制的有效实施，已成为理论界与实务界共同关注的热点问题。笔者认为，企业必须做到内部控制流程化、流程标准化、标准信息化、信息透明化，才能使内部控制真正落地，充分发挥其效用。《企业收入管理工作标准》一书的面世，正好为企业提供了实施收入管理内部控制的有力抓手。

企业收入管理工作标准化是基于企业收入项目管理，运用圆通制科学工作原理，明确收入管理机构，指导岗位设置，建立岗位工作目录和标准，进而建立科学量化考核机制的过程。本书将为大家提供快速掌握企业收入管理工作需要的能力和经验，提高工作效率，保证工作质量，提升收入管理内控的有效性。

企业收入管理中的销售收入管理，一直是企业财会工作者关注的重点，站在内部管理的角度是正确的。但从增加企业效益的角度来看，忽视政府补贴，是财会人员为企业创造更大价值的机会损失。近年来，随着市场化步伐的加快，发挥政府的宏观调控作用显得愈加重要。财政政策作为政府实施宏观调控的重要经济手段有着无法替代的作用。政府一方面通过财政政策的制定引导民间资本投向，另一方面通过财政直接对企业的各种补助体现国家的产业政策和发展重点，发挥政府的资源配置作用。随着财政体制改革的不断深化，国家财力不断增大，政府的转移支付能力不断增强，财政对企业的政府补助力度不断加大，补助的形式也呈现多样化、多渠道。管好、用好这部分补助资金是企业财务管理和会计核算的一项重要职责。所以，财政部颁发了《企业会计准则第16号——政府补助》，作为对企业政府补助项目的财务管理和会计核算的基本依据，专门对企业政府补助的确认、计量和相关信息的披露作了原则性的规定。因此，本书专设了“政府补助工作标准”一章。

全书共有9章。第1章概述企业收入管理机构。主要介绍企业组织机构设置、企业营销组织机构设置及其类型、企业财会机构设置和收入管理与核算工作。第2章阐述企业收入管理工作标准化思路。主要介绍圆通制工作标准体系建设的理论基础、收入工作管理标准与技术标准以及收入工作的简要分析。第3章是对企业收入工作标准化进行分析。着重从企业营销收入与政府补助工作两个层面，具体分析了企业收入管理工作标准化的内容。第4章至第8章，从企业营销收入层面分别研究主营业务收入、劳务收入管理与核算、建造合同收入管理与核算、其他业务收入管理与核算、营业外收入管理与核算等5项工作标准。第9章介绍了政府补助工作标准，主要从政府补助工作层面，研究了政府补助项目的选择、准备、申报及其跟踪、审批答辩、执行、收入确认及其核算、审计、总结等10项工作标准，以及国家重点高新产品计划项目申报、科技成果转化项目申请、中小企业发展专项资金申报、中小企业技术改造基金申报等37项专项工作标准。

本书选出的具体工作标准，基本涵盖了企业收入管理的主要工作，特别是对企业的政府补助项目的财务管理和会计核算工作内容、程序、岗位设置、岗位职责等提出了统一规范，以便使相关工作人员在履行政府补助工作岗位职责过程中有章可循。在我们开发的工作标准体系软件数据中，共录入了企业营销收入与政府补助两大类涉及52项具体工作标准，基本上可以满足日常企业收入管理工作的需要。

中国工作标准研究院王民权院长主持并撰写了第1至第4章，中国工作标准研究院会计工作标准研究所所长、西安交通大学管理学院会计与财务系主任、博士生导师田高良教授撰写了第5至第9章。在此基础上，中国工作标准研究院会计工作标准研究所的缑玉英等研究人员及一批长期从事企业收入管理工作的同志为完善标准付出了艰辛的努力和心血。这是他们实践经验的凝聚和智慧的固化，将造福于子孙后代。中国财政经济出版社的樊清玉编审、王晓蕊编辑及会计分社的诸位编辑为本书的出版付出了辛苦劳动，西安交通大学管理学院研究生王乐、喻玺、李思嘉、程茜参与了本书的校对工作，在此，向他们一并表示崇高的敬意和感谢！

本书的体例和编辑形式是一种创新性的尝试，虽然我们尽了很大的努力，但纰漏之处在所难免，敬请读者批评指正。

编著者

2013 年 5 月 1 日

目 录

第1章 企业收入管理机构概述

企业是创造价值的组织，通常情况下，企业组织创造价值的大小是通过收入水平体现的。因此，做好企业收入管理是企业管理不可分割的重要组成部分。

企业收入管理工作是企业为了实现生产经营战略目标，保证企业健康运营和科学管理，结合企业经营业务项目，开展的工作业务，主要包括：销售工作、政府补助工作、收银结算工作、票据管理工作以及与收入业务相关的会计制证工作、审核工作、账簿登记工作、报表编制工作、预算管理工作、价格管理工作、财务分析工作以及档案管理工作等。

企业收入管理工作反映企业经济效益的高低、企业竞争能力水平以及表现企业经营的成果。企业经营管理者必须科学分析企业收入项目，界定收入内容，才能正确建立和完善企业收入管理工作标准，通过工作标准的科学模式，明确收入工作项目、工作范围、工作思路、工作方法、技术要求以及管理标准，达到提高工作效率、保证工作质量，建立有序化管理的目的，对于实现企业经营目标，具有非常重要的作用。

企业收入管理工作标准化是基于企业收入项目管理，运用圆通制科学工作原理，明确收入管理机构、指导岗位设置、建立岗位工作目录和标准，进而建立科学量化考评机制的过程。

1.1 企业组织机构设置

一个优秀的企业，必然具有与其效能相适应的组织架构，具有满足企业决策权的划分体系和部门分工协作体系。企业组织架构能够根据企业经营总目标把企业管理要素配置在一定的方位上，确定其活动条件，规定其活动范围，形成相对稳定的科学管理体系。没有合理组织架构的企业将是一盘散沙，组织架构不合理也会严重阻碍企业的正常运作，甚至导致企业经营的失败。相反，适宜高效的组织架构能够最大限度地释放企业的能量，使组织更好发挥协同效应。

根据财政部总结企业组织架构的经验教训，在《企业内部控制应用指引第 1 号——组织架构》指引中，对企业组织架构的重要性和具体实施进行了系统阐述。企业管理团队疏于核心目标的管理，就会承受组织架构不合理所带来的损失与困惑；组织内部信息传导效率降低、失真严重，企业作出的决策低效甚至错误；部门设置臃肿，部门间责任划分不清，导致工作中互相推诿、互相掣肘，企业内耗严重，等等。

100 多年前，美国科学家泰勒撰写的专著《科学管理原理》一书，奠定泰勒制的基础和 ISO 国际标准体系的基础，企业产品生产体系的科学应用，带来企业生产效率的最大提高。而 100 年后的今天，企业管理者感叹企业管理机关工作体系的复杂与困惑，感受到泰勒制及 ISO 标准体系认证对机关脑力劳动的管理困难及效能缺失。这是因为泰勒制研究的物理模型是基于一个老板或一个企业主管管理 100 个工人或雇员，如何提升工人的生产效率；而今天企业管理机关面对的是 100 个老板管理一个工人或雇员，需要提升机关的工作效率，这也正是圆通制科学研究解决的命题。因此，在本书的研究中，是将企业收入管理工作归入脑力劳动的范畴之中。

1.2 企业营销组织机构设置

销售，是指企业出售商品或提供劳务收取款项等的相关活动。营销组织就是企业为了实现销售目标而将具有销售能力的销售人员、产品、资金、设备、信息等各种要素进行整合而构成的有机体。

对个体力量的汇集和放大效应是营销组织的两个基本功能。构成企业销售功能的要素有多个，各个要素都有相对的独立性，把分散的各个要素汇集在一起，形成互相依托、互相补充的统一体，正是构建销售组织追求的目标。销售组织是一个多元素组合的系统，它可能出现“1+1=2”、“1+1<2”、“1+1>2”三种情况。而我们进行销售组织设计应当追求“1+1>2”，即组织力量的放大效应。当然，这要依赖组织完备的沟通渠道和畅通的信息交流，依靠组织成员的良好协调和共同努力。企业的销售业务在企业经营活动中占有极其重要的作用，销售与收款是企业的主要业务活动之一，主要涉及以下五个部门：运营管理部门、销售部门、信用管理部门、仓储保管部门和财务部门。不同企业因为生产工艺流程的不同而形成企业收入来源的不同。

1.2.1 销售组织特点

销售组织作为企业组织体系的重要组成部分，具有以下特点：

（1）销售组织的目标是通过各种销售活动完成企业销售目标，实现销售利润，提供令顾客满意的售后服务，并努力扩大产品和服务的市场占有率，为企业发展创造条件。

（2）销售组织依据企业的产品特征、市场覆盖范围、流通渠道等因素构成不同的组织形式，有地区型组织、产品型组织、顾客型组织及复合型组织。

（3）销售组织的管理，以顾客为导向，对人、财、物、信息等管理资源进行合理组织和充分利用。

（4）销售组织是一个开放的系统，它与企业的战略和环境保持动态的适应，随着企业发展战略的调整和环境的变化，销售组织也要进行调整和变革，以保证较高的组织运行效率。

1.2.2 销售流程

（1）机会的辨识：包括市场调查、市场分析、生产决策、市场定位等。

（2）新产品开发：包括新产品的研发、新产品的生产等。

（3）对客户的吸引：包括营销策划、品牌推广、市场宣传、产品展示、洽谈签约等。

（4）订单执行：包括产品供应、发货运输、货款结算等。

（5）保留客户：培养忠诚，包括售后服务、定期回访等。

1.2.3　销售组织内控要点

合理的销售组织不一定能保证销售的成功，但不合理的销售组织一定会阻碍成功。有许多企业受到销售组织问题的困扰。

（1）效率低下

有些企业在发展壮大的过程中，销售组织迅速扩张，但效率却日渐降低，最突出的表现就是人均销售额的下降。例如，某著名家电企业最近3年负责销售和营销方面的人员增加了15%，而销售额却下降了12%。在效率降低的同时，企业对市场的反应也变得迟钝，整个销售体系就像一个老态龙钟的老人一样举步维艰。

（2）管理失控

有些企业在组织迅速扩张的过程中出现了管理失控的现象，如财务失控，营销费用持续上涨，但销售额并没有增加。有的销售人员或地区销售经理将产品销售收入挪作他用，形成体外资金；还有一些企业销货款大量呆滞，逐步形成死账、坏账。如信息失真，有些销售人员没有向总部及时传递市场和客户信息，甚至谎报军情，夸大竞争对手的竞争实力和促销力度，推卸责任，以掩盖自己的无能；有的甚至乘机要求公司提高奖励的比例，或要求加强广告或降价促销力度。如人员失信，有些销售人员功高自恃，把持客户和经销商，建立私人关系，形成独立王国；有的甚至在向总部施加压力，要求降价和促销的同时，还向经销商要回扣，损公肥私。如关系失控，有些企业规模大了之后，不注意与经销商和其他相关部门建立长期的合作关系，也没有建立一套市场危机处理系统，结果出现某些地区的经销商集体反水、消费者信用危机，这些情况直接危及整个销售体系和企业的形象。管理失控的结果使企业难以有效地运作，也难以快速地对现有的组织加以改造，最终使企业付出巨大的代价。

（3）沟通不畅

由于企业发展速度很快，导致地区差异、顾客差异的出现，企业缺乏相应的反应能力，导致对市场信心把握不准，完全依赖于道听途说。例如，销售部门总是认为广告不够多、新产品入市不够快、价格不够低、质量不够好，却对顾客需要什么样的东西并不清楚，也不知道广告能产生多少效果、降价能产生多少销售增长。由于企业并不太清楚市场的情况，具体的销售人员和分销商往往对企业的销售政策起巨大的影响，从而使企业的销售政策具有极大的随意性和盲目性。极少有企业进行长期系统的调研和顾客档案资料的积累，当然对竞争对手的信息也基本上是事后的了解。有些公司虽有这方面的资料，但不知道如何加以利用。掌握信息的人不作决策，决策者得不到真实的信息，部门的利益冲突又会导致信息封锁。由于信息沟通不畅及部门间的利益冲突，各种销售措施总是前后矛盾，影响销售效率的提高。

(4) 追求短期利益

由于企业在发展过程中，首先发展的是销售组织，企业也逐渐倚重于销售组织，但销售人员一般追求的是短期利益，结果导致企业整体销售追求短期利益，既不重视整体战略的发展，也不重视企业产品和服务的创新。当短期利益追求到一定程度，企业就面临困境，销售人员也会发现自己的传统技能已经不能适应新形势的需要。这样，当企业试图加强控制时，就会面临遭受巨大损失的风险，有时会导致企业内部人事上的巨大震荡和财务上的严重损失。

1.3 销售组织的类型

销售组织结构的选择受到企业人力资源状况、财务状况、产品特性、消费者及竞争对手等因素的影响。企业应根据自身的实力及发展战略，选择适合自己的销售组织形式，用最少的管理成本获得最大的运营效益。

1.3.1 区域型销售组织

区域型组织是指在企业的销售组织中，各个销售人员被分派到不同地区，在该地区全权代表企业开展销售业务。

在该组织模式中，区域主管权力相对集中，决策速度快；地域集中，相对费用低；人员集中，易于管理。区域负责制提高了销售人员的积极性，激励他们去开发当地业务和培养人际关系。但销售人员要从事所有的销售活动，技术上可能不够专业，不适应种类多、技术含量高的产品。

销售区域可以按销售潜力相等或工作负荷相等的原则加以划定，但每种划分都会遇到利益和代价的两难处境。具有相等销售潜力的地区给每个销售人员提供了获得相同收入的机会，同时也给企业提供了一个衡量工作绩效的标准。如果各区销售额长期不同，则可判定为各销售人员能力或努力程度的不同所致。

1.3.2 产品型销售组织

企业按产品分配销售人员，每个销售人员专门负责特定产品或产品线的销售业务。

销售人员对产品的理解非常重要，随着产品管理的发展，许多企业根据产品或产品线来建立销售组织。特别是当产品技术复杂，产品之间联系少或数量众多时，按产品专门化构建销售组织比较合适。例如，乐凯公司就为它的普通胶卷产品和工业用胶卷及医用胶卷配备了不同的销售队伍，普通胶卷销售队伍负责密集分销的简单产品，工业用和医用胶卷销售队伍则负责那些需了解一定技术的产业用品。

当企业的产品种类繁多时，不同的销售人员会面对同一顾客群。这样不仅使销售成本提高，而且也会引起顾客的反感，产品型组织显示出极大的不足。例如，庄臣公司设有几个产品分部，每个分部都有自己的销售队伍。很可能在同一天，几个庄臣公司的销售人员到同一家医院去推销。如果只派一个销售人员到该医院推销公司所有的产品，可以省下许多费用。

1.3.3 顾客型销售组织

企业也可以按市场或顾客类型来组建自己的销售队伍。例如一家计算机厂商，可以把它的客户按其所处的行业（金融、电信等）来加以划分。

近年来，按市场来划分建立销售组织的企业逐渐增多，而产品专业化组织在某些行业已经减少了。这种趋势还在蔓延，因为市场专业化与顾客导向理念一致，都强调了营销观念，按市场划分销售组织的著名公司有施乐、IBM、NCR、惠普、通用食品和通用电气公司等。

按市场组织销售队伍最明显的优点是每个销售人员都能了解到消费者的特定需要。有时还能降低销售人员费用，更能减少渠道摩擦，为新产品开发提供思路。但当主要顾客减少时，这种组织类型会给企业造成一定的威胁。

1.3.4 复合型销售组织

前面几种销售组织建设的基础都是假设企业只按照一种基础划分销售组织，如按区域、产品或顾客划分。事实上，许多企业使用的是这几种结构的组合。例如，可以按产品和区域划分组织，也可以按顾客和区域来划分，还可以按产品和顾客来划分。

如果企业在一个广阔的地域范围内向各种类型的消费者销售种类繁多的产品时，通常将以上几种结构方式混合使用。销售人员可以按区域——产品、产品——顾客、区域——顾客等方法加以组织，一个销售人员可能同时对一个或多个产品线经理和部门经理负责。

正如我们所看到的那样，销售组织专业划分的趋势仍在继续，销售组织划分的基础——区域、产品、顾客或者其组合会因企业而异。

1.3.5 大客户销售组织

企业的大部分销售额来自少数的大客户。这些交易量大的客户对企业显然非常重要，企业在设计销售组织时必须予以特别关注。大客户组织指以客户的规模和复杂性为划分依据的市场专业化销售组织，企业设专门的机构和人员来负责大客户的销售业务。

对大客户的销售业务管理，企业通常实行销售人员负责制。建立一支独立的大客户销售队伍，由专门的销售人员专门负责对大客户的销售和服务，给大客户提供一些特殊的关照。每位大客户销售人员通常负责一个或多个大客户，并且负责协调企业与大客户的关系。

1.3.6 团队销售组织

未来销售发展的趋势是由个人销售发展为团队销售，企业团队销售组织的设计与建立成为必然。团队销售组织的设计应富于弹性，因企业性质的不同而不同，因销售性质的不同而不同，但基本上都是由销售人员和有关职能人员组成。

销售团队近来发展的趋势，是吸收来自客户公司的代表。通用电气公司为了更好地为重要客户服务，成立了跨职能和跨公司的大型销售团队。针对南加州爱迪生公司从通用公司购买蒸汽涡轮发电机项目，通用公司专门成立了140人的跨公司团队以减少停工期。这个团队包括60名来自通用的员工，其他成员则来自爱迪生公司。Baxter公司更为超前，它们甚至与客户共同协商设立组织目标，并分享与之有关的成本和盈余。

一个企业在选择采用团队销售组织时，必须考虑很多的因素，诸如确定团队的规模和职能，以及团队整体和个人的报酬机制问题。这些决策在很大程度上取决于团队的战略目标。如果团队的主要任务是提供大量的售后服务，通常在团队中要包括支持人员，因为支持人员能更好地理解售后服务的需要，促进销售的完成。另外，随着销售团队规模的增长，个人有减少努力的倾向，因而有必要限制团队的规模。

1.3.7 网络营销组织

随着互联网的发展，人们获取信息的渠道已经不再局限于传统渠道，企业的新型销售渠道正一步步地建立起来。网络销售是企业整体营销战略的一个组成部分，是建立在互联网基础之上、借助于互联网特性来实现一定营销目标的一种营销手段。目前主要的网络营销平台有：BAIDU营销、GOOGLE营销、YAHOO营销、TAOBAO营销、ALIBABA营销、其他各行业网站营销。

市场营销中最重要也最本质的特点是组织和个人之间进行信息传播和交换，如果没有信息交换，交易就是无本之源。网络营销具有如下显著特点：

（1）跨时空。营销的最终目的是占有市场份额。互联网具有受超载时间约束和空间限制进行信息交换的特点，使得脱离时空限制达成交易成为可能，企业能有更多的时间和更多的空间进行营销，可每周7天，每天24小时随时随地提供全球的营销服务。

（2）多媒体。互联网络被设计成可以传输多种媒体的信息，如文字、声音、图像等信息，使得为达成交易而进行的信息交换可以多种形式进行，可以充分发挥营销人员的创造性和能动性。

（3）交互式。互联网络可以展示商品目录，联结资料库，提供有关商品信息的查询，可以和顾客做互动双向沟通，可以收集市场情报，可以进行产品测试与消费者满意调查等，是产品、设计、商品信息提供以及服务的最佳工具。

（4）拟人化。互联网络上的促销是一对一的、理性的、消费者主导的、非强迫性的、循序渐进式的，而且是一种低成本与人性化的促销，避免推销员强硬推销的干扰，并通过信息提供与交互式交谈，与消费者建立长期良好的关系。

(5) 成长性。互联网络使用数量快速成长并遍及全球，使用者多半年轻，属于中产阶级，具有较高教育水平。由于这部分群体购买力强而且具有很强的市场影响力，因此是一个极具开发潜力的市场。

(6) 整合性。互联网络上的营销可由商品信息至收款、售后服务一气呵成，因此也是一种全程的营销渠道。另外，企业可以借助互联网络将不同的营销活动进行统一规划和协调，以统一的传播资讯向消费者传达信息，避免不同的传播渠道中不一致性产生的消极影响。

(7) 超前性。互联网络是一种功能强大的营销工具，它同时兼有渠道、促销、电子交易、互动顾客服务以及市场信息分析与提供等多种功能。它所具备的一对一营销能力，恰好符合定制营销与直复营销的未来趋势。

(8) 高效性。电脑可存储大量的信息供消费者查询，可传送的信息数量与精确度远远超过其他媒体，并能顺应市场需要，及时更新产品或调整价格，因此能及时有效地了解并满足顾客的需求。

(9) 经济性。通过互联网络进行信息交换，代替以前的实物交换，一方面，可以减少印刷与邮递的成本，实现无店面销售，免交租金，节约水电与人工成本，另一方面，可以减少由多次交换带来的损耗。

(10) 技术性。网络营销建立在以高技术作为支撑的互联网络的基础上，企业实施网络营销必须有一定的技术投入和技术支持，改变传统的组织形态，提升信息管理部分的功能，引进懂营销与电脑技术的复合型人才，并且未来能具备市场竞争优势。

网络营销是以网络为工具的系统性的企业经营活动，它是在网络环境下对市场营销的信息流、商流、制造流、物流、资金流和服务流进行管理的。虽然因特网可使企业克服进入全球市场的信息障碍，但在经济结构加速调整、全球化市场竞争日趋激烈的环境下，企业的竞争已不再局限于研究和开发某一产品、某一技术或某一特定资本运营的价值，而是要善于研究和比较某一资源的机会成本和边际收益，从而使企业资本价值最大化。而要实现这种目标，企业必须以网络的商业化应用为契机，在全球范围内寻找商业合作伙伴，建立营销战略联盟，从商品经营和自身资产的经营转向对社会资源的经营。在网络时代的营销竞争中，必须善于对资源进行有效配置和重组，市场需求是利润之源，而合作则是对付激烈竞争的最佳手段。

1.4　企业财会机构设置

财会工作组织架构是包括企业治理层面的组织架构和内部管理层面的组织架构。治理层面的财会部门是企业与外部主体（主要包括财政局、税务局、审计局、国资委、工商局、银行、保险公司、客户单位等）发生各项经济关系所必备的组织基础。企业根据相关的法律法规，设置不同层次、不同功能的法律实体及其相关的法人治理结构，同时需要对应完成财务组织架构建设，从而使得企业能够在法律许可的框架下拥有特定权利、履行相应义务，以保障各利益相关方的基本权益。而基于企业内部管理层面设立的财会部门，是企业根据业务发展需要，针对各项业务功能行使决策、计划、执行、监督、评价的权力并承担相应义务的部门，为业务顺利开展进而实现企业发展战略，提供强有力的财经支撑平台。

决策机构：董事会设立公司财经委员会，研究决策集团重大销售事项。

监督机构：监事会根据企业内部控制制度，在财会部门设立内控岗位及其他监督审计机构。

执行机构：财会执行机构是企业财会工作的管理和执行部门，核心成员包括总经理和总会计师（财务总监）。总会计师为副总经理级。在总会计师岗位之下，财会管理团队应设立不同部门，设立处长等职务以履行《会计法》中会计机构负责人的角色，对总会计师负责。

财会部门机构设置也需要在考虑企业个性的基础上考虑社会共性，因此，如果机构设置名称不一样，造成的问题就是名称不同，管理的范围给人的感觉就不一样。两个单位的人坐在一起交流工作，因为名称差别，缺乏交流的同质内容，这是我国企事业单位普遍存在的问题。据调查，单位在设置内部部门时，基本都没有科学依据，都是根据单位状况较为主观的设定，没有规律可循。

结合《企业财会工作标准化》一书，企业应当在财务组织架构下设置“财会综合管理部、资产管理与核算部、金融管理与核算部、收入管理与核算部、成本管理与核算部、权益管理与核算部”。如果将财会机构设置为司、局、部一级时，上述财会机构则为“处级”，称为财务综合管理处、资产管理与核算处、金融管理与核算处、收入管理与核算处、成本管理与核算处、权益管理与核算处”等。如果将财会机构设置为处一级时，上述财会机构则为“科级”，称为财务综合管理科、资产管理与核算科、金融管理与核算科、收入管理与核算科、成本管理与核算科、权益管理与核算科”等。如果将财会机构设置为科一级，没有“股级、组级”时，上述财会机构则应当设置为岗位：称为财务综合管理岗位、资产管理与核算岗位、金融管理与核算岗位、收入管理与核算岗位、成本管理与核算岗位、权益管理与核算岗位”等，这样进行社会交流或行业培训，将会比较规范。

1.4.1 财会综合管理部

财会综合管理部包括岗位：（1）审核制证岗位；（2）复核岗位；（3）稽核与内控岗位；（4）总账与报表岗位；（5）预算管理岗位；（6）财务分析与评价岗位；（7）价格管理岗位；（8）财务信息化管理岗位；（9）会计档案管理岗位等。

部门工作说明：财会综合管理部工作是企业日常财会工作的重要组成部分。鉴于财会综合管理部工作内容和执行制度的全面性，以及与企业单位会计要素的不同，将利润与所有者权益合并，将不属于“资产负债表”管理与核算工作内容之外的这些岗位全部归集到财会综合管理部。对担任本部门工作岗位财会人员的综合素质要求较高。

1.4.2 资产管理与核算部

资产管理与核算部包括岗位：（1）出纳岗位；（2）投资管理与核算岗位；（3）在建工程管理与核算岗位；（4）存货管理与核算岗位；（5）固定资产管理与核算岗位；（6）无形资产管理与核算岗位等。

部门说明：资产管理与核算部负责执行国家相关资产政策、制度和规章，负责对企业各种资产的核算和管理，保证企业资产的完整与增值，是完成企业财务会计工作的重要工作岗位，也是企业会计工作的六个重要构成要素之一。详细内容参见《企业资产管理与核算工作标准》一书。

1.4.3　金融管理与核算部

金融管理与核算部包括岗位：（1）应付款管理与核算岗位；（2）融资管理与核算岗位等。

部门说明：负责企业债务管理与核算，根据企业资金运行情况，执行国家相关融资政策、制度和规章，是企业财务部门与外部单位或校内其他单位和个人交流较多的工作部门，是企业会计工作的六个重要构成要素之一。详细内容参见《企业负债管理与核算工作标准》一书。

1.4.4　收入管理与核算部

收入管理与核算部包括岗位：（1）销售管理与核算岗位；（2）政府补贴管理与核算岗位等。

部门说明：收入类工作，负责企业各种收入取得的管理与核算，由于企业收入主要来源于生产经营、销售以及国家政府或其他单位资金补贴。企业编制科学合理经费预算之后，需要充分发挥自身优势和自身努力，依法组织收入，实施绩效考评。因此，企业收入的管理与核算能够科学反映企业在完成经营目标中提高收入、创造收入的工作水平，是企业单位会计工作的六个重要构成要素之一。

1.4.5　成本管理与核算部

成本管理与核算部包括岗位：（1）薪酬管理与核算岗位；（2）税收管理与核算岗位；（3）成本管理与核算岗位；（4）费用管理与核算岗位等。

部门说明：成本类工作，负责企业各种成本费用支出的管理与核算。由于支出主要用于采购、生产服务、行政后勤等各个方面，反映企业的各种业务完成情况。受资金来源的局限，企业编制科学合理支出预算之后，成本类会计工作岗位需要加强经济核算，降低成本支出，实施绩效考评，提高资金使用效益，加强对单位经济活动的财务控制和监督，防范风险具有重要作用，是企业会计六个重要构成要素之一。详细内容参见《企业成本管理与核算工作标准》一书。

1.4.6 权益管理与核算部

权益管理与核算部包括岗位：(1) 风险控制与保险岗位；(2) 股东权益管理与核算岗位等。

部门说明：负责企业所有者权益管理与核算工作，负责企业股东权益、资本公积、实收资本等的管理与核算。由于企业财务管理的主要任务是科学合理编制单位预算，真实反映单位财务状况；依法组织收入，努力节约支出；建立健全财务制度，加强经济核算，实施绩效考评，提高资金使用效益；加强企业资产管理，合理配置和有效利用资产，防止资产流失；加强对单位经济活动的财务控制和监督，防范财务风险。因此，企业所有者权益的管理与核算能够科学反映企业在完成企业经营计划的过程中提高资金效率、提高收入、降低支出的工作成果，是企业会计工作六个重要构成要素之一。详细内容参见《企业所有者权益管理与核算工作标准》一书。

企业财务会计工作由财会部门完成，财会部门根据国家财务制度、会计制度、内部控制制度对会计工作岗位进行分类，并根据工作量的不同选择一岗多人或多岗一人。甚或根据工作量的不同、管理要求的不同设置不同的科室和部门。

1.5 收入管理与核算部工作

工作岗位的诞生源于工作项目分类与工作项目环节分解。企业收入管理与核算部的工作应当满足企业销售体系及收入实现部门的管理要求与服务要求。因此，企业收入管理与核算部是基于满足企业销售管理及政府补贴管理等的要求而设立的。

企业财会工作标准体系中，每个部门或岗位站在工作划分和工作结果角度来看，都是企业工作标准体系的利益代表。收入管理与核算部门基于单位收入来源进行聚合，系统反映企业收入工作的紧密性与效率性要求，利用圆通制科学工作原理对企业收入管理与核算部的工作进行分析就会发现，企业收入来源是保证企业存在与发展的前提。

1.5.1 企业收入管理与核算工作岗位（见图1－1）

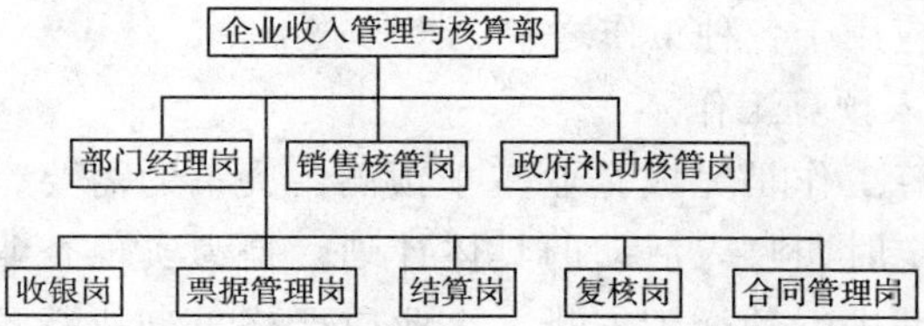

图1－1

1.5.2 企业收入管理与核算工作

（1）企业收入业务审核制证工作

企业收入管理与核算部的每个岗位都应独立完成本岗位会计核算事项的管理和会计事务的处理，主要包括发票或收款收据开具，完成销售一线或销售部门的收银工作，以及原始凭证的审核与制作，记账凭证的审核与编制等工作。

（2）企业收入业务复核工作

企业收入业务复核工作是承担收入管理与核算部门的员工完成会计结算与核算业务并复核检查的工作岗位。包括资金收付的核对，各收入业务岗位日常编制的记账凭证核对，记账凭证的正确性、真实性、完整性和记账凭证计算机录入的准确性。

（3）企业收入账务核算与报表编制工作

收入业务账务处理工作的主要内容是完成企业收入明细核算和总分类核算。通过管理收入类会计科目、登记全部经济业务、提供总括核算资料，并通过总分类账所提供的核算资料，编制收入会计报表，为评价单位事业发展、经营业绩和改善经营管理提供信息。

（4）企业收入稽核与内控工作

稽核与内控岗位执行会计法规规定的企业收入稽核制度及内部控制制度。其核心是财会机构对于会计核算、财务管理工作进行的一种自我检查或审核工作，其目的在于防止财务会计工作中所出现的差错和有关人员的舞弊。通过本岗位对单位业务流程、财务管理流程、日常核算工作中所出现的疏忽、错误等及时加以纠正或制止，以提高会计工作的质量。

企业会计工作标准化以后，各种会计制度的变化，都反映在会计工作标准引用技术标准的变化中，因此，经常及时修正会计工作标准，就能将最新制度规定实时地应用于各种工作之中。

（5）企业收入预算工作

企业收入预算工作是完成企业基于预测、决策的需要，用数量和金额的形式反映企业一定时期收入活动的具体计划，是为实现企业目标而对各种收入资源和企业活动进行的详细安排。企业应严格贯彻执行预算管理法律、法规和单位制度。科学预算管理是企业引导和控制经济活动、实现部门协调、进行目标业绩考核的重要手段。

（6）企业收入财务分析与评价工作

企业收入财务分析与评价工作依托企业或外部利益相关者的财务报告资料，遵循财务分析和评价的方法和步骤，运用财务分析和评价的指标，从而对企业收入活动过程进行分析，肩负着为决策当局的规划决策提供价值信息支持和从价值方面对业务部门提供咨询服务的双重责任，实现为企业管理者提供财务分析信息，促进企业内部管理；为企业外部投资者提供决策依据；为社会提供企业财务信息，保证会计信息质量，促进销售市场健康发展。

（7）企业收入与价格管理工作

企业收入与价格管理工作息息相关，企业销售工作必须认真贯彻执行上级价格方针、政策。根据本单位年度销售收入计划及市场需求，建立销售价格调整方案；根据价格法规定的定价权限和具体适用范围，制定和调整政府指导价、单位定价；根据单位产品目录和服务项目，结合产品成本管理工作，掌握销售价格对企业收入的影响。

（8）收入财务信息化应用工作

现代企业进销存管理系统、企业资源管理系统，一方面能加强企业成本管理，另一方面更是加强企业销售收入的管理，将企业销售成果通过财务信息化工作连接为一个科学系统。

（9）收入会计档案管理工作

企业收入会计档案，对客户来讲就意味着是成本会计档案。由于企业收入业务带来了大量财会票据，因此，应根据《中华人民共和国会计法》、《中华人民共和国档案法》、《会计档案管理办法》、《发票管理条例》的规定，办理收入业务会计档案的立卷、归档、保管、查阅和销毁等工作。

1.5.3　企业收入管理岗位工作人员

企业要在激烈的竞争中求生存、谋发展，在完善组织架构和制定科学的发展战略之后，起决定作用的就是要建立良好的人力资源制度和机制。良好的人力资源制度要求之一就是要保证收入管理岗位能够获得最佳的人选。

收入管理岗位的工作人员是指在收入管理部从事收入管理岗位日常工作的专业技术人员，一般财会机构的收入管理工作岗位上，都要配备一定数量的会计人员。为了科学地开展收入管理工作，合格的收入管理工作者应当熟悉收入管理工作的要求和工作标准，不断提高政治和业务素质，熟悉国家相关法律、法规和制度，树立良好的职业道德。

收入管理工作人员需要完成的工作内容主要有收银工作、票据管理工作、审核制证工作、复核工作、记账与报表编制工作、稽核与内控工作、预算管理工作、财务分析与评价工作、价格管理工作、财务信息化工作、会计档案管理工作。这些工作内容既具有其特殊性，又具有其普遍性；特殊性是每一项工作都有的差别，普遍性是其适应于每一家企业，也是一名优秀财会工作者必须掌握的本领。

综上所述，企业收入管理岗位因为其执行工作标准的重要性、全面性和复杂性，要求配备具有较高素质和综合能力的财会工作者担任。

第 2 章　企业收入管理工作标准化思路

2.1 工作标准体系建设的理论基础

工作标准体系建设的理论基础是圆通制，圆通制是系统阐述科学工作的原理和方法，主要包括工作成功律、工作标准体系、工作标准律、工作突发律、工作主观律等五部分。

2.1.1 工作成功律

知道解决何种工作问题，了解解决工作问题的思路，掌握解决工作问题的方法，具有解决工作问题的措施，最终都使工作问题能够得到圆满解决。

2.1.2 工作标准体系

工作标准体系是以工作标准为基础，明确岗位工作目录，指导岗位设置，科学成立机构，进而建立科学量化的考评机制。

2.1.3 工作标准律

一项工作，若非特例，应当在生活中发生过若干次，我们会从中发现能够被重复的、被借鉴的优秀成分，这些被提炼的成分包括工作标准名称定义、工作标准基本内容、工作标准所需资料、工作分解流程图和相关工作标准等，构成了人们处理工作的基本规范，简称工作标准律。

2.1.4 工作突发律

具有系统思考问题的能力，准确抓住问题本质的能力，准确提出解决问题核心流程的能力，准确提供解决问题所需资料的能力，解决核心问题时对相关问题统筹安排的能力，拟订问题综合解决方案的能力，以上是科学应对工作中突发问题的基本思考规范，简称工作突发律。

2.1.5 工作主观律

科学工作，需要人的主观意志符合工作处理基本规范要求，包括接受工作、解释工作、准备工作、安排工作、请示工作、跟踪工作、汇报工作、评价工作等，构成完成一项工作中人的主观行为的科学循环过程。

2.2 收入工作管理标准与技术标准

收入管理工作标准是建立在企业收入项目技术标准和管理标准之上的制度体系，是企业财会制度体系的组成部分，是对组织和处理收入管理工作作出的规范性要求。建立收入管理工作标准，有利于加强日常的财务审核监督，随时发现并克服整个企业的违规违纪情况，使企业收入管理工作更加规范化；有利于提高企业内部收入信息形成的真实性，企业外部财务信息发布的及时性；有利于加强销售管理和收入预算管理，提高企业计划合理性，保护企业利益、控制不合法收入。

在企业建设收入管理工作标准体系过程中，需要遵守国家有关法律和法规，遵守企业会计准则和会计制度，建立内部控制体系，其实质就是系统建立企业科学工作制度。收入管理工作制度一般主要包括以下两个层次：

（1）基于收入项目，完成收银工作、结算工作、票据管理工作、业务审核制证工作、复核工作、记账与报表编制工作、预算管理工作、价格管理工作等，形成面向单位内部非财会人员的工作规范。

企业一般工作人员应遵守《中华人民共和国会计法》、《中华人民共和国税收征管法》、《企业会计制度》、《企业财务通则》、《企业会计准则》、《会计基础工作规范》等一系列财经法规和制度，才能加强企业财务管理，规范企业财会工作，提高会计信息质量，要结合具体事件将这些不同法律条文中的规定内容科学地应用起来，就是遵守制度和符合工作标准。

（2）基于稽核与内控工作、财务分析与评价工作、财务信息化工作、会计档案管理工作等，形成面向单位内部财会人员的工作规范要求。

单位内部非财会部门及人员是否遵守国家法律和财经制度，核心还在于企业财会人员是否熟悉和掌握《中华人民共和国审计法》、《中华人民共和国银行法》、《企业财务会计报告条例》等国家法律和财经制度。因此，是否科学贯彻执行，重要的是对企业财会人员执行国家财经法律法规和制度的严肃性、彻底性、完全性和科学性进行检查和评价，只有这样，才能加强企业财务管理，规范企业财会工作，提高会计信息质量。

而财会人员如何能够记得住如此多的法律条文和制度内容？财会人员如何让非财会人员熟悉遵守财经制度？解决财经纪律涣散，内控制度形同虚设，难以持久坚持的病根，最终都应当基于业务工作建立起科学的工作标准，使得众多财经工作法律法规及制度融于业务工作过程之中。

2.3 收入工作分析

企业收入管理工作标准化建设是基于圆通制科学工作原理和方法，依据《企业财会工作标准化》教材，围绕企业综合工作内容，开展的工作标准建设。

企业收入管理工作标准化建设的内容，就是将企业收入工作按事件进行工作标准化，具体落实在工作岗位中，主要包括：收银工作标准、结算工作标准、票据管理工作标准、收入业务审核制证工作标准、复核工作标准、稽核与内控工作标准、总账与报表工作标准、预算管理工作标准、财务分析与评价工作标准、价格管理工作标准、财务信息化管理工作标准、会计档案管理工作标准。

收入管理过程中处理的内容和工作成果的核心表现形式是数据，企业经营项目收入及取得政府补贴收入是企事业单位的主要收入来源。因此，做好企事业单位收入管理工作标准化，最重要的就是梳理清晰收入来源与会计数据流向以及数据汇集的结果。这样依据会计数据流，才能清晰管理流以及工作流。树立收入管理工作整体思路和业务处理思路，才能为科学建立和运用工作标准打下坚实的基础。

2.3.1 收入核算工作思路导图

根据圆通制科学工作原理，将基于企业收入经营事项产生的原始凭证转换为记账凭证，再通过账务处理，形成会计报表，返回来促进、约束经济事项的处理。

本教材通过“企业收入核算管理工作 01”至“企业收入核算管理工作 14”共 14 个流程图表，系统清晰反映企业收入工作标准化的分析思路、数据加工过程以及管理工作要点。

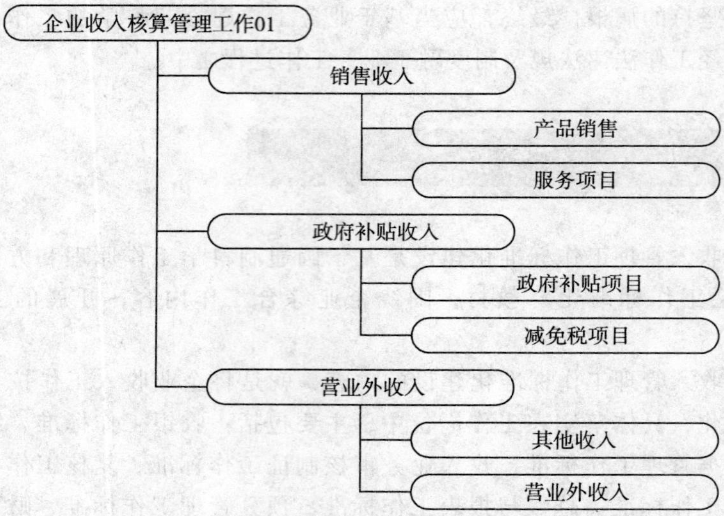
企业收入核算管理工作01
销售收入
产品销售
服务项目
政府补贴收入
政府补贴项目
减免税项目
营业外收入
其他收入
营业外收入

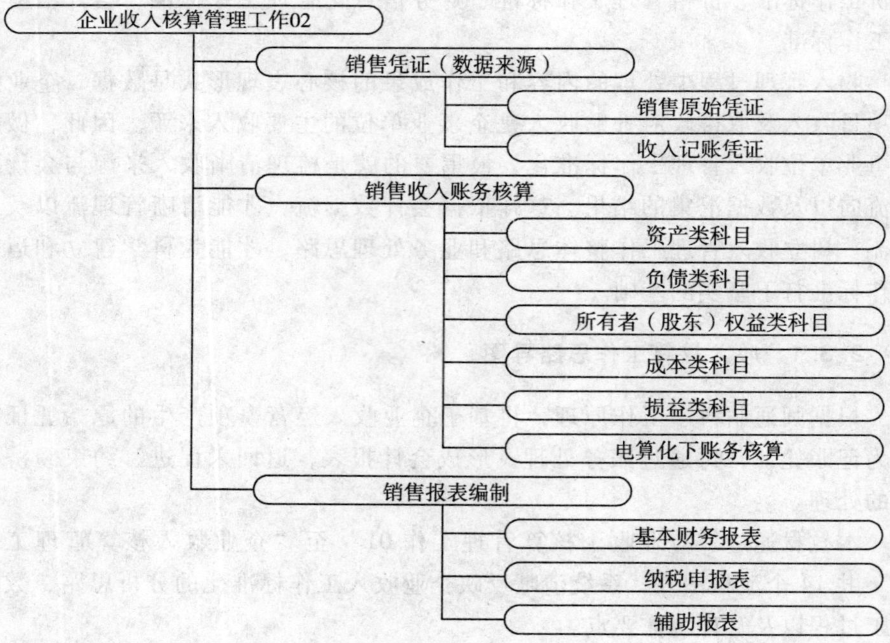
企业收入核算管理工作02
销售凭证（数据来源）
销售原始凭证
收入记账凭证
销售收入账务核算
资产类科目
负债类科目
所有者（股东）权益类科目
成本类科目
损益类科目
电算化下账务核算
销售报表编制
基本财务报表
纳税申报表
辅助报表

- 企业收入核算管理工作03
  - 政府补贴凭证（数据来源）
    - 原始凭证
    - 记账凭证
  - 政府补贴账务核算
    - 资产类科目
    - 负债类科目
    - 成本类科目
    - 损益类科目
  - 政府补贴报表编制
    - 基本财务报表
    - 纳税申报表
    - 辅助报表

- 企业收入核算管理工作04
  - 营业外收入凭证（数据来源）
    - 原始凭证
    - 记账凭证
  - 营业外收入账务核算
    - 资产类科目
    - 负债类科目
    - 损益类科目
    - 所有者权益科目
  - 营业外收入报表编制
    - 基本财务报表
    - 纳税申报表
    - 辅助报表

- 企业收入核算管理工作05
  - 收入凭证（数据来源）
    - 收入原始凭证
      - 原始凭证填制
      - 原始凭证审核
      - 原始凭证整理
      - 原始凭证保管
      - 电子原始凭证管理
      - 收入原始凭证类型
        - 销售业务凭证
          - 销售发票
          - 提货单
          - 代垫运费清单
        - 货币资金收付业务凭证
        - 生产经营业务凭证
        - 资产增减变动凭证

- 企业收入核算管理工作06
  - 凭证（数据来源）
    - 记账凭证
      - 记账凭证编制
      - 记账凭证审核
      - 记账凭证保管
      - 电子记账凭证管理
      - 记账凭证类型
        - 通用记账凭证
        - 收款记账凭证
        - 付款记账凭证
        - 转账记账凭证
        - 累计记账凭证
        - 汇总记账凭证
          - 科目汇总表
          - 汇总收款凭证
          - 汇总付款凭证
          - 汇总转账凭证

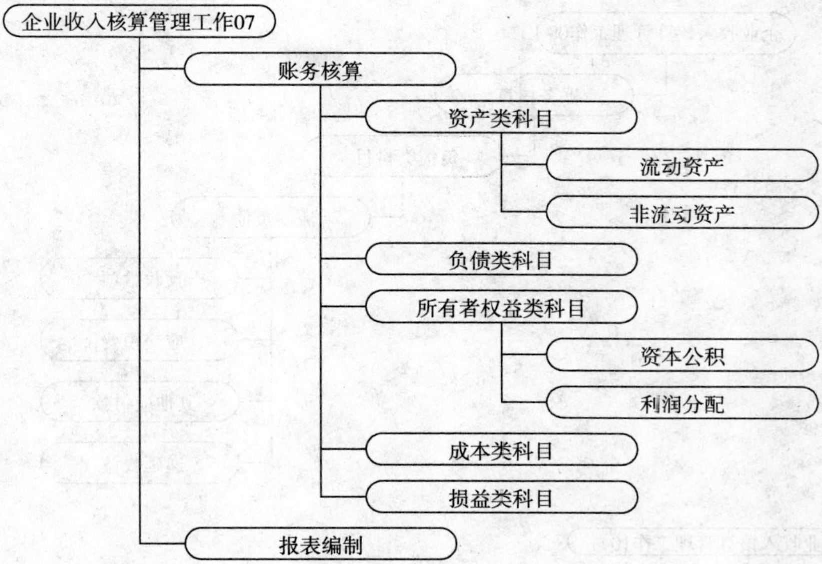
企业收入核算管理工作07
账务核算
资产类科目
流动资产
非流动资产
负债类科目
所有者权益类科目
资本公积
利润分配
成本类科目
损益类科目
报表编制

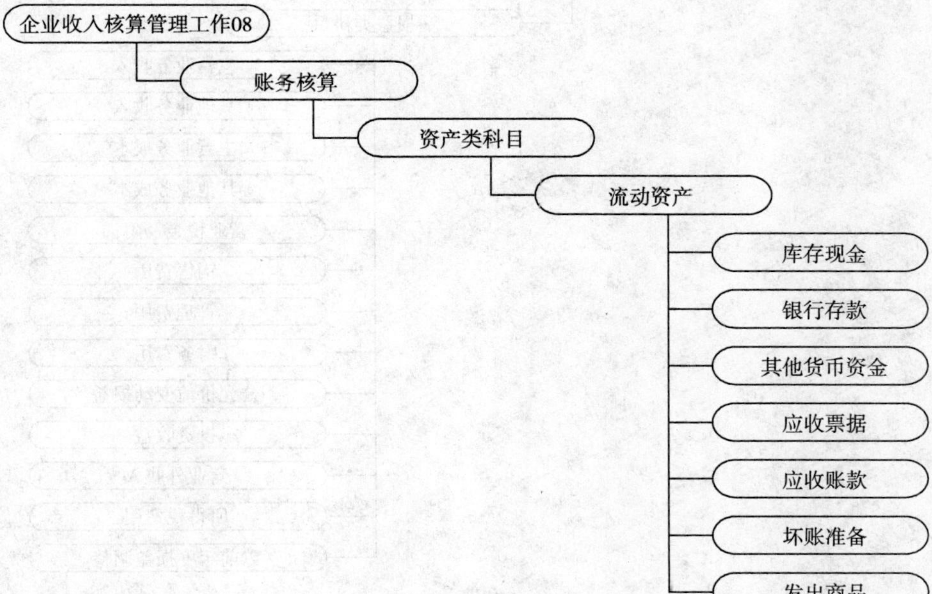
企业收入核算管理工作08
账务核算
资产类科目
流动资产
库存现金
银行存款
其他货币资金
应收票据
应收账款
坏账准备
发出商品

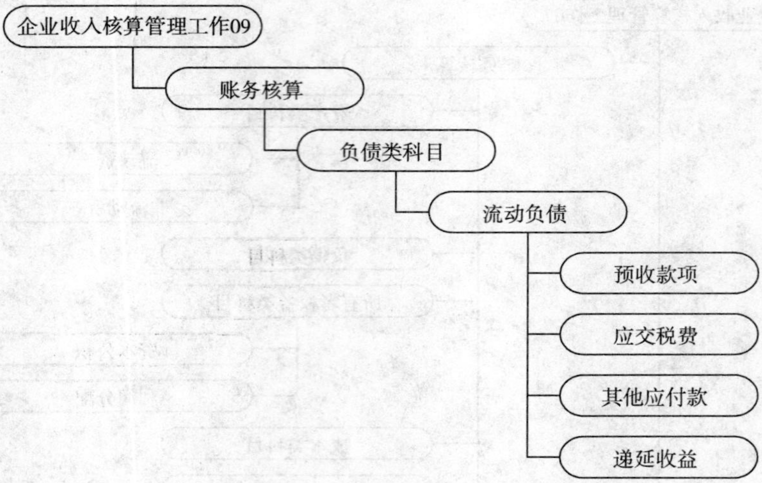
企业收入核算管理工作09
账务核算
负债类科目
流动负债
预收款项
应交税费
其他应付款
递延收益

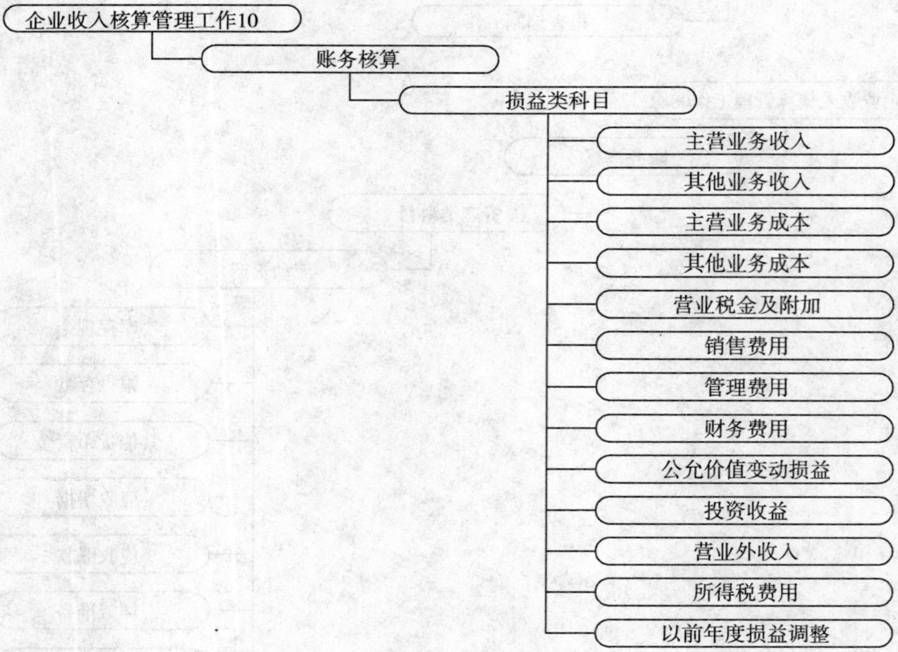
企业收入核算管理工作10
账务核算
损益类科目
主营业务收入
其他业务收入
主营业务成本
其他业务成本
营业税金及附加
销售费用
管理费用
财务费用
公允价值变动损益
投资收益
营业外收入
所得税费用
以前年度损益调整

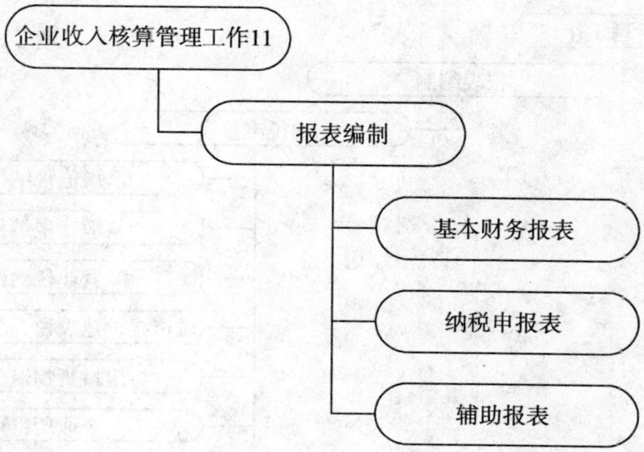
企业收入核算管理工作11
报表编制
基本财务报表
纳税申报表
辅助报表

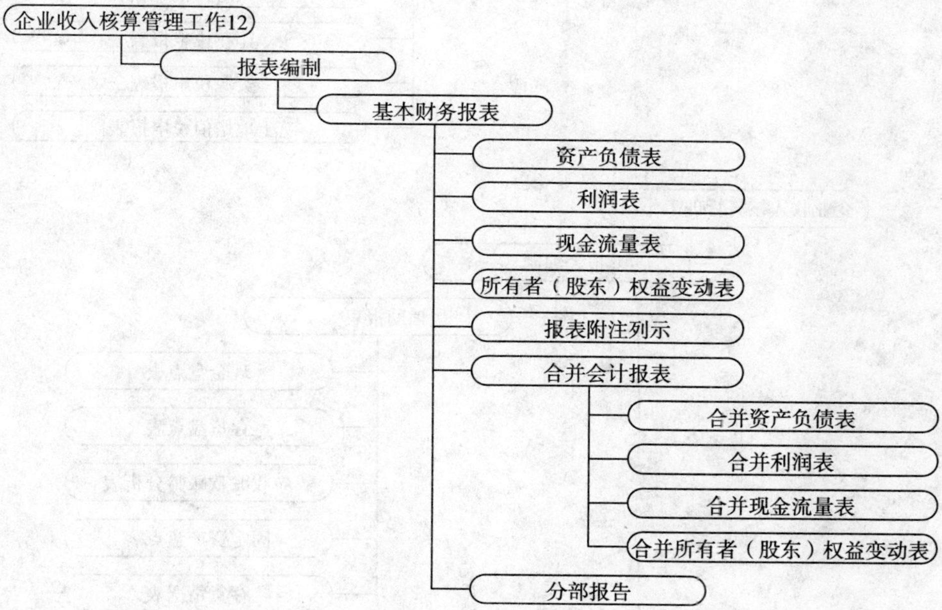
企业收入核算管理工作12
报表编制
基本财务报表
资产负债表
利润表
现金流量表
所有者（股东）权益变动表
报表附注列示
合并会计报表
合并资产负债表
合并利润表
合并现金流量表
合并所有者（股东）权益变动表
分部报告

- 企业收入核算管理工作13
  - 报表编制
    - 纳税申报表
      - 增值税纳税申报表
      - 消费税纳税申报表
      - 营业税纳税申报表
      - 城市维护建设税、教育费附加申报表
      - 出口货物退免税申报表
      - 企业所得税申报表
      - 个人所得税申报表
      - 印花税申报表
      - 资源税申报表
      - 土地增值税申报表

- 企业收入核算管理工作14
  - 报表编制
    - 辅助报表
      - 现金盘点表
      - 存货盘点表
      - 应收账款账龄分析表
      - 固定资产盘点表
      - 存货情况表
      - 现金收支日报表
      - 销售日（月）报表
      - 主要产品单位成本表

2.3.2　政府补贴工作思路导图

本教材通过“政府补贴与企业申请工作标准01”至“政府补贴与企业申请工作标准19”共19个流程图表，系统清晰反映政府补贴的补贴部门及企事业单位取得政府补贴的工作标准化分析思路、数据加工过程以及工作要点。

这里主要为企事业单位财会人员如何科学思考取得政府补贴提供参考，由于国家的年度发展规划及支持重点不同，补贴部门和补贴重点项目就有所不同，因此，财会人员要熟悉本单位情况，积极参与政府补贴项目任务的申请和管理。

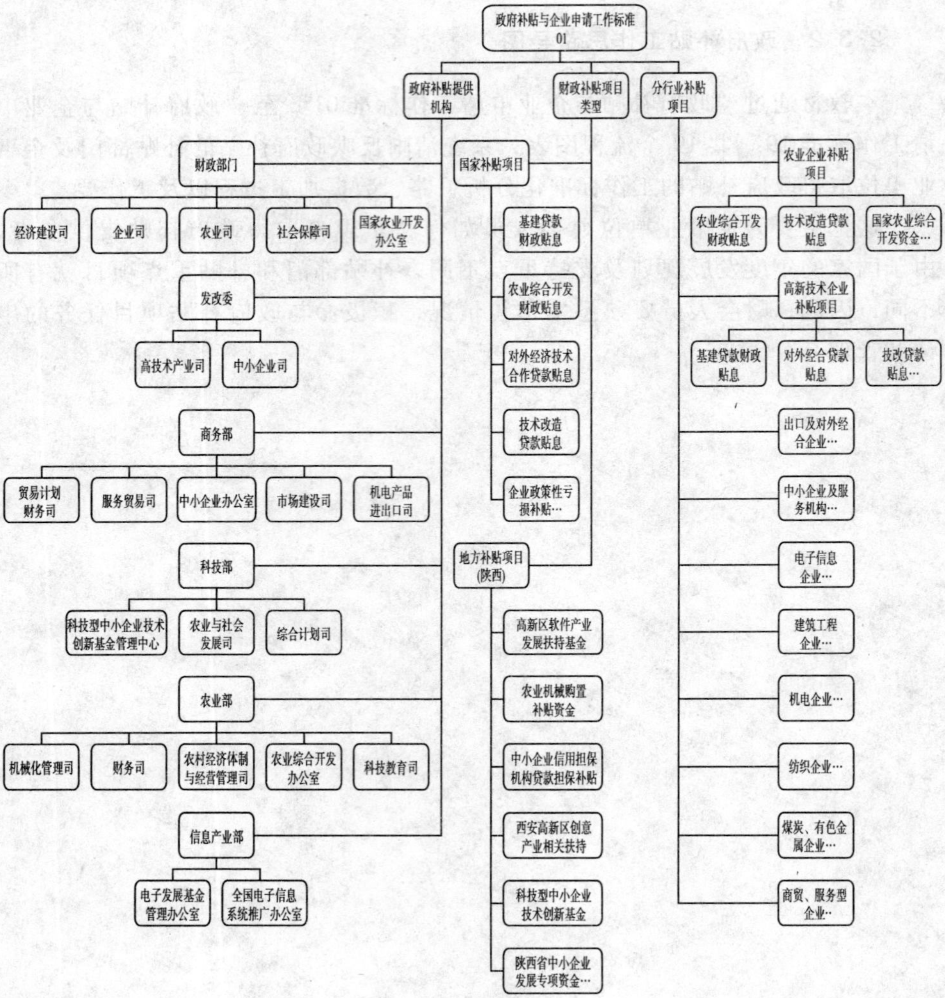
政府补贴与企业申请工作标准01
政府补贴提供机构
财政补贴项目类型
分行业补贴项目
财政部门
经济建设司
企业司
农业司
社会保障司
国家农业开发办公室
发改委
高技术产业司
中小企业司
商务部
贸易计划财务司
服务贸易司
中小企业办公室
市场建设司
机电产品进出口司
科技部
科技型中小企业技术创新基金管理中心
农业与社会发展司
综合计划司
农业部
机械化管理司
财务司
农村经济体制与经营管理司
农业综合开发办公室
科技教育司
信息产业部
电子发展基金管理办公室
全国电子信息系统推广办公室
国家补贴项目
基建贷款财政贴息
农业综合开发财政贴息
对外经济技术合作贷款贴息
技术改造贷款贴息
企业政策性亏损补贴…
地方补贴项目(陕西)
高新区软件产业发展扶持基金
农业机械购置补贴资金
中小企业信用担保机构贷款担保补贴
西安高新区创意产业相关扶持
科技型中小企业技术创新基金
陕西省中小企业发展专项资金…
农业企业补贴项目
农业综合开发财政贴息
技术改造贷款贴息
国家农业综合开发资金…
高新技术企业补贴项目
基建贷款财政贴息
对外经合贷款贴息
技改贷款贴息…
出口及对外经合企业…
中小企业及服务机构…
电子信息企业…
建筑工程企业…
机电企业…
纺织企业…
煤炭、有色金属企业…
商贸、服务型企业…

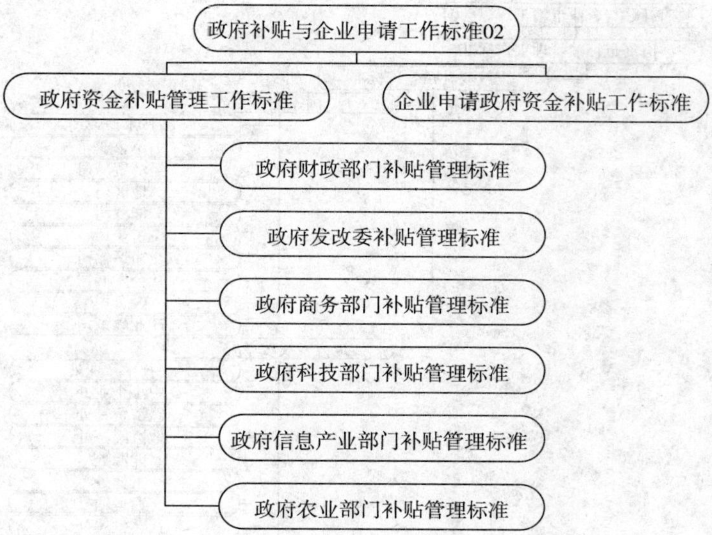
政府补贴与企业申请工作标准02
政府资金补贴管理工作标准
企业申请政府资金补贴工作标准
政府财政部门补贴管理标准
政府发改委补贴管理标准
政府商务部门补贴管理标准
政府科技部门补贴管理标准
政府信息产业部门补贴管理标准
政府农业部门补贴管理标准

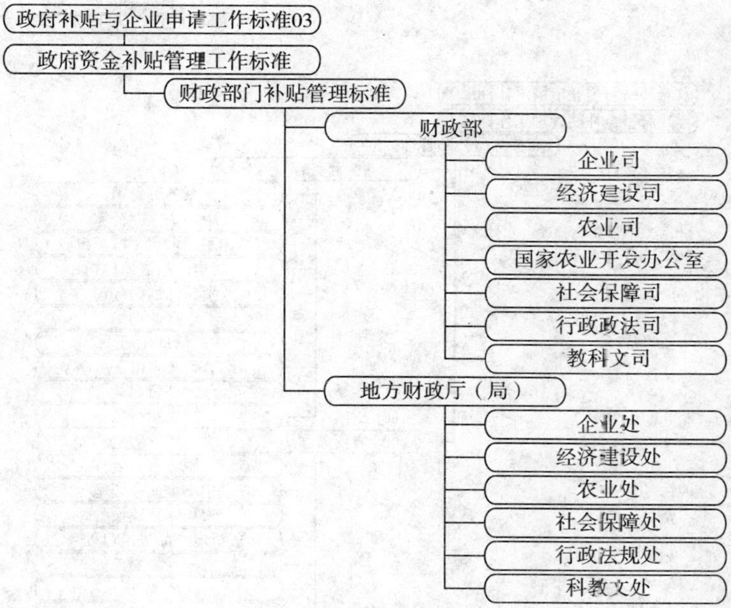
政府补贴与企业申请工作标准03
政府资金补贴管理工作标准
财政部门补贴管理标准
财政部
企业司
经济建设司
农业司
国家农业开发办公室
社会保障司
行政政法司
教科文司
地方财政厅（局）
企业处
经济建设处
农业处
社会保障处
行政法规处
科教文处

- 政府补贴与企业申请工作标准04
  - 政府资金补贴管理工作标准
    - 发改委补贴管理标准
      - 国家发展改革委
        - 高技术产业司
        - 中小企业司
        - 经济贸易司
        - 地区司
        - 能源司
        - 工业司
        - 交通运输司
        - 社会发展司
        - 投资司
        - 产业政策司
      - 地方发展改革委
        - 高技术产业处
        - 中小企业处
        - 经济贸易处
        - 地区经济处
        - 能源处
        - 工业处
        - 交通运输处
        - 社会发展处
        - 固定资产投资处
        - 财政金融处
        - 建设项目管理处

- 政府补贴与企业申请工作标准05
  - 政府资金补贴管理工作标准
    - 商务部门补贴管理标准
      - 商务部
        - 服务贸易司
        - 中小企业办公室
        - 市场体系建设司（汽车报废）
        - 机电产品进出口司
        - 贸易计划财务司
        - 产业司
        - 信息化司
        - 综合司（家电下乡）
        - 外贸司
        - 市场运行司
      - 地方商务厅（局）
        - 服务贸易处
        - 中小企业办公室
        - 市场体系建设处
        - 机电产品进出口处
        - 贸易计划财务处
        - 产业处
        - 信息化处
        - 综合处
        - 外贸处
        - 市场运行处

- 政府补贴与企业申请工作标准06
  - 政府资金补贴管理工作标准
    - 科技部门补贴管理标准
      - 科技部
        - 科技型中小企业技术创新基金管理中心
        - 农业与社会发展司
        - 综合计划司
        - 机电产品进出口司
        - 贸易计划财务司
      - 地方科技厅（局）
        - 科技型中小企业技术创新基金管理中心
        - 农业与社会发展处
        - 综合计划处
        - 机电产品进出口处
        - 贸易计划财务处

- 政府补贴与企业申请工作标准07
  - 政府资金补贴管理工作标准
    - 信息产业部门补贴管理标准
      - 信息产业部
        - 经济体系改革与经济运行司
        - 科学技术司
        - 综合规划司
        - 电子信息产品管理司
        - 经济调节与通讯清算司
        - 信息化推进司
      - 地方信息产业厅（局）
        - 产业发展与对外规划处
        - 科学技术处
        - 综合规划处
        - 信息化管理处

- 政府补贴与企业申请工作标准08
- 政府资金补贴管理工作标准
  - 农业部门补贴管理标准
    - 农业部
      - 财务司
      - 农村经济体制与经营管理司
        - 专业合作处
        - 农业产业化办公室
      - 市场与经济信息司
        - 市场发展处
    - 地方农业厅（局）
      - 财务处
      - 农村经济体制与经营管理处
      - 市场与经济信息处

- 政府补贴与企业申请工作标准09
- 企业申请政府资金补贴工作标准
  - 高新技术补贴
  - 中小企业补贴
  - 科技补贴
  - 对外贸易补贴
  - 农业补贴
  - 工业补贴
  - 交通运输业补贴
  - 建筑业补贴
  - 服务业补贴
  - 电子信息产业补贴
  - 林业补贴

- 政府补贴与企业申请工作标准10
- 企业申请政府资金补贴工作标准
- 高新技术补贴
  - 高技术产业化专项资金
    - 高性能纤维复合材料
    - 生物基材料
    - 新型平板显示器产业化专项
    - 电子专用设备仪器、新型电子元器件及材料产业化专项
  - 企业创新能力建设资金
  - 应用技术研发专项资金
  - 高新技术企业专利补贴
  - 科技型中小企业技术创新基金
  - 出口产品研究开发资金
  - 包装行业高新技术研发资金
  - 生物产业发展“十一五”规划
    - 化学创新药物高技术专项
    - 生物创新药物高技术专项
    - 生物医学工程高技术专项
    - 现代中药高技术专项
    - 农业生物育种高技术专项
  - 高新区软件产业发展扶持基金
  - 对外经济技术合作专项资金
  - 技术更新改造项目贷款贴息
  - 对外经济技术合作贷款贴息
  - 国家高技术产业基地项目

- 政府补贴与企业申请工作标准11
- 企业申请政府资金补贴工作标准
- 中小企业补贴
  - 中小企业发展专项资金
    - 中小企业技术创新基金
      - 技术创新项目
      - 科技型中小企业创业投资引导基金
      - 技术创新基金服务机构补贴
    - 中小企业技术改造基金
      - 新产品、新技术产业化和生产服务基金
      - 与大型企业协作配套和专业化改造基金
      - 企业信息化改造基金
      - 增加就业岗位的改造基金
    - 中小企业服务体系补助基金
      - 中小企业培训服务基金
      - 中小企业创业服务基金
      - 中小企业信用服务基金
      - 中小企业管理咨询服务基金
    - 中小企业信用担保补贴基金
      - 担保机构贷款补贴
  - 中小企业国际市场开拓资金
    - 境外展览会项目补助
    - 产品国际认证项目补助
    - 产品国际市场拓展补助
    - 国际培训与研讨会补助
    - 境外投（议）标补助

- 政府补贴与企业申请工作标准12
  - 企业申请政府资金补贴工作标准
    - 科技补贴
      - 863计划(十二五)
        - 专题课题
        - 重大项目
        - 重点项目
      - 973计划
      - 国家科技支撑计划
      - 政策引导科技计划
        - 星火计划
        - 火炬计划
        - 农业科技成果转化资金
        - 国家重点新产品
        - 国际科技合作计划
        - 国际软科学研究计划
        - 科技兴贸行动专项工作
          - “13115”科技创新项目
          - 科学技术研究发展计划
          - 自然科学基础研究计划
        - 科技基础性行动专项工作
      - 其他
        - 国际科技合作计划
        - 科技型中小企业科技创新基金
          - 技术转移项目
          - 初创期的科技型企业创新项目
          - 高技术服务业项目
          - 科技成果转化项目
          - 中小企业公共技术服务机构补助资金
            - 一般技术服务项目
            - 产业集群技术服务项目
          - 创业投资引导资金项目
        - 企业技术中心创新能力建设专项
        - 科研院所技术开发研究专项资金
        - 中央级科研院所科技基础性工作专项资金

- 政府补贴与企业申请工作标准13
- 企业申请政府资金补贴工作标准
- 对外贸易补贴
  - 对外贸易发展基金
    - 机电产品出口发展基金
  - 对外经济技术合作专项资金
    - 境外投资专项资金
    - 境外农业合作专项资金
    - 对外承包工程专项资金
    - 对外劳务合作专项资金
    - 境外高新技术发展平台专项资金
    - 对外设计咨询专项资金
  - 中小企业国际市场开拓资金
  - 出口新产品研发费用补贴
  - 出口产品研究开发资金
  - 农产品、轻纺产品贸易促进资金
  - 出口信用保险费用补贴
  - 出口贴息补贴资金
  - 境外加工贸易贷款贴息

- 政府补贴与企业申请工作标准14
- 企业申请政府资金补贴工作标准
- 农业补贴（08最新）
  - 农业经营与管理
    - 农民专业合作经济组织示范项目
    - 农业产业化项目资金
    - “一村一品”特色产业项目
  - 市场信息
    - 农产品促销项目资金
    - 农业行业标准制定和修订项目资金
    - “三电合一”农业信息服务试点项目资金
    - 农业标准化实施示范项目资金
  - 科技教育
    - 农业科技跨越计划项目资金
    - 超级稻新品种选育与示范项目资金
  - 农业机械
    - 保护性耕作项目
    - 主要农作物生产机械化示范项目
    - 农机购置补贴资金
  - 种植业
    - 超级稻新品种选育与示范项目
    - 优势农产品新品种推广项目
    - 优势农产品重大技术推广——旱作节水项目
  - 畜牧业
    - 畜禽种质资源保护项目资金
  - 渔业
    - 渔港及渔用航标维修和养护项目
    - 海洋渔业资源调查与探捕项目
    - 渔业种质资源保护项目
  - 农业综合开发项目财政贴息

政府补贴与企业申请工作标准15

企业申请政府资金补贴工作标准

- 工业补贴
  - 资源综合利用
    - 工业废弃物资源综合利用项目
    - 海水淡化
  - 节能减排
    - 重大节能项目补贴
    - 节能技术改造资金
    - 产能落后淘汰补助
    - 污水处理建设补贴
    - 污染防治补助资金
  - 化工补贴
    - 生物能源和生物化工原料基地补助资金
    - 尿素生产补贴资金
    - 化肥良种补贴资金
  - 石油补贴
    - 石油价格改革财政补贴资金
  - 纺织补贴
    - 纺织压锭补贴资金
    - 纺织企业“走出去”专项资金
  - 轻工电子补贴
    - 高效照明产品推广补贴资金

政府补贴与企业申请工作标准16

企业申请政府资金补贴工作标准

- 交通运输业补贴
  - 燃油补贴
    - 城市公交专项补贴
    - 农村道路客运补贴
    - 城市出租车补贴
  - 中小机场补贴
    - 民航中小机场补贴
    - 支线航空补贴
    - 民航基建贷款财政贴息
    - 民航机场建设专项投资补助基金
  - 铁道、管道运输补贴
  - 城市、公路补贴
  - 应急运输补贴
  - 老旧汽车报废更新补贴资金

政府补贴与企业申请工作标准17

企业申请政府资金补贴工作标准

- 建筑业补贴
  - 房屋建设
    - 建筑节能专项资金
      - 再生能源建筑应用
      - 建筑节能新技术
    - 墙体材料革新专项资金
    - 中西部新建廉租住房项目补贴
  - 基建贷款财政贴息
  - 建筑劳务培训补助资金
  - 对外承包工程项目贷款财政贴息
  - 其他
    - 农家店建设补贴
    - 灾后恢复重建资金
    - 煤矿棚户区改造补助

政府补贴与企业申请工作标准18

企业申请政府资金补贴工作标准

- 服务业补贴
  - 医疗卫生
    - 地市级重点中医院建设资金
    - 社区卫生服务、公共卫生服务补助
  - 文化建设
    - 乡镇文化站建设资金
  - 慈善救助
    - 流浪未成年人救助设施建设资金
  - 咨询
    - 中小企业公共技术服务机构补贴资金

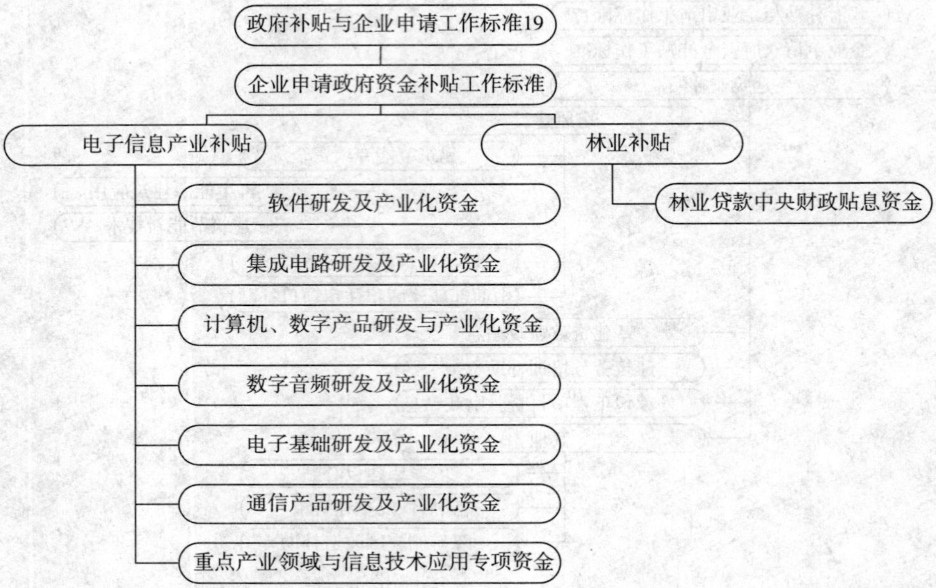
政府补贴与企业申请工作标准19
企业申请政府资金补贴工作标准
电子信息产业补贴
林业补贴
软件研发及产业化资金
集成电路研发及产业化资金
计算机、数字产品研发与产业化资金
数字音频研发及产业化资金
电子基础研发及产业化资金
通信产品研发及产业化资金
重点产业领域与信息技术应用专项资金
林业贷款中央财政贴息资金

第3章　企业收入工作标准化分析

3.1 企业营销收入工作

3.1.1 销售项目

销售项目是企业能够对外提供的产品项目和服务项目，具体来讲就是产成品、代制品、代修品、自制半成品和工业性劳务等。其他销售包括除商品产品销售项目以外的其他销售项目，如材料销售、包装物出租以及运输等非工业性劳务项目。企业专项工程、福利事业单位使用本企业的商品产品，视同对外销售。

3.1.2 销售工作

销售工作是企业重要的经营管理工作，完成销售计划是销售部门的核心工作。

企业一般都有自己的销售计划书，并有相应的范本。如区域销售经理的计划书是依照销售经理的内容制定的，而业务人员又是依照区域经理的销售计划书制定的，每日的销售工作计划是依照每月制定的，每月又是依照每年制定的，统一的格式也有利于上级领导检查，指导下级工作。销售工作或销售计划主要包括以下几个方面：

（1）市场分析，也就是根据了解到的市场情况，对产品的卖点、消费群体、销量等进行定位。

（2）销售方式，就是找出适合自己产品销售的模式和方法。

（3）客户管理，就是对已开发的客户如何进行服务和怎样促使他们增加购买量以提高销售；对潜在客户怎样进行跟进。

（4）销量任务，就是定出合理的销售任务，销售的主要目的就是要完成销售任务。只有努力地利用各种方法完成既定的任务，才是计划作用所在。

（5）计划额度。销售计划可分为年度销售工作计划、季度销售工作计划、月度销售工作计划。

（6）总结，就是对上一个时间段的销售计划进行评判。

3.1.3 营销工作人员

站在顾客的立场，营销人员需要使顾客：买得明白、买得放心、买得满意、买得舒服、买得有价值。从做好销售工作的角度分析，需要了解需求——消除戒备——抓住要害——满足需求——成交。具体是：

（1）熟悉产品与服务项目，了解客户的真实意图与需求。引导客户提问，学会倾听；多打听一些问题，带着一种好奇的心态，发挥刨根问底的精神，让客户多发发牢骚，多提提问题，引出客户的真实意图，了解客户的真实需求。

（2）理解客户的感受和问题。当客户提问后，不要直接回答问题，要感性回避，降低客户的戒备心理，让客户感觉得到了理解和支持。

（3）把握关键问题，让客户具体阐述要求。能够复述客户的具体异议，做到详细了解客户需求，让客户在关键问题处尽量详细地说明原因。

（4）确认客户问题，重复回答客户疑问。你要做的是重复你所听到的话，这个叫做先跟，了解并且跟从客户和自己相互认同的部分，这个是最终成交的通道，因为这样做可以了解你的客户是否知道你的产品的益处，这为你引导客户走向最后的成功奠定基础。用自己产品的益处排除客户的忧虑。

（5）让客户了解自己异议背后的真正动机。当客户看到了背后的动机，销售就可以从此处入手，想到并且说出客户需要的价值。那么，彼此之间的隔阂就会消除，只有这样，才能和客户建立起真正的相互信任的关系，实现销售。

3.1.4 销售收入

销售收入是销售商品产品、自制半成品或提供劳务等而收到的货款、劳务价款或取得索取价款凭证确认的收入。销售收入也称作营业收入。营业收入按比重和业务的主次及经常性情况，一般可分为主营业务收入和其他业务收入。

销售收入的发生，是以商品产品所有权的转移和已提供的劳务为依据，其主要标志是收到货款或取得收取款项的权利。在采用分期付款销售的情况下，通常以每期收到的货款作为该期实现的销售收入。对于生产周期较长的商品产品，通常按生产完工程度，分期确认销售收入。例如，建筑安装企业按项目施工工程进度计算销售收入。

企业销售商品时，在下列条件同时满足时确认收入：

（1）企业已将商品所有权上的主要风险和报酬转移给购货方。

（2）企业既没有保留通常与所有权相联系的继续管理权，也没有对已售出的商品实施控制。

企业将商品所有权上的主要风险和报酬转移给买方后，如仍然保留通常与所有权相联系的继续管理权，或仍然对售出的商品实施控制，则此项销售不成立，不能确认相应的销售收入。

(3) 与交易相关的经济利益能够流入企业。

与交易相关的经济利益即为销售商品的价款。企业销售商品时，如估计价款收回的可能性不大，即使收入确认的其他条件均已满足，也不应当确认收入。

(4) 收入的金额能够可靠地计量。

(5) 相关的已发生或将发生的成本能够可靠地计量。

3.2 政府补助工作

按照《企业会计准则第16号——政府补助》的规定，政府补助是指企业从政府无偿取得货币性资产或非货币性资产，但不包括政府作为企业所有者投入的资本。按照国际准则，政府补助一般作为收益处理，但由于我国正处于转型时期，政府对高新技术企业常有资金支持，这部分政府补助更多地体现了国家投资的性质。

3.2.1 政府补助的内容

按照《企业会计准则第16号——政府补助》的规定，政府补助分为与资产相关的政府补助和与收益相关的政府补助。与资产相关的政府补助是指企业取得的、用于购建或以其他方式形成长期资产的政府补助，与收益相关的政府补助是指除与资产相关的政府补助之外的政府补助。

(1) 政策性补助

有一部分政府补助项目往往是因为国家要达到某种效益，在要求企业作出某种承诺或牺牲时给予企业的特定补偿，它与企业的经营业务相关。比如，政府为了调控粮食、公交、水电等一些与国计民生紧密相关企业的产品价格，对这些企业实行政策性补助，以弥补它们在产品价格上受到的损失。这些企业的生产成本受市场、产品价格调控与产品成本市场化的影响，导致企业的收入与成本不能同处在市场的层面上进行配比，盈利水平受到不同程度的打压，甚至有的企业出现亏损。另外，利用三废加工产品的企业或进行三废治理的企业，为了承担环保社会责任，必然需要发生更多的成本费用，但是其产品售价不会因此而有所提高，所以，同样影响到企业的盈利水平。对于这类企业，政府只能以补助的方式，弥补其正常经营因政策影响遭受的损失。

（2）财政扶持补助

有一部分政府补助项目往往是政府从某一方面或借助某一事项向企业提供财务支持，以促进企业的发展，而不是作为企业受到非常损失或承担特定费用的一种补偿与奖励，例如科技专项拨款、高新技术产业专项补助资金、经认定的高新技术成果转化项目由政府返还项目用地的土地使用费、土地出让金等，以及国家对特定企业或特定行业在一定时期所给予的税收优惠等。

（3）捐赠性补助

有一部分政府补助项目往往存在于微利和亏损企业，多为非政策性的，其主要目的是使企业扭亏为盈或使企业的盈利状况发生重大改变。比如，当上市公司因种种原因遭受特别处理或即将退市时，地方政府为了保住其在资本市场的一席之地，以期带动地方经济发展，往往会向上市公司伸出援助之手，借种种名义给予其财政补贴或各种税收优惠。

（4）政府补助分类

按补助是否指定用途，将政府补助分为指定用途的政府补助和未指定用途的政府补助。指定用途的政府补助是指定用于特定项目的政府补助，比如企业承担某项市政工程建设，地方政府以无偿调入资产或专项拨款或政府贴息等提供补助，企业接受的用于新产品试制费、中间试验费和重大科研项目补助费的科技三项经费拨款，企业因社会公共利益如市政建设需要而搬迁所接受政府的搬迁补偿款等；企业有时也能得到未指定用途的政府补助，比如政府为培植税源，一定时期内会给予企业免征、减征或先征后返的税收优惠等，以增强企业整体的可持续发展能力。

按补助形式的不同将政府补助分为现金补助、税收减免或返还和实物补助。现金补助包括专项拨款、政府贴息、费用补贴等；税收减免或返还因最终减少或免除纳税，可视为现金补助的特殊形式；实物补助包括无偿划拨土地、设备或低价供应土地、设备等。

按补助是否附带条件，将政府补助分为附条件的政府补助和无条件的政府补助。附条件的政府补助，实务中企业获得的指定用途的补助通常要履行附带条件，比如政府对某建设项目拨款，并要求该项目达到具体的验收标准等。政府补助附带条件后可以促进补助资金更好地用于扶持项目，提高扶持项目的建设质量，达到扶持目的；无条件的政府补助，比如税收返还、财政贴息和政策性补贴通常属于无条件补助。

按补助是否返还，将政府补助分为需要返还的政府补助和不需返还的政府补助。需返还的政府补助多为指定用途的补助。其返还的原因有因指定用途的补助有余，规定需要返还，或企业接受的是附带条件的政府补助，当最终条件未满足时，规定需要返还。

（5）政府补助会计处理工作

资本法与收益法。资本法是将政府补助计入股东权益；收益法是将政府补助计入当期收益或递延收益。收益法有两种具体方法：总额法和净额法。总额法是指在确认政府补助时，将其全额确认为收益，不作为相关资产账面余额或者费用的扣除；净额法是指将政府补助确认为对相关资产账面余额或者所补偿费用的扣减。

我国政府补助准则采用收益法中的总额法，真实、完整地反映政府补助相关信息，并要求通过“营业外收入”、“递延收益”和“其他应收款”等科目核算。“递延收益”科目核算不能一次而应分期计入当期损益的政府补助，计入当期损益的政府补助直接计入“营业外收入”科目。与资产相关或与以后期间收益相关的政府补助，先计入“递延收益”科目，然后分期计入“营业外收入”科目。

在实际工作中，政府补助的形式主要有财政拨款、财政贴息、税收返还和无偿划拨非货币性资产等。企业无论通过何种形式取得政府补助，在会计处理上都应划分为与资产相关的政府补助和与收益相关的政府补助。与收益相关的政府补助，如果是按照固定的定额标准取得的，应当按照应收金额计量，确认为营业外收入或先通过递延收益核算，再分期计入营业外收入，如国家储备粮企业；否则，企业应当按照实际收到的金额计量。与资产相关的政府补助，如购买固定资产或无形资产的财政拨款、固定资产专门借款的财政贴息等，一般应分步进行：

首先，企业实际收到款项时，按照到账的实际金额借记“银行存款”科目，贷记“递延收益”科目。

其次，企业将政府补助用于购建长期资产，该长期资产的购建与企业正常的资产购建或研发处理一致，通过“在建工程”、“研发支出”等科目归集，完成后转为固定资产或无形资产。

最后，该长期资产交付使用，自长期资产可供使用时起，按照长期资产的预计使用期限，将递延收益平均分摊转入当期损益。递延收益分配的起点是“相关资产可供使用时”，对于应计提折旧或摊销的长期资产，即为资产开始折旧或摊销的时点。递延收益分配的终点是“资产使用寿命结束时或资产被处置时（孰早）”。相关资产在使用寿命结束时或结束前被处置（出售、转让、报废等）的，尚未分摊的递延收益余额应一次性转入资产处置当期的收益。对于综合性项目的政府补助，递延收益余额应一次性转入资产处置当期的收益。对于综合性项目的政府补助，应将其分解为与资产相关的政府补助和与收益相关的政府补助，分别进行会计处理，难以区分的，将整体归为与收益相关的政府补助进行处理。

在很少的情况下，与资产相关的政府补助也可能表现为政府向企业无偿划拨长期非货币性资产，应当在实际取得资产并办妥相关受让手续时确认，并按照其公允价值计量。公允价值不能可靠取得的，按照名义金额计量。以名义金额计量的政府补助，在取得时计入当期损益。

3.2.2 政府补助工作

（1）确定计划年度的政府补助项目。享受政府补助的企业必须符合政府的产业政策，具备实施政府补助项目的基本条件。企业只有符合政府补助项目扶持的方向并具备实施补助项目的条件，才有资格申请政府补助项目。但是，通常情况下，具备政府补助项目申报资格的企业并不一定都能够取得政府补助，所以，政府补助岗位人员，应广泛搜集政府补助信息，准确把握行业动态及国家政策取向，及时向领导和有关部门提供政府补助及国家对行业的扶持政策，准确分析企业自身的优势和不足，积极创造条件，保证企业最大限度地享受到政府的补助。主要包括：按行业特点搜集整理政府补助信息；按产业取向搜集整理政府扶持政策；按企业特点建立企业的政府补助项目库；按企业可供选择的政府补助项目定期向企业领导和有关部门提供信息；根据企业目前实际情况确定企业计划年度拟申报的政府补助项目。

（2）形成政府补助项目的可行性论证报告。组织召集企业相关部门对计划年度政府补助项目进行可行性论证，形成可行性论证报告。主要包括：制订计划年度政府补助项目申报工作计划，划分各部门的工作任务和责任人，明确工作进程；组织召集企业内部研发等相关部门研究确定计划年度各个项目的可行性论证报告初稿；组织聘请行业专家对各个项目的可行性论证报告初稿进行研讨，最终确定项目的可行性论证报告；将各项目的可行性论证报告交企业领导审批。

（3）整理、准备政府补助项目的申报资料。目前，政府对企业的补助是由不同的行业（部门）审批的，企业在形成项目的可行性论证报告后，企业政府补助工作岗位专职人员要及时与项目主管部门取得联系，按主管部门对政府补助各个项目申报立项的要求整理并积极准备申报资料。主要包括：按项目申报的要求整理规范可行性论证报告；按项目实施的范围和内容制订项目的总体实施方案；按项目实施的规模大小制订项目分年度实施的具体方案；按项目申报对企业基本情况资料的要求整理准备行业许可证、营业执照、知识产权证等。

（4）办理项目申报的相关手续，及时准确地组织会计核算。按照政府补助各个项目的工作流程到项目主管等部门办理项目申报的相关手续。

政府补助表现为政府向企业转移资产（货币性资产或非货币性资产）。政府补助的主要形式有：财政拨款、财政贴息、税收返还、无偿划拨非货币性资产。财政拨款是政府无偿拨付给企业的资金，通常在拨款时明确规定了资金的用途，比如，拨付给企业的粮食定额补贴、拨付给企业的开展研发活动的研发经费等。财政贴息是政府为支持特定领域或区域的发展，对承贷企业的银行贷款利息给予补贴，主要有两种方式：第一，财政将贴息资金直接拨付给受益对象；第二，财政将贴息资金拨付给贷款银行，由贷款银行以政策性优惠利率向企业提供贷款。税收返还是政府按照国家有关规定采取先征后返（退）、即征即退等办法向企业返还的税款。无偿划拨非货币性资产，如行政划拨土地使用权。在对政府补助进行会计处理时，新准则要求采用收益法中的总额法处理，将政府补助均全额计入收益（“营业外收入”或“递延收益”），涉及的科目主要有“银行存款”、“其他应收款”、“营业外收入”和“递延收益”等。

（5）实施政府补助项目的相关工作。主要包括：按照主管部门审批项目的规模和内容制订企业实施项目的实施性计划；分解落实项目的具体实施任务、责任部门、责任人及分项目的完成时间；按项目实施进度定期向项目主管部门报送项目用款计划，及时请领资金；按项目完成进度定期向项目主管部门报送项目实施进度表；及时向企业领导及项目主管部门汇报项目实施过程中遇到的具体问题，协调企业相关部门在项目实施过程中的有关问题；组织完成项目实施过程中需要提供的相关资料；归并整理项目实施过程中形成的相关资料。

（6）政府补助项目实施的事后工作。主要包括：总结项目实施的情况；汇报项目实施的情况；整理归并项目实施的资料。

3.2.3 政府补助岗位设置

政府补助岗位是企业办理有关政府补助项目的事前资料准备、事中上报用款计划及请领资金、事后登记和资料整理等涉及政府补助业务事项的专门岗位。企业可根据规模大小，结合政府补助业务量的多少设置政府补助岗位。政府补助岗位从性质上属于企业收入类岗位。在企业会计岗位体系中所处的位置如图 3－1 所示。

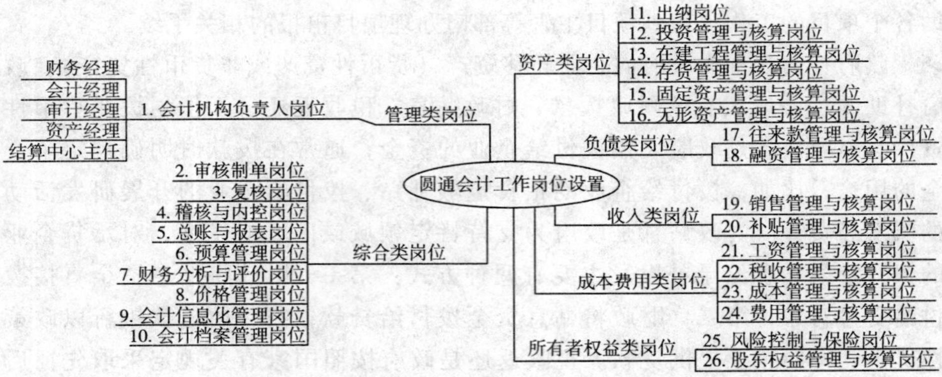

图 3－1

政府补助岗位的设置与我国市场经济发展、实力壮大、财政体制的改革有着密不可分的关系。为了扶持特定行业的发展，我国政府实行对企业的经济支持，集中在关系国计民生的农业、环境保护以及科学技术研究等领域，如对粮食、棉花的生产或储备企业给予的定额补助，并对符合环境保护条件的企业实行增值税先征后返政策，返还的税款专项用于环境保护支出等。这些措施使得企业有机会获得正常生产经营活动以外的收入，但由于政府补助通常附有一定条件，主要有政策条件和使用条件，满足政策条件才有资格提出申请，但符合政策规定并不一定能够取得政府补助，企业即使获得批准取得政府补助，还应按照政府规定的用途使用。同时，由于政府补助形式的多样化、多渠道等，要求企业设立政府补助岗位，按照会计准则与各地区相关政府补助规范性文件，审视本企业的条件，争取政府补助资金，正确处理政府补助业务，管好、用好这部分补助资金，为企业的发展合理理财。

3.2.4　政府补助岗位工作人员

政府补助岗位人员是指从事政府补助岗位工作的会计人员，包括政府补助管理与核算。按照《会计基础工作规范》关于“会计工作岗位，可以一人一岗、一人多岗或者一岗多人”的规定。企业应根据政府补助业务量的多少配置专职或兼职政府补助岗位人员，确定政府补助工作岗位职责，专门经办政府补助相关事务。

政府补助工作岗位的专职人员与项目论证岗位人员、其他会计工作岗位人员、出纳岗位人员共同完成企业政府补助的有关事项。

3.3　政府补助岗位工作思路导图（见图3－2、图3－3）

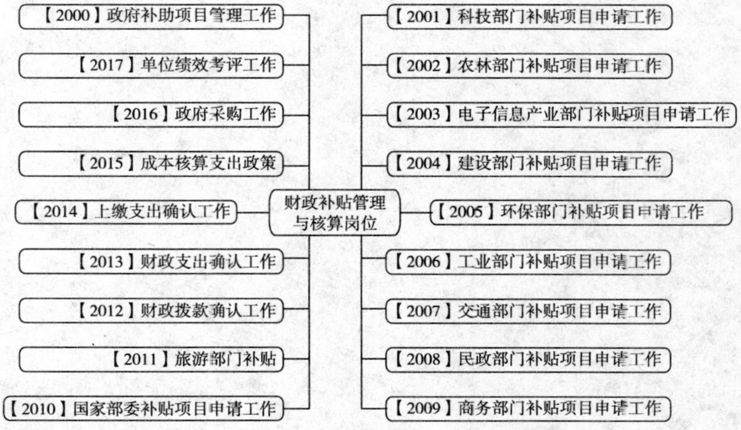

图3－2　政府补助工作思路导图

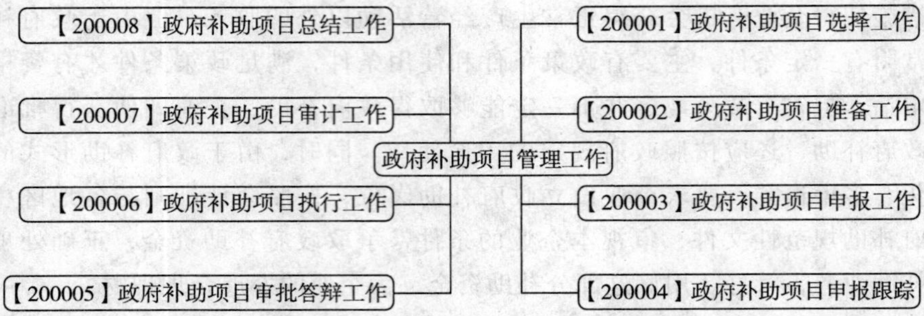

图 3－3　政府补助项目管理工作标准思路导图

第 4 章　主营业务收入工作标准

4.1 销售货物工作标准

标准编码： 19010101

标准名称：销售货物工作标准

工作标准名称释义

销售货物工作标准是指企业有偿转让商品、产品、原材料、包装物、低值易耗品以及其他货物获得经济利益流入行为的工作规范。

工作标准基本内容

工作核心目标	完成销售货物工作		
工作开始时间	拟订销售计划		
工作结束时间	编制相关销售记账凭证		
相关工作地点	财务部办公地 销售部门办公地	存货仓库	
相关工作单位	销售部门 采购商	仓储部门 财务部门	
相关工作人员	出纳岗位 采购部门人员 销售部经理	库存管理员 往来款项管理与核算岗位 销售岗	企业收入管理与核算岗
备　　注			

工作标准所需资料

资料类型	编码	资料名称	单位	原件数	复印数
事前准备资料	01	销售计划	份	1	0
	02	销售报价单	份	1	0

续表

资料类型	编码	资料名称	单位	原件数	复印数
事中产生资料	03	销售合同	份	1	0
	04	销售订单	份	1	0
	05	销售发货单	份	1	0
	06	销售发票	份	1	0
	07	销售出库单	份	1	0
事后结果资料	08	收款单	份	1	0
	09	销售记账凭证	份	3	0
技术要求资料	10	政府采购法	册	1	0
	11	企业会计准则——收入	册	1	0

相关工作标准

标准编码	标准名称
1901	主营业务收入确认工作标准

工作标准流程图

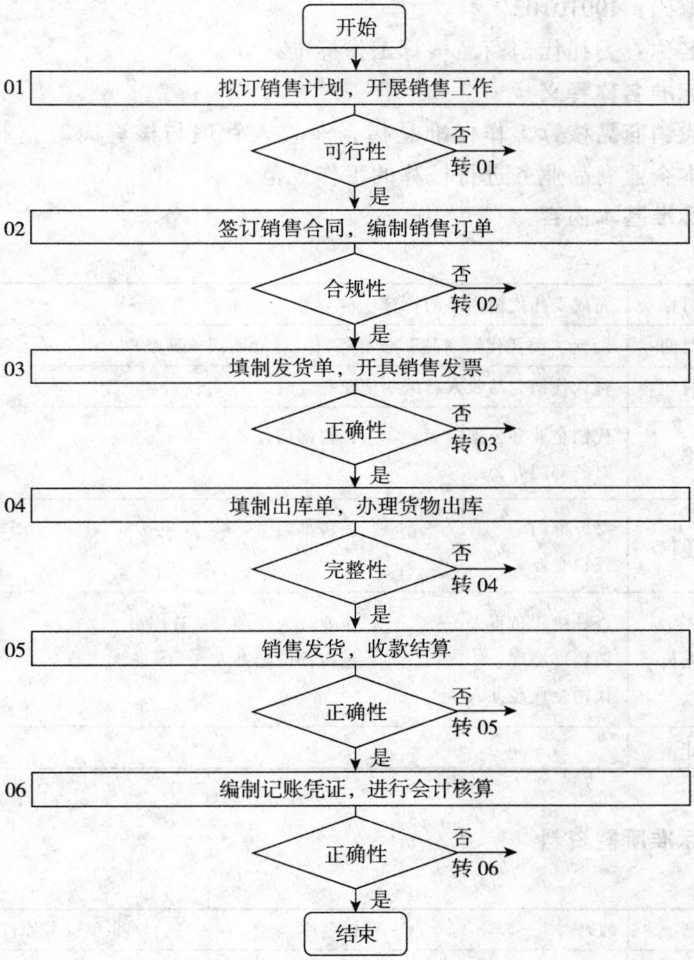
开始
01
拟订销售计划，开展销售工作
可行性
否
转 01
是
02
签订销售合同，编制销售订单
合规性
否
转 02
是
03
填制发货单，开具销售发票
正确性
否
转 03
是
04
填制出库单，办理货物出库
完整性
否
转 04
是
05
销售发货，收款结算
正确性
否
转 05
是
06
编制记账凭证，进行会计核算
正确性
否
转 06
是
结束

4.2 委托代销商品核算工作标准

标准编码：19010102

标准名称：委托代销商品核算工作标准

工作标准名称释义

委托代销商品核算工作标准是指企业收入管理与核算岗对企业委托其他企业代销本企业商品业务进行核算的工作规范。

工作标准基本内容

工作核心目标	完成委托代销商品的核算
工作开始时间	设置“委托代销商品”核算科目、建立明细核算账户
工作结束时间	确认代销商品收入，编制记账凭证时
相关工作地点	代销企业办公地　　销售部门办公地 财务部门办公地
相关工作单位	财务部门　　销售部门 代销企业
相关工作人员	会计机构负责人　　企业收入管理与核算岗 销售部经理　　销售部门经办人 代销企业经办人
备　　注	

工作标准所需资料

资料类型	编码	资料名称	单位	原件数	复印数
事前准备资料	01	库存商品明细账	份	1	0
	02	商品代销合同或协议	份	1	0
	03	委托代销商品明细账	份	1	0

续表

资料类型	编码	资料名称	单位	原件数	复印数
事中产生资料	04	委托代销商品发出清单	份	1	0
	05	委托代销商品发出记账凭证	份	1	0
	06	委托代销商品销售清单	份	1	0
事后结果资料	07	委托代销商品收入记账凭证	份	1	0
	08	结转代销商品销售成本记账凭证	份	1	0
技术要求资料	09	企业会计准则——收入	册	1	0
	10	企业财务通则	册	1	0

相关工作标准

标准编码	标准名称
1901	主营业务收入确认工作标准

工作标准流程图

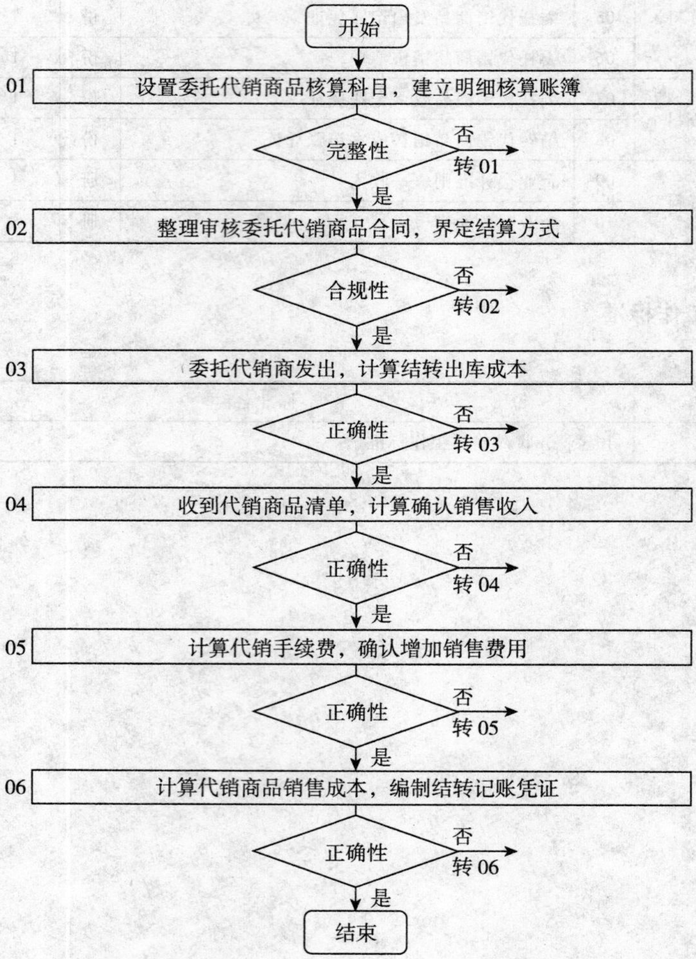
开始
01
设置委托代销商品核算科目，建立明细核算账簿
完整性
否
转01
是
02
整理审核委托代销商品合同，界定结算方式
合规性
否
转02
是
03
委托代销商发出，计算结转出库成本
正确性
否
转03
是
04
收到代销商品清单，计算确认销售收入
正确性
否
转04
是
05
计算代销手续费，确认增加销售费用
正确性
否
转05
是
06
计算代销商品销售成本，编制结转记账凭证
正确性
否
转06
是
结束

4.3 产品销售收入确认工作标准

标准编码：19010103

标准名称：产品销售收入确认工作标准

工作标准名称释义

产品销售收入确认工作标准是指企业收入管理与核算岗根据《企业会计准则》的规定对企业从事产品销售活动所取得的收入予以确认的工作规范。

工作标准基本内容

工作核心目标	确认企业当期的产品销售收入	
工作开始时间	受理销售业务资料	
工作结束时间	产品销售收入记账凭证审核确认后	
相关工作地点	销售部门办公地	仓储部门办公地
相关工作单位	财务部门 客户	销售部门 仓储部门
相关工作人员	会计机构负责人 客户单位经办人	销售经办人员 企业收入管理与核算岗
备　　注		

工作标准所需资料

资料类型	编码	资料名称	单位	原件数	复印数
事前准备资料	01	产品销售合同、发货单	份	1	0
	02	销售发票、收款收据	份	1	0
	03	银行收账通知等收款凭证	份	1	1
	04	销售折让协议	份	1	0
	05	退回商品入库单	分	1	0
	06	原收入记账凭证	分	1	0
事中产生资料	07	收入税金计算资料	分	1	1
事后结果资料	08	产品销售收入记账凭证	份	1	0
技术要求资料	09	增值税暂行条例实施细则	册	1	0
	10	企业会计准则——收入	册	1	0

相关工作标准

标准编码	标准名称
1902	销售折让收入确认工作标准
1904	分期收款销售商品收入确认工作标准

工作标准流程图

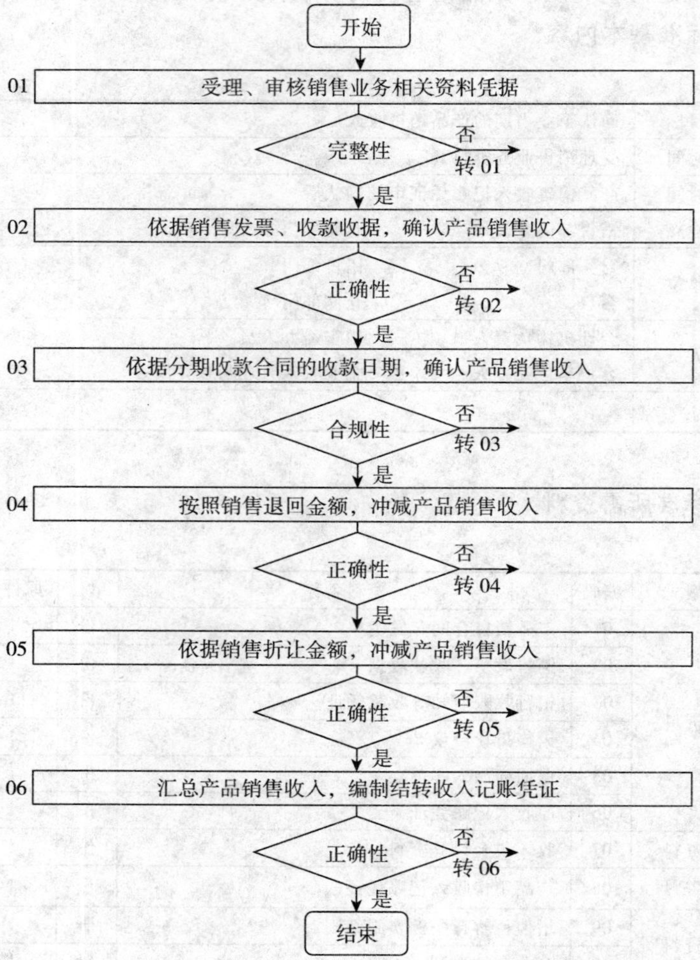

4.4 分期收款销售商品收入确认工作标准

标准编码：19010104

标准名称：分期收款销售商品收入确认工作标准

工作标准名称释义

分期收款销售商品收入确认工作标准是指企业收入管理与核算岗位对企业采取分期收款方式销售商品时，收入确认的工作规范。

工作标准基本内容

工作核心目标	完成分期收款销售商品收入的确认工作
工作开始时间	与客户签订分期收款销售合同时
工作结束时间	分期收款发出商品收入全部确认时
相关工作地点	客户单位所在地　销售部门办公地 财务部门办公地
相关工作单位	财务部门　销售部门 客户
相关工作人员	销售部门负责人　会计机构负责人 企业收入管理与核算岗位　销售经办人
备　注	

工作标准所需资料

资料类型	编码	资料名称	单位	原件数	复印数
事前准备资料	01	商品分期收款销售合同	份	1	0
	02	商品发货证明	份	1	0
事中产生资料	03	发出商品记账凭证	份	1	0
	04	分期确认收入的记账凭证	份	1	0
	05	商品销售发票	份	1	0
事后结果资料	06	最末收款期确认收入记账凭证	册	1	0
技术要求资料	07	企业会计准则——收入	册	1	0

相关工作标准

标准编码	标准名称
1901	主营业务收入确认工作标准

工作标准流程图

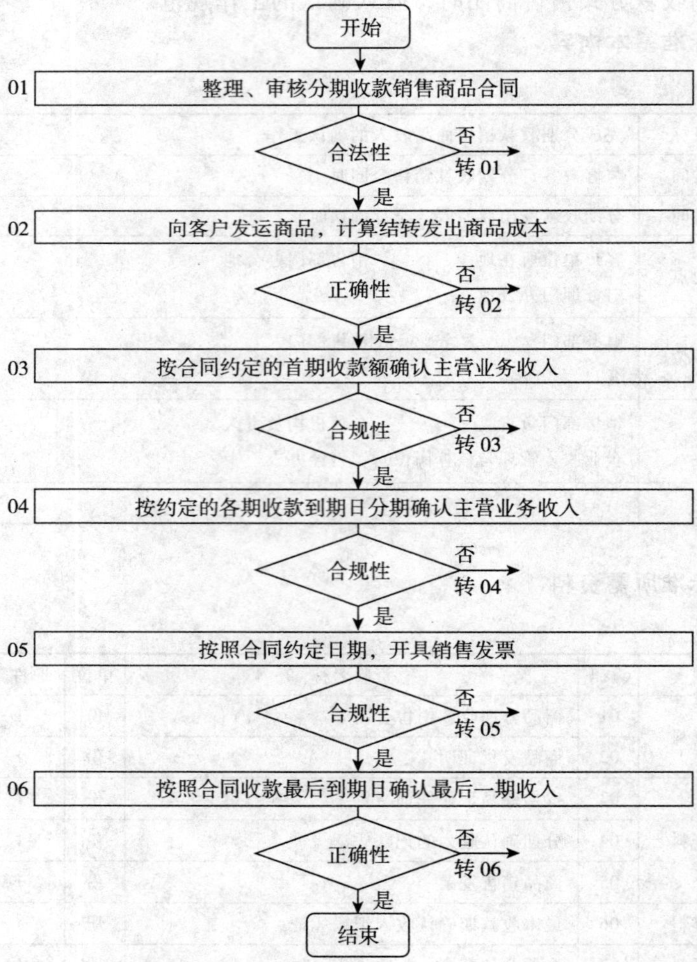

4.5　分期收款销售商品核算工作标准

标准编码：19010105

标准名称：分期收款销售商品核算工作标准

工作标准名称释义

分期收款销售商品核算工作标准是指企业收入管理与核算岗对企业以分期收款方式销售商品业务进行核算的工作规范。

工作标准基本内容

工作核心目标	完成分期收款方式销售商品核算工作
工作开始时间	签订分期收款方式销售商品合同时
工作结束时间	全部确认收入并结转销售成本时
相关工作地点	客户单位所在地　销售部门办公地 财务部门办公地
相关工作单位	财务部门　销售部门 客户
相关工作人员	销售经办人　销售部门负责人 会计机构负责人　企业收入管理与核算岗 复核岗
备　注	

工作标准所需资料

资料类型	编码	资料名称	单位	原件数	复印数
事前准备资料	01	分期收款销售商品核算账簿	份	1	0
	02	分期收款销售商品合同	份	1	1
	03	发出商品出库单	份	1	1

续表

资料类型	编码	资料名称	单位	原件数	复印数
事中产生资料	04	结转分期收款发出商品记账凭证	份	1	0
	05	首期确认销售收入记账凭证	份	1	0
	06	首期结转销售成本记账凭证	份	1	0
	07	中期确认销售收入记账凭证	份	1	0
	08	中期结转销售成本记账凭证	份	1	0
	09	按照合同约定开具的销售发票	份	1	0
事后结果资料	10	末期确认主营业务收入记账凭证	份	1	0
	11	末期结转主营业务成本记账凭证	份	1	0
技术要求资料	12	企业会计准则——收入	册	1	0

相关工作标准

标准编码	标准名称
1901	主营业务收入确认工作标准

工作标准流程图

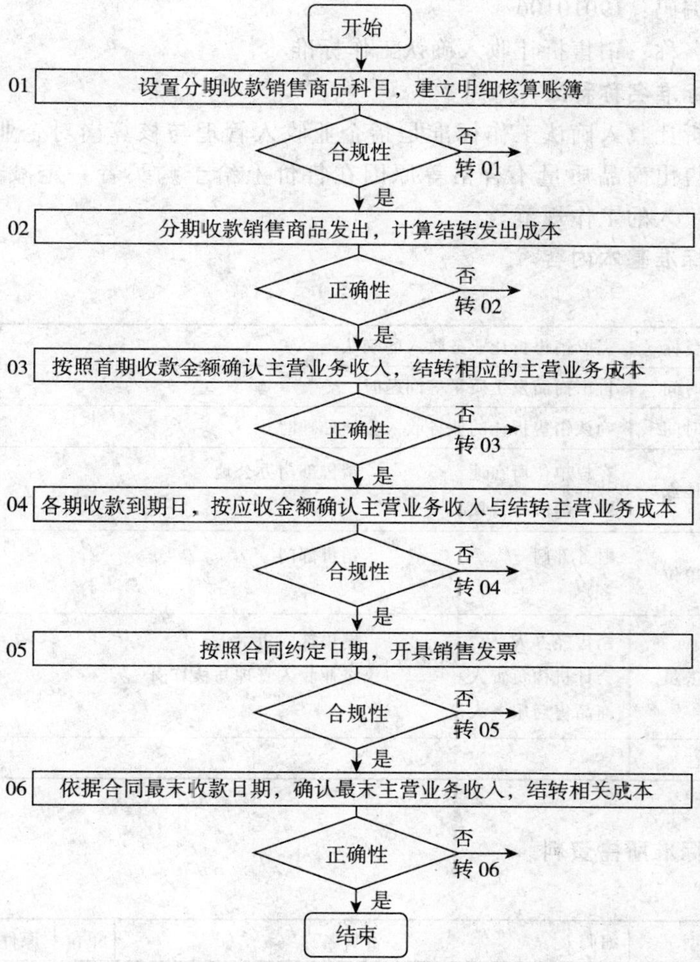
开始
01 设置分期收款销售商品科目，建立明细核算账簿
合规性
否 转01
是
02 分期收款销售商品发出，计算结转发出成本
正确性
否 转02
是
03 按照首期收款金额确认主营业务收入，结转相应的主营业务成本
正确性
否 转03
是
04 各期收款到期日，按应收金额确认主营业务收入与结转主营业务成本
合规性
否 转04
是
05 按照合同约定日期，开具销售发票
合规性
否 转05
是
06 依据合同最末收款日期，确认最末主营业务收入，结转相关成本
正确性
否 转06
是
结束

4.6 销售折让收入确认工作标准

标准编码：19010106

标准名称：销售折让收入确认工作标准

工作标准名称释义

销售折让收入确认工作标准是指企业收入管理与核算岗对企业商品销售业务中因售出商品质量不合格等原因在售价上给予购买者一定减让的事项，确认销售收入的工作规范。

工作标准基本内容

工作核心目标	完成销售折让业务收入的确认	
工作开始时间	售出商品发生质量等问题时	
工作结束时间	确认销售折让的业务收入会计处理时	
相关工作地点	客户单位所在地 财务部门办公地	销售部门办公地
相关工作单位	财务部门 客户	销售部门
相关工作人员	销售经办人 会计机构负责人 商品售后服务人员	销售部门负责人 企业收入管理与核算岗
备　　注		

工作标准所需资料

资料类型	编码	资料名称	单位	原件数	复印数
事前准备资料	01	原销售合同	份	1	1
	02	商品销售发票	份	1	0
	03	商品发货凭证	份	1	0
	04	客户有关质量等问题的信函、传真	份	1	0

续表

资料类型	编码	资料名称	单位	原件数	复印数
事中产生资料	05	售后服务人员有关商品质量等问题的鉴定报告	份	1	0
	06	与客户达成销售折让的协议	份	1	0
事后结果资料	07	销售折让后确认收入的记账凭证	份	1	0
	08	将销售折让额冲减原销售收入的记账凭证	份	1	0
技术要求资料	09	企业会计准则——收入	册	1	0
	10	企业财务通则	册	1	0

相关工作标准

标准编码	标准名称
1901	主营业务收入确认工作标准

工作标准流程图

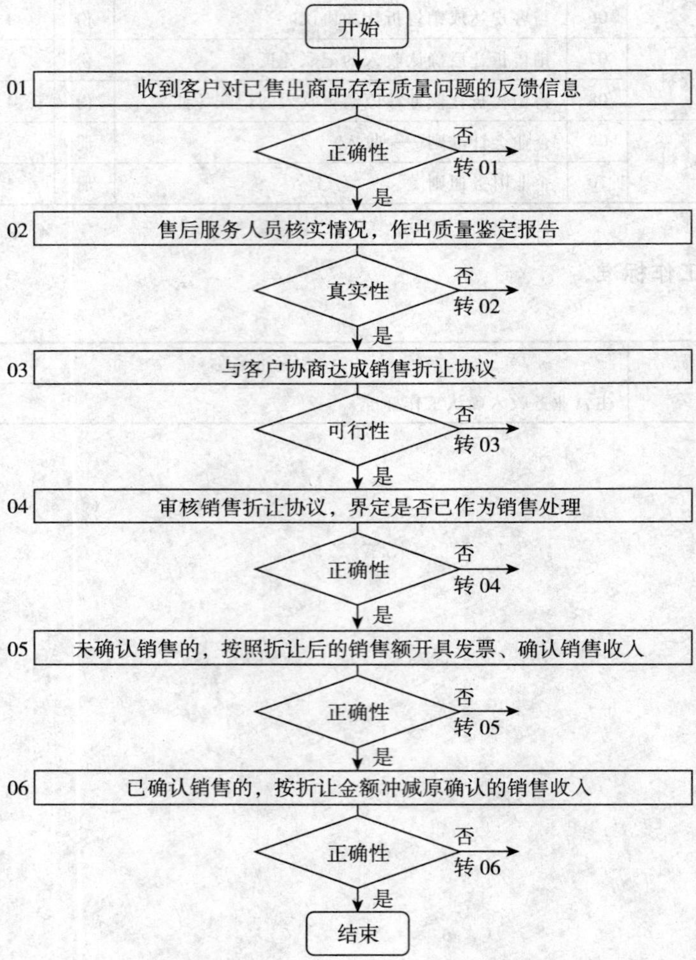
开始
01
收到客户对已售出商品存在质量问题的反馈信息
正确性
否
转 01
是
02
售后服务人员核实情况，作出质量鉴定报告
真实性
否
转 02
是
03
与客户协商达成销售折让协议
可行性
否
转 03
是
04
审核销售折让协议，界定是否已作为销售处理
正确性
否
转 04
是
05
未确认销售的，按照折让后的销售额开具发票、确认销售收入
正确性
否
转 05
是
06
已确认销售的，按折让金额冲减原确认的销售收入
正确性
否
转 06
是
结束

4.7 已确认收入商品销售退回核算工作标准

标准编码：19010107

标准名称：已确认收入商品销售退回核算工作标准

工作标准名称释义

已确认收入商品销售退回核算工作标准是指企业收入管理与核算岗对企业已确认收入的售出商品由于质量、规格、型号等原因被购货方退回时进行核算的工作规范。

工作标准基本内容

工作核心目标	完成已确认收入的商品退回的核算	
工作开始时间	收到退回商品时	
工作结束时间	对退回商品会计处理，编制记账凭证时	
相关工作地点	购货单位办公地 财务部门办公地	销售部门办公地
相关工作单位	购货单位 销售部门	财务部门 仓储部门
相关工作人员	购货单位经办人 企业收入管理与核算岗位	会计机构负责人 销售部门经办人
备　　注		

工作标准所需资料

资料类型	编码	资料名称	单位	原件数	复印数
事前准备资料	01	主营业务收入明细账	份	1	0
	02	应收账款明细账	份	1	0
	03	原销售合同	份	1	0
	04	原销售发票及会计处理记账凭证	份	1	0

续表

资料类型	编码	资料名称	单位	原件数	复印数
事中产生资料	05	退回商品入库单	份	1	0
	06	退回商品已开发票	份	1	0
	07	购货方税务部门未抵扣进项税款证明	份	1	0
	08	购货单位开具的退回商品发票	份	1	0
事后结果资料	09	退回商品会计处理记账凭证	份	1	0
技术要求资料	10	企业会计准则——收入	册	1	0
	11	企业财务通则	册	1	0

相关工作标准

标准编码	标准名称
1901	主营业务收入确认工作标准

工作标准流程图

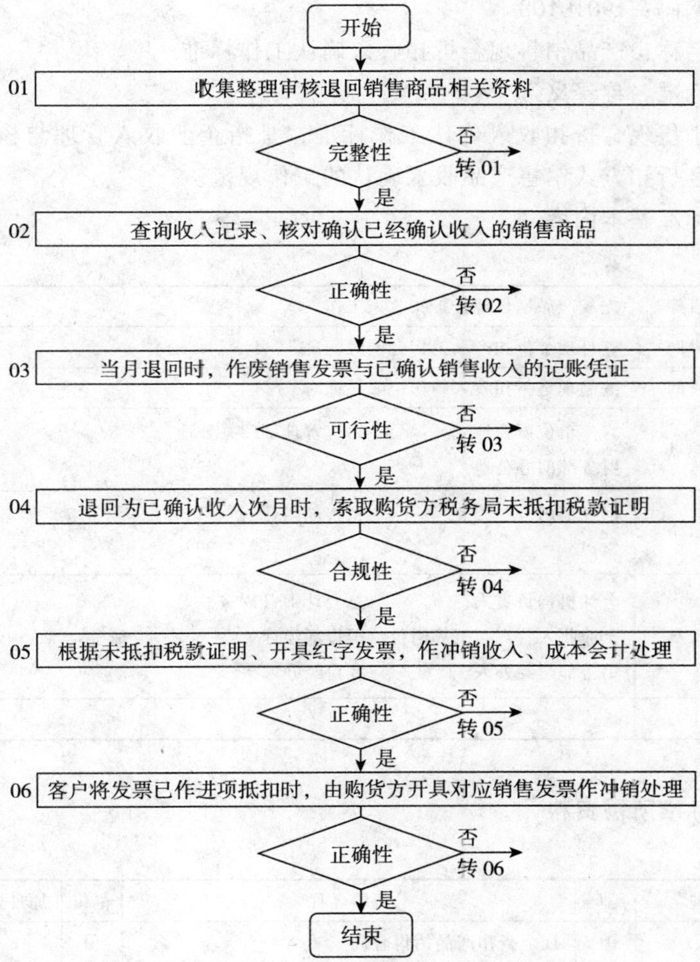
开始
01
收集整理审核退回销售商品相关资料
完整性
否
转01
是
02
查询收入记录、核对确认已经确认收入的销售商品
正确性
否
转02
是
03
当月退回时，作废销售发票与已确认销售收入的记账凭证
可行性
否
转03
是
04
退回为已确认收入次月时，索取购货方税务局未抵扣税款证明
合规性
否
转04
是
05
根据未抵扣税款证明、开具红字发票，作冲销收入、成本会计处理
正确性
否
转05
是
06
客户将发票已作进项抵扣时，由购货方开具对应销售发票作冲销处理
正确性
否
转06
是
结束

4.8 产品销售现金折扣收入确认工作标准

标准编码：19010108

标准名称：产品销售现金折扣收入确认工作标准

工作标准名称释义

产品销售现金折扣收入确认工作标准，是指企业收入管理与核算岗对企业实施现金折扣方式销售产品收入确认的工作规范。

工作标准基本内容

工作核心目标	完成产品销售现金折扣收入工作	
工作开始时间	签订现金折扣产品销售合同时	
工作结束时间	编制现金折扣收入确认记账凭证时	
相关工作地点	客户单位所在地 财务部门办公地	销售管理部门办公地
相关工作单位	财务部门 客户	销售部门
相关工作人员	会计机构负责人 企业收入管理与核算岗位 销售部门经办人	总会计师（财务总监） 销售部经理 客户经办人
备　　注		

工作标准所需资料

资料类型	编码	资料名称	单位	原件数	复印数
事前准备资料	01	现金折扣产品销售合同	份	1	1
	02	产品发货单	份	1	0
	03	产品销售发票	份	1	0

续表

资料类型	编码	资料名称	单位	原件数	复印数
事中产生资料	04	按产品销售发票确认收入记账凭证	份	1	0
	05	发出商品记账凭证	份	1	0
	06	银行存款收账通知	份	1	0
	07	核定的现金折扣比例	份	1	0
	08	计算确认的现金折扣金额	份	1	0
	09	计算的现金折扣后收入净额	份	1	0
	10	按现金折扣后净额开具的销售发票	份	1	0
事后结果资料	06	产品销售货款收取记账凭证	份	1	0
	07	现金折扣计入财务费用记账凭证	份	1	0
	08	现金折扣后净额收入确认记账凭证	份	1	0
技术要求资料	09	企业会计准则——收入	册	1	0

相关工作标准

标准编码	标准名称
19010103	产品销售收入确认工作标准

工作标准流程图

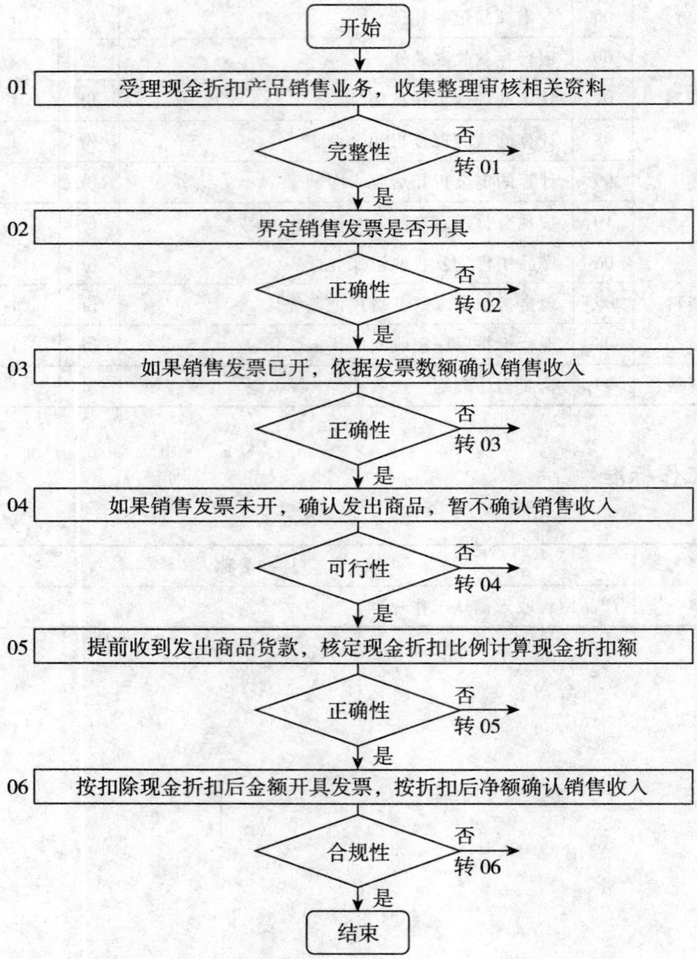
开始
01 受理现金折扣产品销售业务，收集整理审核相关资料
完整性
否
转 01
是
02 界定销售发票是否开具
正确性
否
转 02
是
03 如果销售发票已开，依据发票数额确认销售收入
正确性
否
转 03
是
04 如果销售发票未开，确认发出商品，暂不确认销售收入
可行性
否
转 04
是
05 提前收到发出商品货款，核定现金折扣比例计算现金折扣额
正确性
否
转 05
是
06 按扣除现金折扣后金额开具发票，按折扣后净额确认销售收入
合规性
否
转 06
是
结束

4.9 产品销售商业折扣收入确认工作标准

标准编码：19010109

标准名称：产品销售商业折扣收入确认工作标准

工作标准名称释义

产品销售商业折扣收入确认工作标准是指企业收入管理与核算岗对产品销售过程中，采取给予客户按公布价格打折销售方式的收入确认工作规范。

工作标准基本内容

工作核心目标	确认产品销售收入	
工作开始时间	与客户签订销售合同时	
工作结束时间	编制确认销售收入记账凭证时	
相关工作地点	客户单位银行所在地 财务部门办公地	销售管理部门办公地
相关工作单位	财务部门 客户	销售部门
相关工作人员	会计机构负责人 客户经办人员 企业收入管理与核算岗位	总会计师（财务总监） 销售部门负责人 销售业务经办人
备　　注		

工作标准所需资料

资料类型	编码	资料名称	单位	原件数	复印数
事前准备资料	01	产品价格目录	份	1	0
事中产生资料	02	产品销售商业折扣合同	份	1	0
	03	产品销售发票	份	1	0
事后结果资料	04	产品销售收入确认记账凭证	份	1	0
技术要求资料	05	企业会计准则——收入	册	1	0

相关工作标准

标准编码	标准名称
19010103	产品销售收入确认工作标准

工作标准流程图

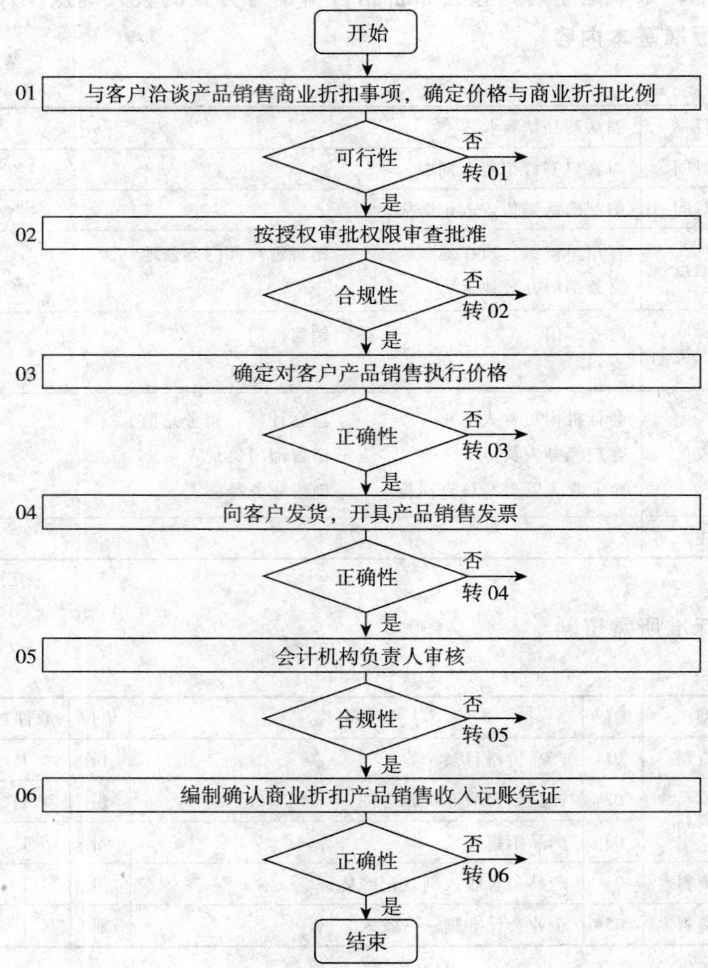

4.10 产品销售现金折扣核算工作标准

标准编码：19010110

标准名称：产品销售现金折扣核算工作标准

工作标准名称释义

产品销售现金折扣核算工作标准是指企业收入管理与核算岗对企业实施现金折扣方式销售产品的核算工作规范。

工作标准基本内容

工作核心目标	完成产品销售现金折扣核算工作
工作开始时间	签订现金折扣产品销售合同时
工作结束时间	编制现金折扣记账凭证时
相关工作地点	客户单位所在地　　销售管理部门办公地 财务部门办公地
相关工作单位	财务部门　　销售部门 客户
相关工作人员	会计机构负责人　　总会计师（财务总监） 客户经办人员　　销售部门负责人 销售业务经办人　　企业收入管理与核算岗
备　　注	现金折扣是指企业在销售过程中为加速回款，给予在规定日期以前付款的客户在价款支付方面的优惠

工作标准所需资料

资料类型	编码	资料名称	单位	原件数	复印数
事前准备资料	01	产品销售价格目录	册	1	0
	02	产品销售现金折扣合同或协议	份	1	0
	03	产品发货单、销售发票	份	2	0

续表

资料类型	编码	资料名称	单位	原件数	复印数
事中产生资料	04	应收账款记账凭证	份	1	0
	05	银行存款收账通知单据	份	1	0
	06	核定的现金折扣比例	份	1	0
	07	计算的现金折扣额	份	1	0
事后结果资料	08	现金折扣会计处理记账凭证	份	1	0
技术要求资料	09	企业会计准则——收入	册	1	0
	10	企业财务通则	册	1	0

相关工作标准

标准编码	标准名称
19010103	产品销售收入确认工作标准

工作标准流程图

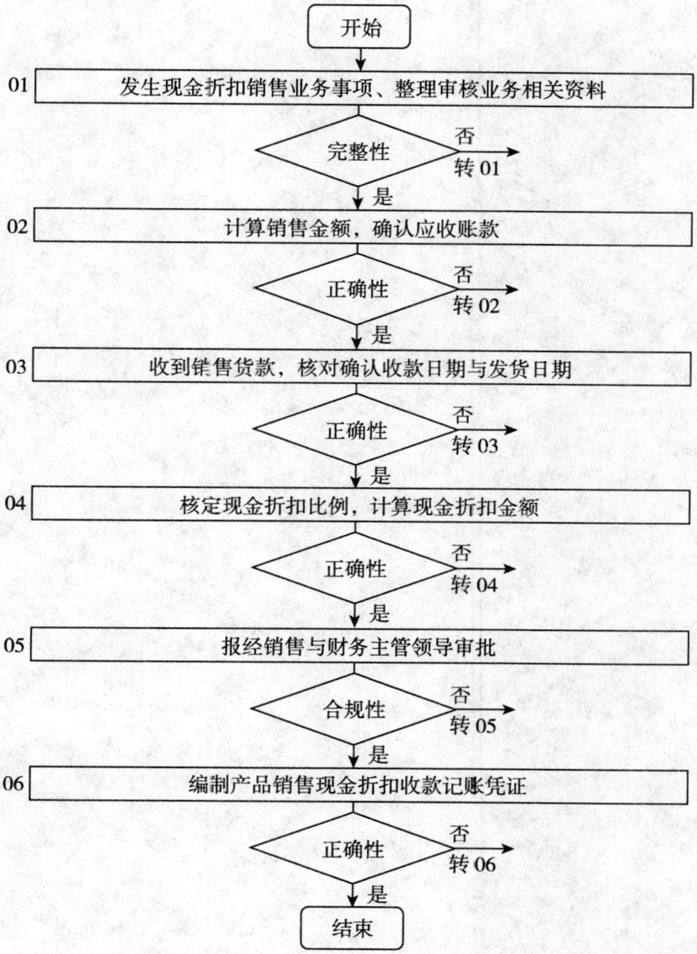
开始
01
发生现金折扣销售业务事项、整理审核业务相关资料
完整性
否
转01
是
02
计算销售金额，确认应收账款
正确性
否
转02
是
03
收到销售货款，核对确认收款日期与发货日期
正确性
否
转03
是
04
核定现金折扣比例，计算现金折扣金额
正确性
否
转04
是
05
报经销售与财务主管领导审批
合规性
否
转05
是
06
编制产品销售现金折扣收款记账凭证
正确性
否
转06
是
结束

第 5 章　劳务收入管理与核算工作标准

5.1 提供劳务核算工作标准

标准编码：19010201

标准名称：提供劳务核算工作标准

工作标准名称释义

提供劳务核算工作标准是指企业收入管理与核算岗完成企业对外提供劳务收入与成本核算事务的工作规范。

工作标准基本内容

工作核心目标	完成提供劳务的核算工作	
工作开始时间	设置相关会计核算账簿时	
工作结束时间	编制确认收入与结转成本记账凭证时	
相关工作地点	客户单位所在地 财务部门办公地	销售部门办公地
相关工作单位	财务部门 客户	销售部门
相关工作人员	销售经办人 会计机构负责人 复核岗位	销售部门负责人 企业收入管理与核算岗位 接受劳务单位经办人
备　　注	提供劳务交易的结果能够可靠估计的条件：1. 收入金额能够可靠计量。2. 相关的经济利益能流入企业。3. 交易完工进度能够可靠确定	

工作标准所需资料

资料类型	编码	资料名称	单位	原件数	复印数
事前准备资料	01	劳务收入与成本核算账簿	份	1	1
	02	提供劳务合同	份	1	1
	03	接收劳务方信誉资料	份	1	0
	04	相关劳务收入能否收回判定资料	份	1	0
	05	交易完工进度能否可靠确定资料	份	1	0
事中产生资料	06	提供劳务交易的结果能可靠计量判定结果	份	1	1
	07	用百分比法计算确认的劳务收入与劳务成本	份	2	0
	08	提供劳务交易的结果不能可靠计量判定结果	份	1	0
	09	依据能够收回补偿金额确认的收入与应结转的实际劳务成本	份	1	0
事后结果资料	10	编制的确认劳务收入的记账凭证	份	1	0
	11	编制的结转劳务成本记账凭证	份	1	0
技术要求资料	12	企业会计准则——收入	册	1	0

工作标准流程图

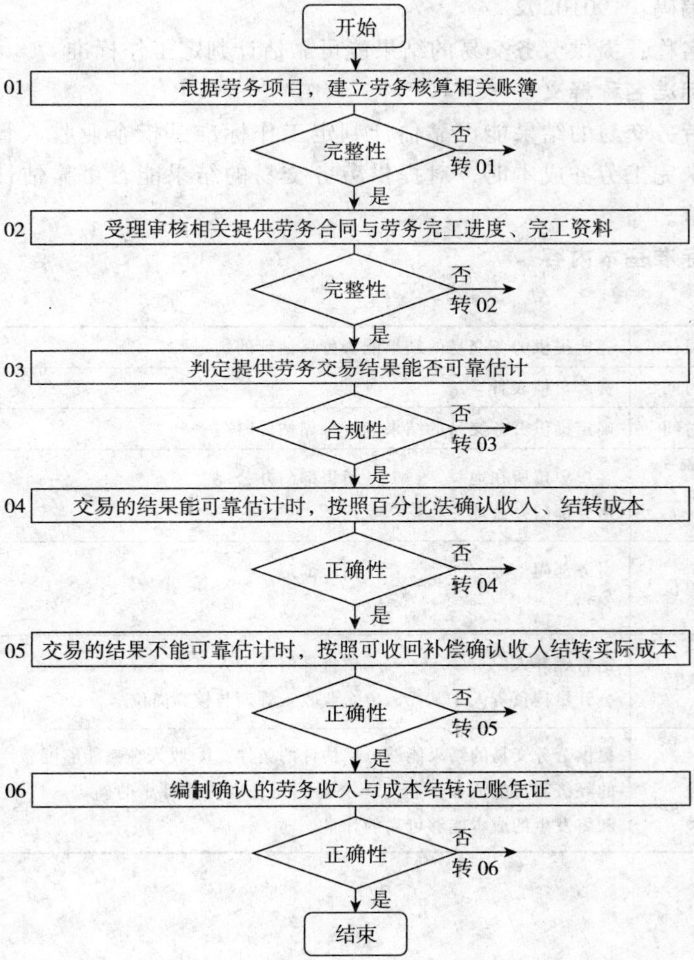
开始
01
根据劳务项目，建立劳务核算相关账簿
完整性
否
转 01
是
02
受理审核相关提供劳务合同与劳务完工进度、完工资料
完整性
否
转 02
是
03
判定提供劳务交易结果能否可靠估计
合规性
否
转 03
是
04
交易的结果能可靠估计时，按照百分比法确认收入、结转成本
正确性
否
转 04
是
05
交易的结果不能可靠估计时，按照可收回补偿确认收入结转实际成本
正确性
否
转 05
是
06
编制确认的劳务收入与成本结转记账凭证
正确性
否
转 06
是
结束

5.2 提供劳务交易的结果能可靠估计判定工作标准

标准编码：19010202

标准名称：提供劳务交易的结果能可靠估计判定工作标准

工作标准名称释义

提供劳务交易的结果能可靠估计判定工作标准是指企业收入管理与核算岗在核算未完工劳务成本时，对提供劳务交易的结果能否可靠估计进行判定的工作规范。

工作标准基本内容

工作核心目标	完成提供劳务交易的结果能否可靠估计的判定
工作开始时间	资产负债表日
工作结束时间	确定提供劳务交易的结果能否可靠估计时
相关工作地点	客户单位所在地　销售部门办公地 财务部门办公地
相关工作单位	财务部门　销售部门 客户
相关工作人员	销售经办人　销售部门负责人 会计机构负责人　企业收入管理与核算岗位
备　注	提供劳务交易的结果能够可靠估计的条件：1. 收入金额能够可靠计量。2. 相关的经济利益能流入企业。3. 交易完工进度能够可靠的确定。4. 交易中已发生和将发生的成本能够可靠的计量

工作标准所需资料

资料类型	编码	资料名称	单位	原件数	复印数
事前准备资料	01	劳务项目合同	份	1	1
事中产生资料	02	提供劳务收入金额能可靠计量判定	份	1	1
	03	相关经济利益能够流入企业判定	份	1	0
	04	交易的完工进度能可靠确定资料	份	1	0
	05	已发生成本与将发生成本能可靠计量判定	份	1	0
事后结果资料	06	提供劳务交易结果能可靠估计判断结论	份	1	0
技术要求资料	07	企业会计准则——收入	册	1	0

相关工作标准

标准编码	标准名称
1905	提供劳务核算工作标准

工作标准流程图

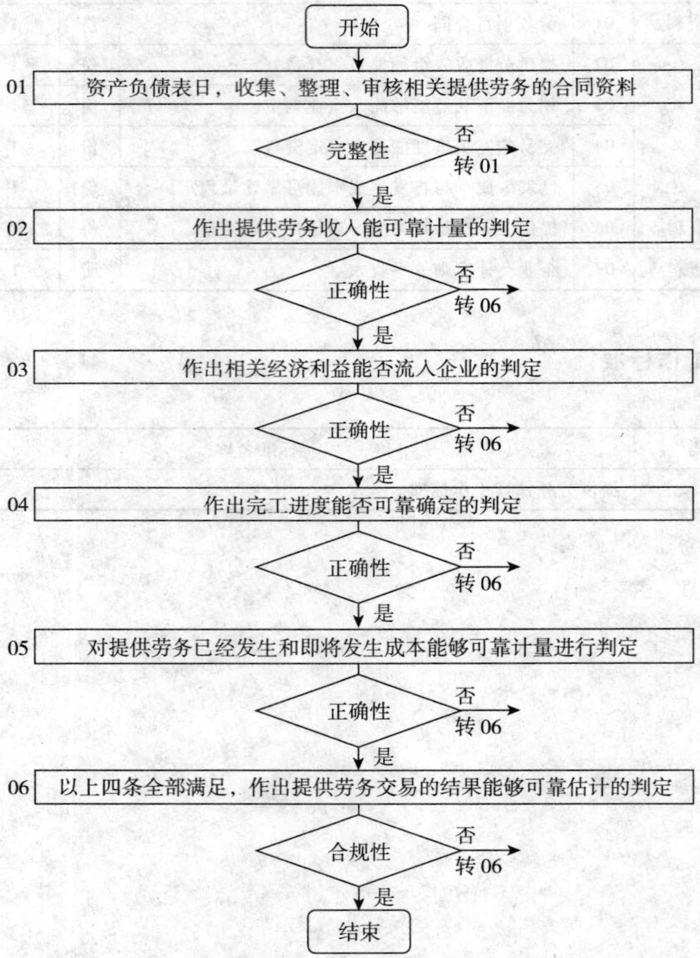
开始
01 资产负债表日，收集、整理、审核相关提供劳务的合同资料
完整性
否
转 01
是
02 作出提供劳务收入能可靠计量的判定
正确性
否
转 06
是
03 作出相关经济利益能否流入企业的判定
正确性
否
转 06
是
04 作出完工进度能否可靠确定的判定
正确性
否
转 06
是
05 对提供劳务已经发生和即将发生成本能够可靠计量进行判定
正确性
否
转 06
是
06 以上四条全部满足，作出提供劳务交易的结果能够可靠估计的判定
合规性
否
转 06
是
结束

5.3 完工百分比法确认劳务收入工作标准

标准编码：19010203

标准名称：完工百分比法确认劳务收入工作标准

工作标准名称释义

完工百分比法确认劳务收入工作标准是指收入管理与核算岗按照企业提供劳务交易的完工进度比例确认劳务收入的工作规范。

工作标准基本内容

工作核心目标	按劳务完工进度百分比法确认劳务收入	
工作开始时间	判定提供劳务结果能够可靠估计时	
工作结束时间	确定本期劳务收入与成本时	
相关工作地点	生产管理部门办公地 财务部门办公地	销售管理部门办公地
相关工作单位	财务部门 客户	销售部门
相关工作人员	会计机构负责人 销售部门负责人 销售部门经办人	总会计师（财务总监） 企业收入管理与核算岗位 生产部门工作人员
备　　注		

工作标准所需资料

资料类型	编码	资料名称	单位	原件数	复印数
事前准备资料	01	劳务合同（或协议）	份	1	0
	02	提供劳务交易结果能可靠估计判断结论	份	1	0
	03	劳务成本明细账	册	1	0
	04	劳务收入明细账	册	1	0
事中产生资料	05	劳务项目累计完工进度测定表	份	1	0
事后结果资料	06	确认本期劳务收入记账凭证	份	1	0
技术要求资料	07	企业会计准则——收入	册	1	0

相关工作标准

标准编码	标准名称
19010202	提供劳务交易的结果能可靠估计判定工作标准

工作标准流程图

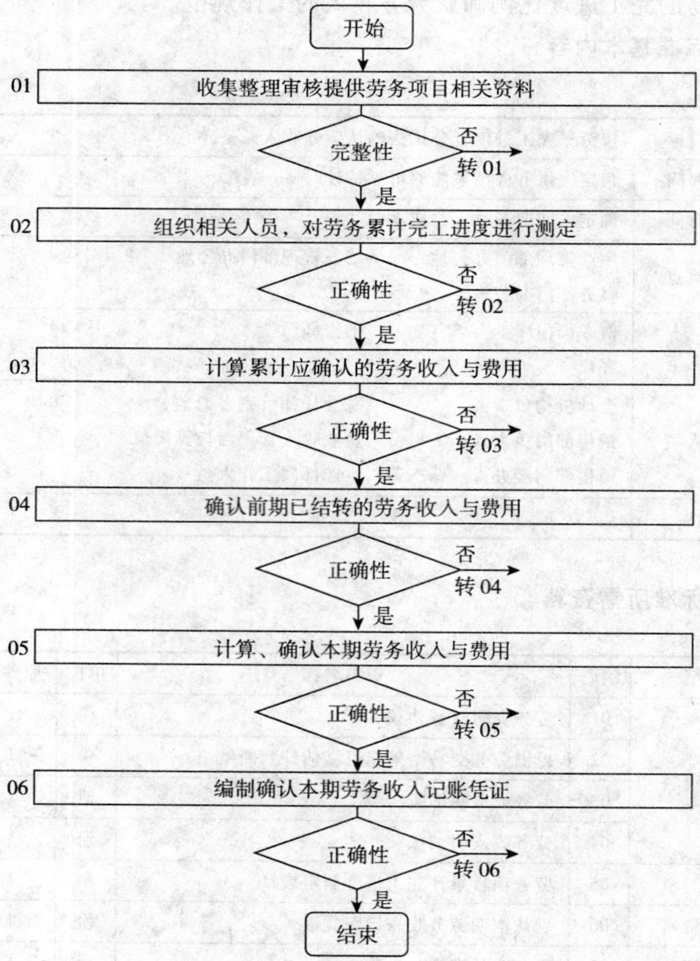

5.4　提供劳务交易结果不能可靠估计时的收入确认工作标准

标准编码：19010204

标准名称：提供劳务交易结果不能可靠估计时收入确认工作标准

工作标准名称释义

劳务交易结果不能可靠估计时的收入确认工作标准是指企业收入管理与核算岗对企业提供的劳务交易项目在资产负债表日交易结果不能可靠估计时，劳务收入的确认工作规范。

工作标准基本内容

工作核心目标	确认提供劳务交易结果不能可靠估计时的劳务收入	
工作开始时间	会计期末	
工作结束时间	编制提供劳务交易结果不能可靠估计时的劳务收入记账凭证	
相关工作地点	客户单位所在地 销售管理部门办公地	生产管理部门办公地 财务部门办公地
相关工作单位	财务部门 销售部门	各生产管理部门 客户
相关工作人员	总会计师（财务总监） 生产部门工作人员 会计机构负责人	企业收入管理与核算岗 销售业务经办人 接受劳务客户
备　　注		

工作标准所需资料

资料类型	编码	资料名称	单位	原件数	复印数
事前准备资料	01	劳务合同	份	1	0
	02	提供劳务交易结果不能可靠估计判断结论	份	1	0
	03	劳务成本明细账	册	1	0

续表

资料类型	编码	资料名称	单位	原件数	复印数
事中产生资料	04	已经或预计能收到的成本补偿数据	份	1	0
	05	预计发生的成本费用能够得到部分补偿数据	份	1	0
	06	本期发生的劳务成本资料	份	1	0
事后结果资料	07	确认提供劳务收入记账凭证	份	1	0
	08	预计不能得到补偿的劳务成本结转损益记账凭证	份	1	0
技术要求资料	09	企业会计准则——收入	册	1	0

相关工作标准

标准编码	标准名称
19010202	提供劳务交易的结果能可靠估计判定工作标准
19010201	提供劳务核算工作标准

工作标准流程图

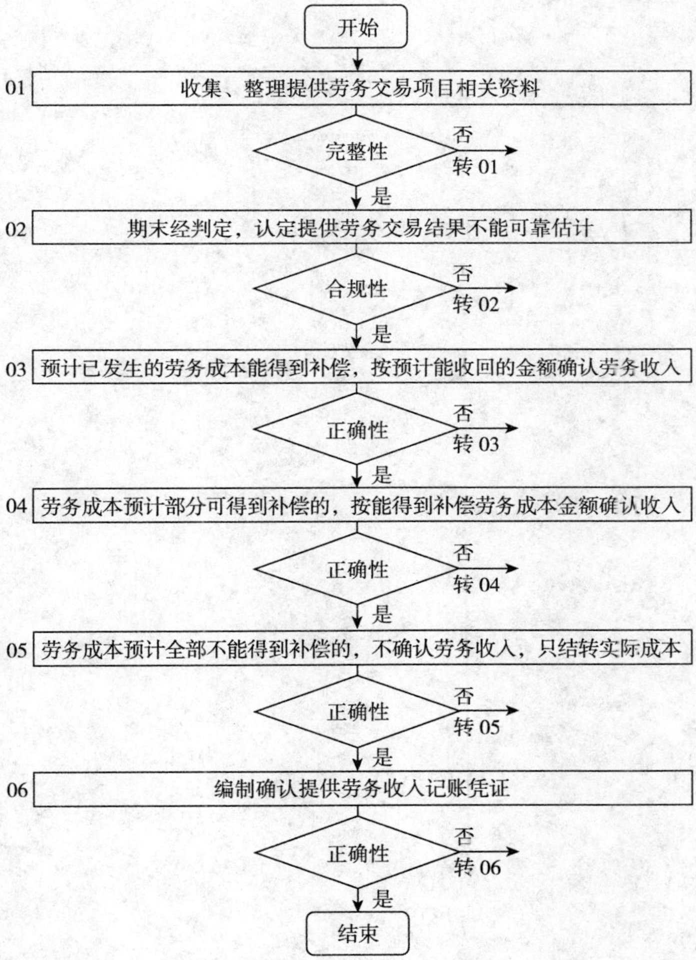
开始
01
收集、整理提供劳务交易项目相关资料
完整性
否
转 01
是
02
期末经判定，认定提供劳务交易结果不能可靠估计
合规性
否
转 02
是
03
预计已发生的劳务成本能得到补偿，按预计能收回的金额确认劳务收入
正确性
否
转 03
是
04
劳务成本预计部分可得到补偿的，按能得到补偿劳务成本金额确认收入
正确性
否
转 04
是
05
劳务成本预计全部不能得到补偿的，不确认劳务收入，只结转实际成本
正确性
否
转 05
是
06
编制确认提供劳务收入记账凭证
正确性
否
转 06
是
结束

第6章　建造合同收入管理与核算工作标准

6.1 建造合同收入界定工作标准

标准编码：19010301

标准名称：建造合同收入构成界定工作标准

工作标准名称释义

建造合同收入构成界定工作标准是指企业收入管理与核算岗对建造合同收入的构成内容进行界定的工作规范。

工作标准基本内容

工作核心目标	确认当期建造合同收入分类
工作开始时间	合同签订执行
工作结束时间	建造合同收入汇总表报上级领导审核
相关工作地点	建造合同加工生产或施工单位办公地　建造合同客户办公地 生产管理部门办公地　销售管理部门办公地 财务部门办公地
相关工作单位	财务部门　生产管理部门 生产车间　销售部门　建造合同客户
相关工作人员	总会计师（财务总监）　销售部门负责人 销售部门经办人　企业收入管理与核算岗位 生产部门工作人员　建造合同客户方经办人 会计机构负责人
备　注	

工作标准所需资料

资料类型	编码	资料名称	单位	原件数	复印数
事前准备资料	01	建造合同	份	1	1
	02	变更合同或协议	份	1	1
	03	合同奖励资料	份	1	1
	04	合同补偿资料	份	1	1

续表

资料类型	编码	资料名称	单位	原件数	复印数
事中产生资料	05	界定确认的建造合同初始收入资料	份	1	0
	06	界定确认的合同变更收入资料	份	1	0
	07	界定确认的合同奖励收入资料	份	1	0
	08	界定确认的合同损失补偿收入资料	份	1	0
事后结果资料	09	界定确认的建造合同收入汇总表	份	1	0
技术要求资料	10	企业会计准则讲解——建造合同	册	1	0

相关工作标准

标准编码	标准名称
19010306	建造合同收入核算工作标准

工作标准流程图

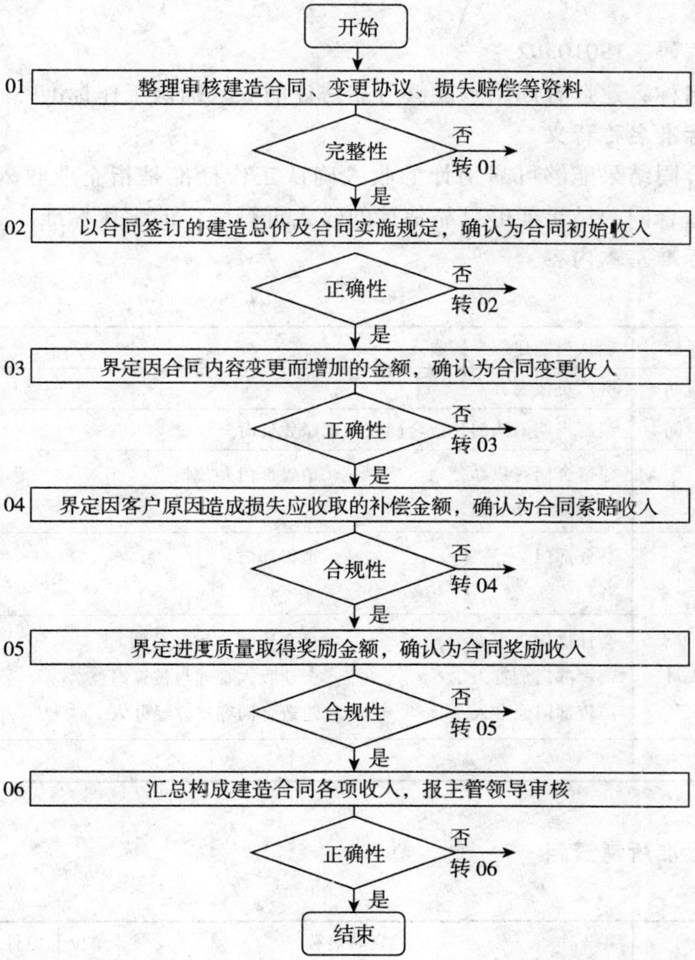
开始
01
整理审核建造合同、变更协议、损失赔偿等资料
完整性
否
转 01
是
02
以合同签订的建造总价及合同实施规定，确认为合同初始收入
正确性
否
转 02
是
03
界定因合同内容变更而增加的金额，确认为合同变更收入
正确性
否
转 03
是
04
界定因客户原因造成损失应收取的补偿金额，确认为合同索赔收入
合规性
否
转 04
是
05
界定进度质量取得奖励金额，确认为合同奖励收入
合规性
否
转 05
是
06
汇总构成建造合同各项收入，报主管领导审核
正确性
否
转 06
是
结束

6.2 建造合同结果能够可靠估计的收入确认工作标准

标准编码：19010302

标准名称：建造合同结果能够可靠估计的收入确认工作标准

工作标准名称释义

建造合同结果能够可靠估计的收入确认工作标准是指企业收入管理与核算岗对建造合同的结果能够可靠估计的收入进行确定的工作标准。

工作标准基本内容

工作核心目标	确认当期建造合同收入	
工作开始时间	资产负债表日	
工作结束时间	编制当期确认的建造合同收入记账凭证时	
相关工作地点	建造合同客户办公地 财务部门办公地	销售部门办公地
相关工作单位	财务部门 客户	销售部门
相关工作人员	会计机构负责人 销售部门负责人 销售部门经办人	总会计师（财务总监） 企业收入管理与核算岗位 建造合同客户方经办人
备　　注		

工作标准所需资料

资料类型	编码	资料名称	单位	原件数	复印数
事前准备资料	01	建造合同	份	1	0
	02	建造合同结果能可靠估计认定资料	份	1	0
	03	建造合同核算账簿	册	1	0

续表

资料类型	编码	资料名称	单位	原件数	复印数
事中产生资料	04	合同完工程度确定资料	份	1	0
	05	计算确认的至本期累计完工收入	份	1	0
	06	核对的前期已确认累计收入	份	1	0
	07	计算确认的本期建造合同收入	份	1	0
事后结果资料	08	确认的本期建造合同收入记账凭证	份	1	0
技术要求资料	09	企业会计准则——建造合同	册	1	0

相关工作标准

标准编码	标准名称
19010301	建造合同收入构成界定工作标准

工作标准流程图

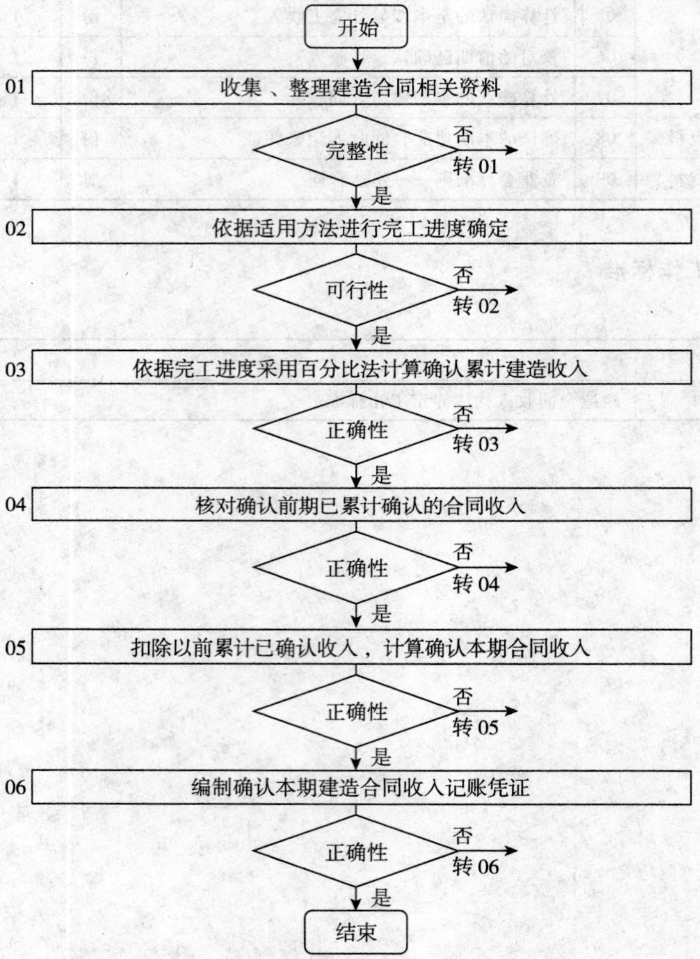
开始
01
收集、整理建造合同相关资料
完整性
否
转 01
是
02
依据适用方法进行完工进度确定
可行性
否
转 02
是
03
依据完工进度采用百分比法计算确认累计建造收入
正确性
否
转 03
是
04
核对确认前期已累计确认的合同收入
正确性
否
转 04
是
05
扣除以前累计已确认收入，计算确认本期合同收入
正确性
否
转 05
是
06
编制确认本期建造合同收入记账凭证
正确性
否
转 06
是
结束

6.3 建造合同完工进度确定工作标准

标准编码：19010303

标准名称：建造合同完工进度确定工作标准

工作标准名称释义

建造合同完工进度确定工作标准是指企业收入管理与核算岗对建造合同收入确认过程中，对作出建造合同的结果能够可靠估计判定后，进一步确定合同完工进度的工作规范。

工作标准基本内容

工作核心目标	确定合同完工进度
工作开始时间	会计计算期期末
工作结束时间	确定的合同进度资料上报领导审批
相关工作地点	建造合同客户办公地　生产管理部门办公地 销售管理部门办公地　财务部门办公地
相关工作单位	生产管理部门　建造合同客户 销售管理部门　财务部门
相关工作人员	总会计师（财务总监）　销售部门负责人 生产部门工作人员　建造合同客户方经办人 销售业务经办人　会计机构负责人 企业收入管理与核算岗位
备　　注	

工作标准所需资料

资料类型	编码	资料名称	单位	原件数	复印数
事前准备资料	01	建造合同	份	1	0
	02	建造合同结果能够可靠估计的判定资料	份	1	0
	03	预计的建造合同总成本资料	份	1	0
	04	预计的建造合同总工作量	份	1	0
事中产生资料	05	计算确认的累计实际发生成本资料	份	1	0
	06	累计已完成合同的工作量统计表	份	1	0
	07	专业人员实际测定的完工进度资料	份	1	0
事后结果资料	08	报领导审批确认的合同累计完工进度资料	份	1	0
技术要求资料	09	企业会计准则——建造合同	册	1	0

相关工作标准

标准编码	标准名称
19010302	建造合同结果能够可靠估计的收入确认工作标准

工作标准流程图

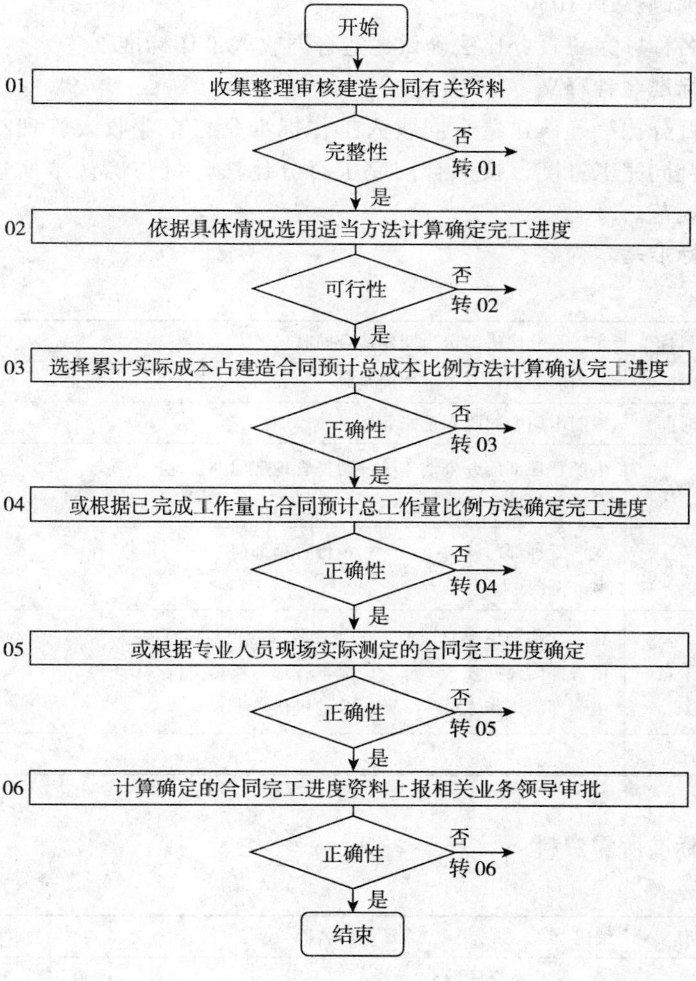
开始
01
收集整理审核建造合同有关资料
完整性
否
转01
是
02
依据具体情况选用适当方法计算确定完工进度
可行性
否
转02
是
03
选择累计实际成本占建造合同预计总成本比例方法计算确认完工进度
正确性
否
转03
是
04
或根据已完成工作量占合同预计总工作量比例方法确定完工进度
正确性
否
转04
是
05
或根据专业人员现场实际测定的合同完工进度确定
正确性
否
转05
是
06
计算确定的合同完工进度资料上报相关业务领导审批
正确性
否
转06
是
结束

6.4 完工百分比法确认建造合同收入工作标准

标准编码：19010304

标准名称：完工百分比法确认建造合同收入工作标准

工作标准名称释义

完工百分比法确认建造合同收入工作标准是指企业收入管理与核算岗根据确定的合同完工进度，按照合同完工百分比法计量与确认本期建造合同收入的工作规范。

工作标准基本内容

工作核心目标	完工百分比法确定当期建造合同收入
工作开始时间	合同实际累计完工进度确定时
工作结束时间	编制本期合同收入记账凭证时
相关工作地点	生产管理部门办公地　销售管理部门办公地 财务部门办公地
相关工作单位	生产管理部门　销售管理部门 财务部门
相关工作人员	总会计师（财务总监）　企业收入管理与核算岗位 销售部门经办人　成本管理与核算岗位 生产部门工作人员　会计机构负责人
备　注	

工作标准所需资料

资料类型	编码	资料名称	单位	原件数	复印数
事前准备资料	01	建造合同	份	1	0
	02	建造合同累计完工进度测定资料	份	1	0
	03	建造合同成本明细账簿	册	1	0
	04	建造合同前期已确认收入资料	份	1	0

续表

资料类型	编码	资料名称	单位	原件数	复印数
事中产生资料	05	建造合同累计应确认的收入资料	份	1	0
	06	计算确认的本期建造合同收入资料	份	1	0
事后结果资料	06	确认本期建造合同收入记账凭证	份	1	0
技术要求资料	07	企业会计准则——建造合同	册	1	0

相关工作标准

标准编码	标准名称
19010303	建造合同完工进度确定工作标准

工作标准流程图

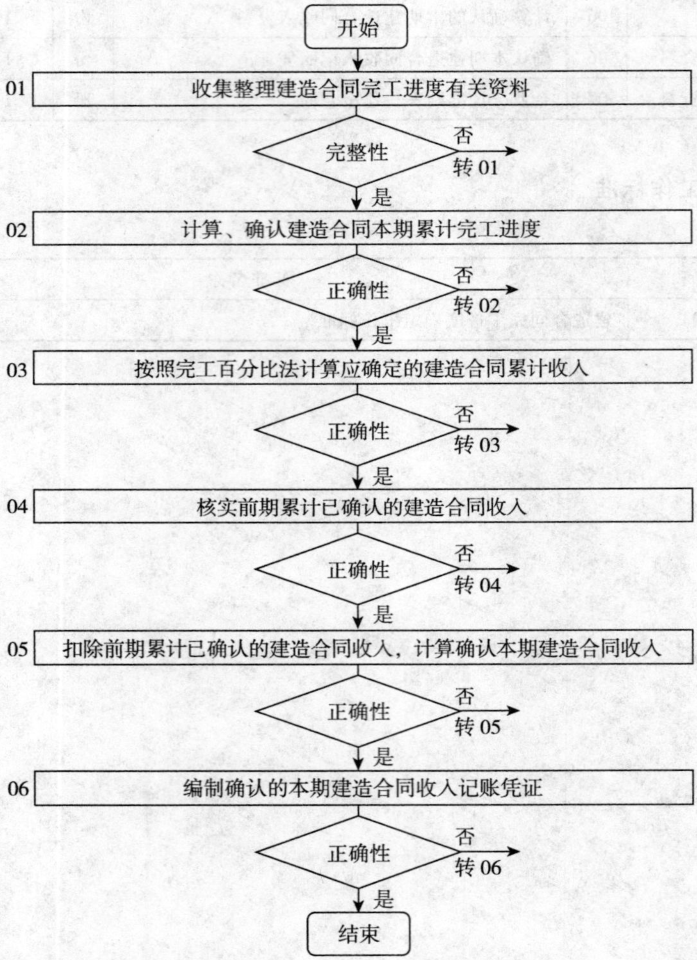
开始
01 收集整理建造合同完工进度有关资料
完整性
否
转 01
是
02 计算、确认建造合同本期累计完工进度
正确性
否
转 02
是
03 按照完工百分比法计算应确定的建造合同累计收入
正确性
否
转 03
是
04 核实前期累计已确认的建造合同收入
正确性
否
转 04
是
05 扣除前期累计已确认的建造合同收入，计算确认本期建造合同收入
正确性
否
转 05
是
06 编制确认的本期建造合同收入记账凭证
正确性
否
转 06
是
结束

6.5 建造合同结果不能可靠估计的收入确认工作标准

标准编码：19010305

标准名称：建造合同结果不能可靠估计的收入确认工作标准

工作标准名称释义

建造合同结果不能可靠估计的收入确认工作标准是指企业收入管理与核算岗对结果不能可靠估计的建造合同，计量确认其合同收入的工作规范。

工作标准基本内容

工作核心目标	确定本期建造合同收入
工作开始时间	会计计算期期末
工作结束时间	编制合同收入确认或费用确认记账凭证
相关工作地点	建造合同加工生产施工地　建造合同客户办公地 生产管理部门办公地　销售管理部门办公地 财务部门办公地
相关工作单位	生产管理部门　销售部门 建造合同加工生产或施工单位　建造合同客户 财务部门
相关工作人员	销售部门经办人　成本管理与核算岗位 生产部门工作人员　会计机构负责人 总会计师（财务总监）　销售部门负责人 企业收入管理与核算岗位
备　注	

工作标准所需资料

资料类型	编码	资料名称	单位	原件数	复印数
事前准备资料	01	建造合同	份	1	0
	02	建造合同成本明细账	份	1	0
	03	建造合同结果不能可靠估计判定资料	份	1	0
事中产生资料	04	预计能够收回合同成本资料	份	1	0
	05	报领导审批的确认建造合同收入资料	份	1	0
事后结果资料	06	建造合同收入确认记账凭证	份	1	0
	07	确认的建造合同费用记账凭证	份	1	0
技术要求资料	08	企业会计准则——建造合同	册	1	0

相关工作标准

标准编码	标准名称
19010302	建造合同结果能够可靠估计的收入确认工作标准

工作标准流程图

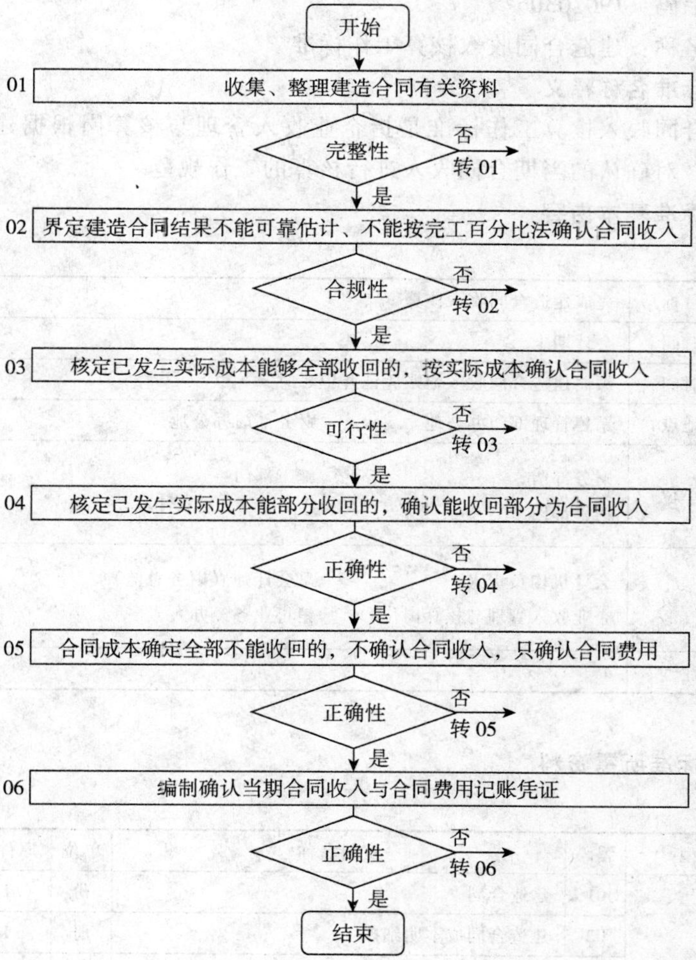
开始
01
收集、整理建造合同有关资料
完整性
否
转01
是
02
界定建造合同结果不能可靠估计、不能按完工百分比法确认合同收入
合规性
否
转02
是
03
核定已发生实际成本能够全部收回的，按实际成本确认合同收入
可行性
否
转03
是
04
核定已发生实际成本能部分收回的，确认能收回部分为合同收入
正确性
否
转04
是
05
合同成本确定全部不能收回的，不确认合同收入，只确认合同费用
正确性
否
转05
是
06
编制确认当期合同收入与合同费用记账凭证
正确性
否
转06
是
结束

6.6　建造合同收入核算工作标准

标准编码：19010306

标准名称：建造合同收入核算工作标准

工作标准名称释义

建造合同收入核算工作标准是指企业收入管理与核算岗根据建造合同准则的规定，对确认的当期合同收入进行核算的工作规范。

工作标准基本内容

工作核心目标	完成建造合同收入核算	
工作开始时间	会计期末	
工作结束时间	编制建造合同收入记账凭证并记账时	
相关工作地点	销售管理部门办公地	财务部门办公地
相关工作单位	财务部门 销售部门	施工部门
相关工作人员	会计机构负责人 企业收入管理与核算岗位	总会计师（财务总监） 销售业务经办人
备　　注		

工作标准所需资料

资料类型	编码	资料名称	单位	原件数	复印数
事前准备资料	01	建造合同	份	1	0
	02	建造合同成本明细账	册	1	0
	03	建造合同收入明细账	册	1	0
	04	建造合同完工进度测定资料	份	1	0
	05	建造合同客户付款记录资料	份	1	0

续表

资料类型	编码	资料名称	单位	原件数	复印数
事中产生资料	06	建造合同结果能否可靠估计界定资料	份	1	0
	07	建造合同累计应确认的收入资料	份	1	0
	08	建造合同累计发生成本资料	份	1	0
	09	建造合同能够收回实际成本预计资料	份	1	0
	10	建造合同本期应确认的收入资料	份	1	0
事后结果资料	11	确认当期建造合同收入记账凭证	份	1	0
技术要求资料	12	企业会计准则	册	1	0

相关工作标准

标准编码	标准名称
19010301	建造合同收入构成界定工作标准

工作标准流程图

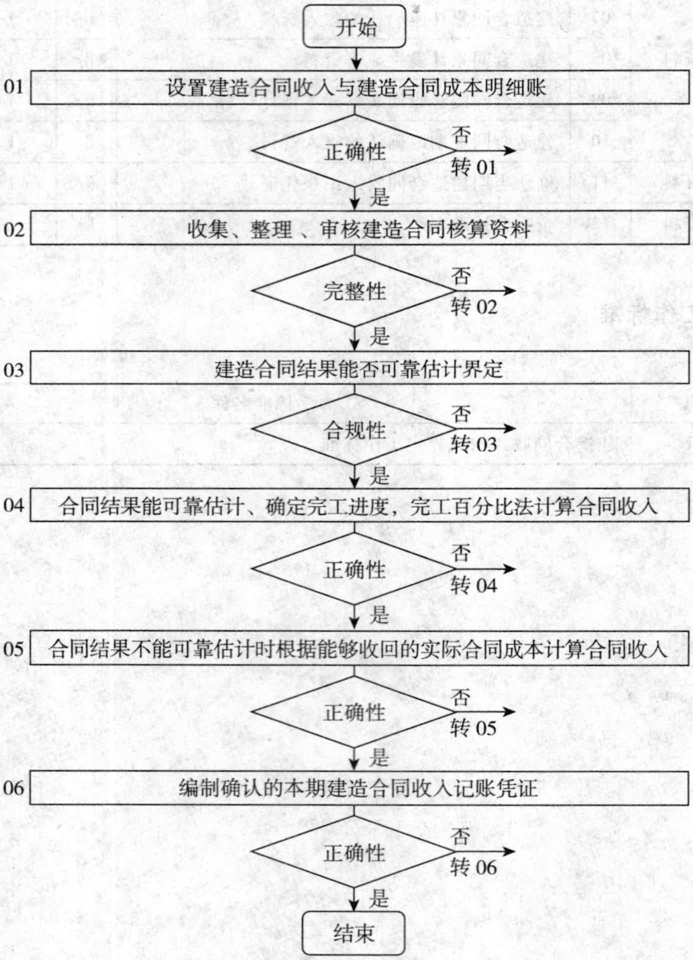
开始
01 设置建造合同收入与建造合同成本明细账
正确性
否
转 01
是
02 收集、整理、审核建造合同核算资料
完整性
否
转 02
是
03 建造合同结果能否可靠估计界定
合规性
否
转 03
是
04 合同结果能可靠估计、确定完工进度，完工百分比法计算合同收入
正确性
否
转 04
是
05 合同结果不能可靠估计时根据能够收回的实际合同成本计算合同收入
正确性
否
转 05
是
06 编制确认的本期建造合同收入记账凭证
正确性
否
转 06
是
结束

第 7 章　其他业务收入管理与核算工作标准

7.1　其他业务收入核算工作标准

标准编码：190201

标准名称：其他业务收入核算工作标准

工作标准名称释义

其他业务收入核算工作标准是指企业收入管理与核算岗对企业主营业务收入以外的其他业务收入进行核算的工作规范。

工作标准基本内容

工作核心目标	完成其他业务收入的核算	
工作开始时间	建立其他业务收入核算账簿	
工作结束时间	编制其他业务收入结转损益记账凭证时	
相关工作地点	相关业务部门办公地	财务部门办公地
相关工作单位	财务部门	业务部门
相关工作人员	相关业务部门经办人 企业收入管理与核算岗位	会计机构负责人
备　　注		

工作标准所需资料

资料类型	编码	资料名称	单位	原件数	复印数
事前准备资料	01	空白明细核算账簿	册	1	0
	02	企业其他业务收入范围内容资料	份	1	0
事中产生资料	03	建立的其他业务收入明细核算账簿	份	1	0
	04	企业租赁协议	份	1	0
	05	原材料销售发票、租赁收入发票	份	2	0
	06	废旧物资、边角余料销售发票	份	1	0
	07	物资发货出库单	份	1	1
	08	编制的确认其他业务收入的记账凭证	份	1	0
	09	登记的其他业务收入明细核算账簿	册	1	1
事后结果资料	10	其他业务收入结转损益记账凭证	份	1	0
技术要求资料	11	会计核算规范实务操作问题解答	份	1	0

相关工作标准

标准编码	标准名称
1901	主营业务收入确认工作标准

工作标准流程图

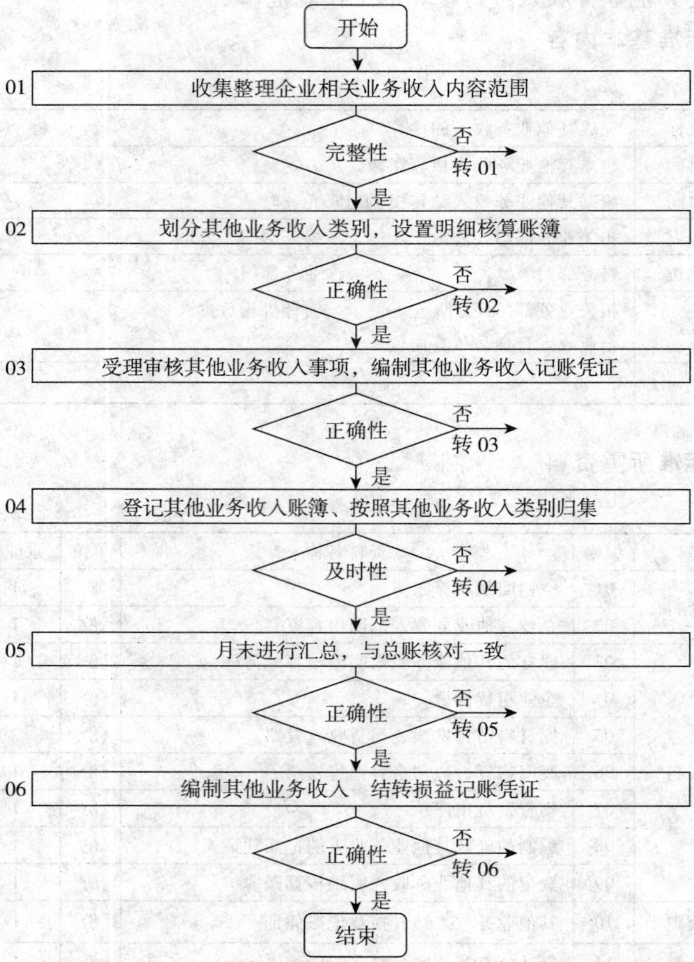

7.2 资产使用费收入确认工作标准

标准编码：190202

标准名称：资产使用费收入确认工作标准

工作标准名称释义

资产使用费收入确认工作标准是指企业收入管理与核算岗对企业让渡无形资产等资产使用权活动取得的使用费收入进行确认的工作规范。

工作标准基本内容

工作核心目标	确认资产使用费收入	
工作开始时间	签订让渡无形资产使用权合同或协议时	
工作结束时间	编制本期资产使用费收入凭证	
相关工作地点	相关业务部门所在地 财务部门办公地	无形资产管理部门办公地
相关工作单位	相关业务部门 财务部门	无形资产管理部门
相关工作人员	相关业务部门经办人 无形资产管理部门负责人	企业收入管理与核算岗位 会计机构负责人
备　　注		

工作标准所需资料

资料类型	编码	资料名称	单位	原件数	复印数
事前准备资料	01	无形资产使用权转让合同或协议	套	1	0
事中产生资料	03	无形资产资产使用费收入计算表	份	1	0
事后结果资料	04	确认的本期资产使用费收入记账凭证	份	1	0
技术要求资料	05	企业会计准则——收入	册	1	0

相关工作标准

标准编码	标准名称
190204	材料销售收入核算工作标准

工作标准流程图

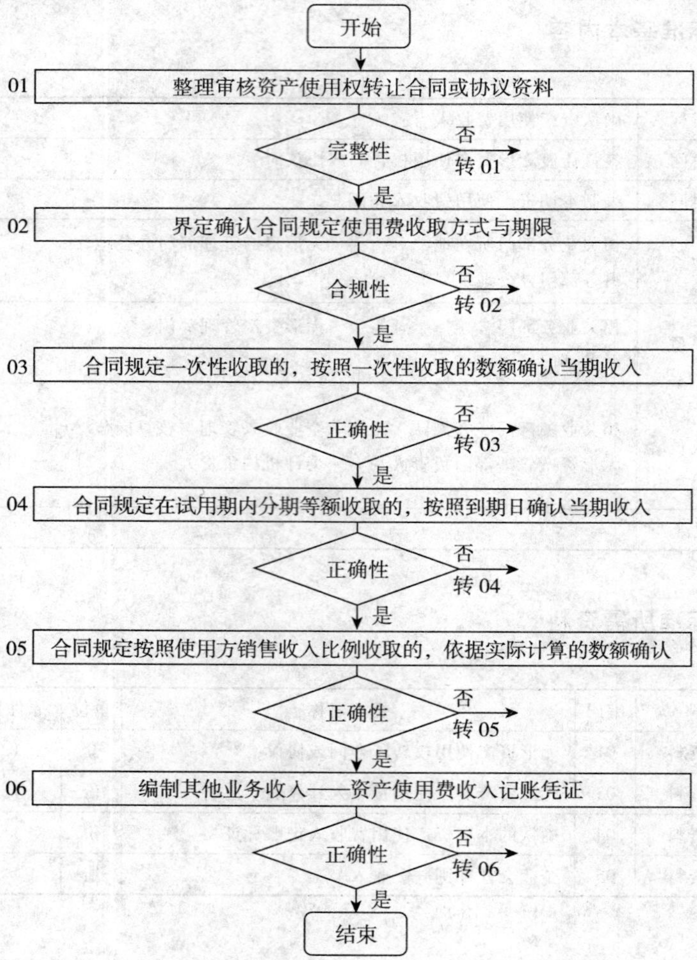

7.3 资产使用费收入核算工作标准

标准编码：190203

标准名称：资产使用费收入核算工作标准

工作标准名称释义

资产使用费收入核算工作标准是指企业收入管理与核算岗对确认的转让资产使用权收入进行核算的工作规范。

工作标准基本内容

工作核心目标	完成资产使用费收入核算
工作开始时间	签订让渡资产使用权合同或协议时
工作结束时间	资产使用费收入计入本期损益时
相关工作地点	财务部门办公地
相关工作单位	财务部门
相关工作人员	企业收入管理与核算岗　　会计机构负责人
备　注	

工作标准所需资料

资料类型	编码	资料名称	单位	原件数	复印数
事前准备资料	01	其他业务收入明细账	套	1	0
	02	资产使用权转让合同或协议	份	1	0
	03	资产使用费银行收账通知单	份	1	0
事中产生资料	05	本期确认的资产使用费收入计算表	份	1	0
	06	确认资产使用费收入记账凭证	份	1	0
事后结果资料	07	其他业务收入——资产使用费收入结转当期损益记账凭证	套	1	0
技术要求资料	08	企业会计准则——收入	册	1	0

相关工作标准

标准编码	标准名称
190202	资产使用费收入确认工作标准

工作标准流程图

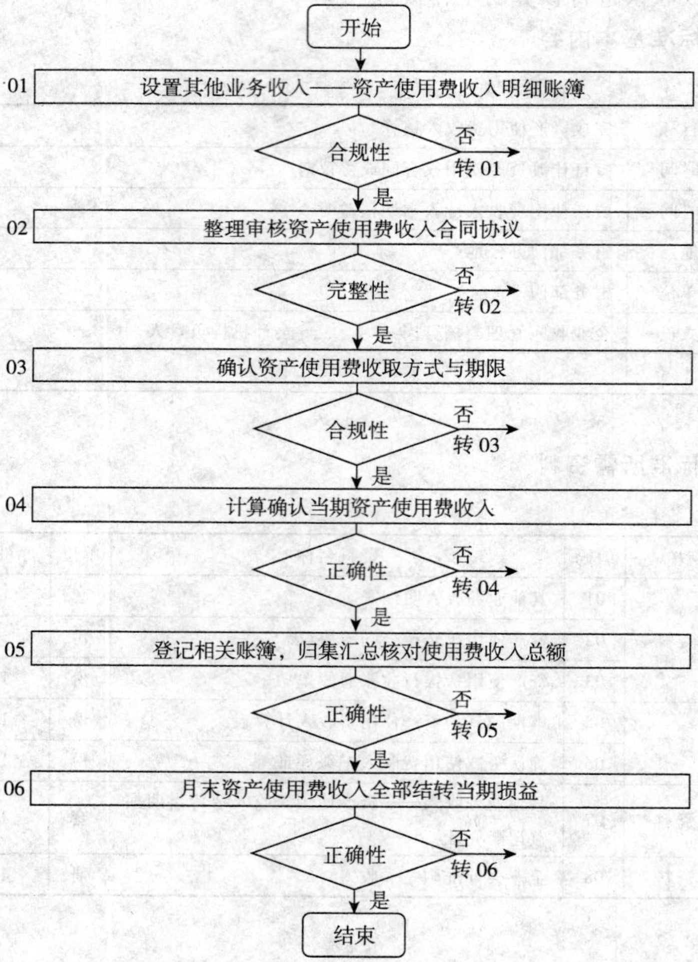

7.4　材料销售收入核算工作标准

标准编码：190204

标准名称：材料销售收入核算工作标准

工作标准名称释义

材料销售收入核算工作标准是指企业收入管理与核算岗对企业对外销售库存材料收入进行核算的工作规范。

工作标准基本内容

工作核心目标	完成销售材料收入的核算	
工作开始时间	建立材料销售核算账簿时	
工作结束时间	编制材料销售收入结转当期损益时	
相关工作地点	存货仓库 财务部门办公地	材料物资管理部门办公地
相关工作单位	存货仓库 财务部门	材料物资管理部门
相关工作人员	材料保管员 会计机构负责人	物资管理部门计划员 主营业务收入管理与核算岗位
备　　注		

工作标准所需资料

资料类型	编码	资料名称	单位	原件数	复印数
事前准备资料	01	其他业务收入明细账	册	1	0
	02	库存材料明细账	册	1	0
事中产生资料	03	材料销售合同	份	1	0
	04	材料销售出库凭证	份	1	0
	05	材料销售发票	份	1	0
	06	材料销售收入确认记账凭证	份	1	0
	07	登记的材料销售收入明细账	册	1	0
	08	当期材料销售收入汇总表	份	1	0
事后结果资料	09	材料销售收入结转当期损益记账凭证	份	1	0
技术要求资料	10	企业会计准则	册	1	0

相关工作标准

标准编码	标准名称
190207	其他业务收入确认工作标准

工作标准流程图

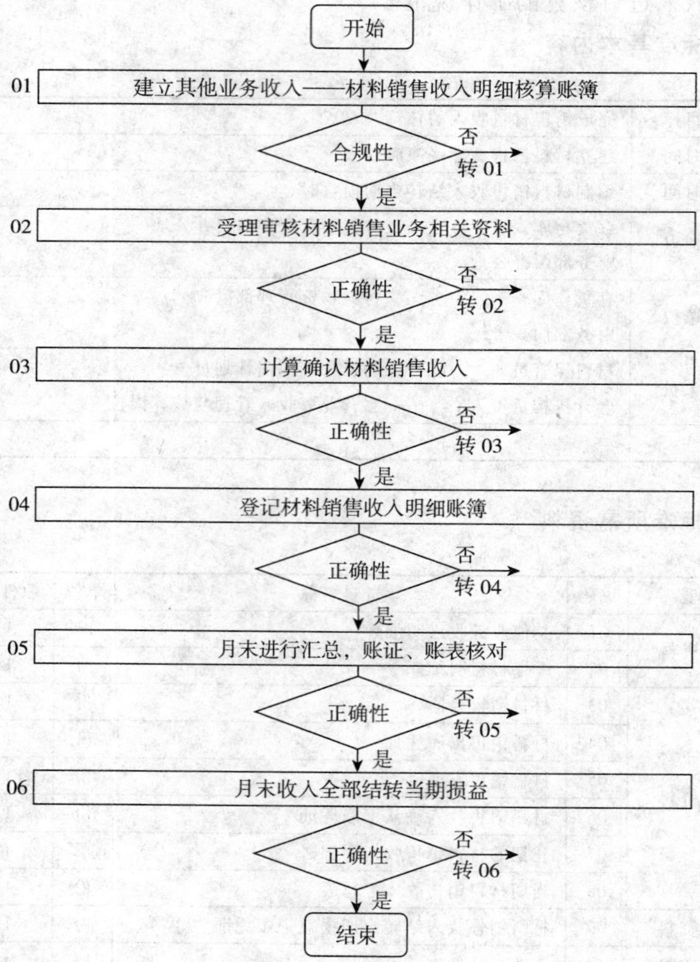

7.5 包装物出租收入核算工作标准

标准编码：190205

标准名称：包装物出租收入核算工作标准

工作标准名称释义

包装物出租收入核算工作标准是指企业收入管理与核算岗对向外出租包装物业务收入进行核算的工作规范。

工作标准基本内容

工作核心目标	完成出租包装物收入的核算	
工作开始时间	建立包装物出租收入核算时	
工作结束时间	出租包装物收入计入当期损益时	
相关工作地点	物资管理部门办公地	财务部门办公地
相关工作单位	物资部门	财务部门
相关工作人员	企业收入管理与核算岗位 出租业务经办人	会计机构负责人
备　　注		

工作标准所需资料

资料类型	编码	资料名称	单位	原件数	复印数
事前准备资料	01	其他业务收入明细账	套	1	0
事中产生资料	02	出租包装物合同或协议	份	1	0
	03	出租包装物收款单据	套	1	0
	04	确认当期出租包装物收入记账凭证	套	1	0
	05	登记的出租包装物收入明细账	套	1	0
事后结果资料	06	出租包装物收入结转当期损益记账凭证	份	1	0
技术要求资料	07	企业内部控制基本规范	册	1	0

相关工作标准

标准编码	标准名称
190207	其他业务收入确认工作标准

工作标准流程图

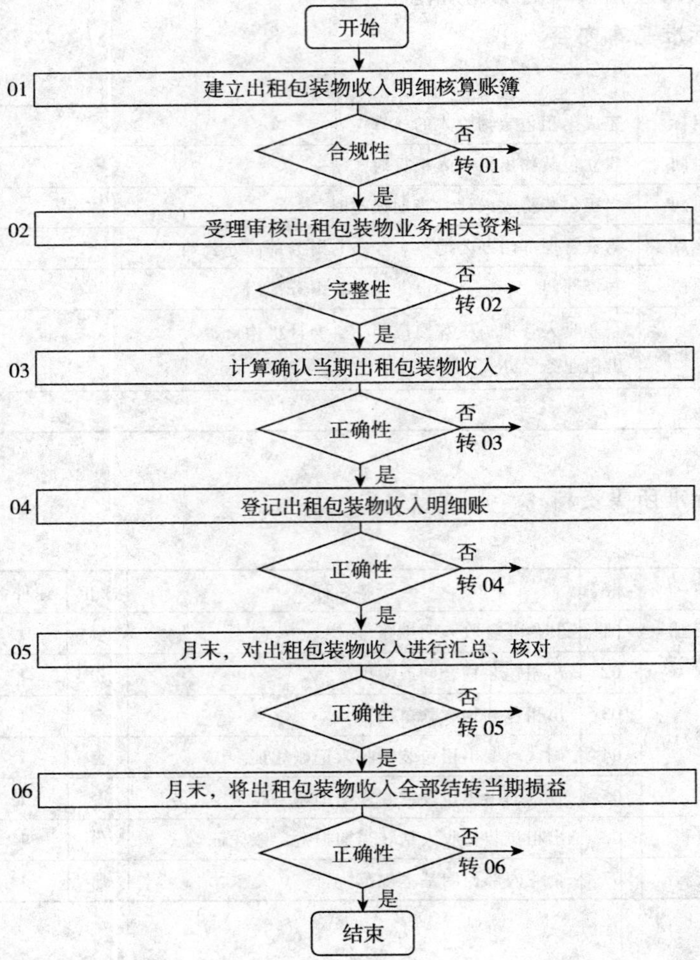

7.6　代购代销手续费收入核算工作标准

标准编码：190206

标准名称：代购代销手续费收入核算工作标准

工作标准名称释义

代购代销手续费收入核算工作标准是指企业收入管理与核算岗对取得代购代销商品手续费收入进行核算的工作规范。

工作标准基本内容

工作核心目标	完成代销手续费收入的核算		
工作开始时间	建立代购代销手续费核算时		
工作结束时间	编制代购代销收入结转当期损益记账凭证时		
相关工作地点	委托代购代销企业所在地 财务部门办公地	销售管理部门办公地 采购部门办公地	
相关工作单位	销售部门 财务部门	委托代购代销企业 采购部门	
相关工作人员	企业收入管理与核算岗位 销售部门经办人	会计机构负责人 采购部门经办人	委托方经办人
备　　注			

工作标准所需资料

资料类型	编码	资料名称	单位	原件数	复印数
事前准备资料	01	其他业务收入明细账簿	册	1	0
事中产生资料	02	受托代购商品合同，代销商品合同	份	2	0
	03	代购商品验收单	份	1	0
	04	代购商品发票	份	1	0
	05	代购手续费计算表	份	1	0
	06	代购商品手续费收入确认记账凭证	份	1	0
	07	代销商品销售清单	份	1	0
	08	代销商品手续费收入计算表	份	1	0
	09	代销商品手续费收入确认记账凭证	份	1	0
事后结果资料	10	代购商品手续费收入结转当期损益记账凭证	份	1	0
	11	代销商品销售手续费收入结转当期损益记账凭证	份	1	0
技术要求资料	12	企业财务通则	册	1	0

相关工作标准

标准编码	标准名称
190207	其他业务收入确认工作标准

工作标准流程图

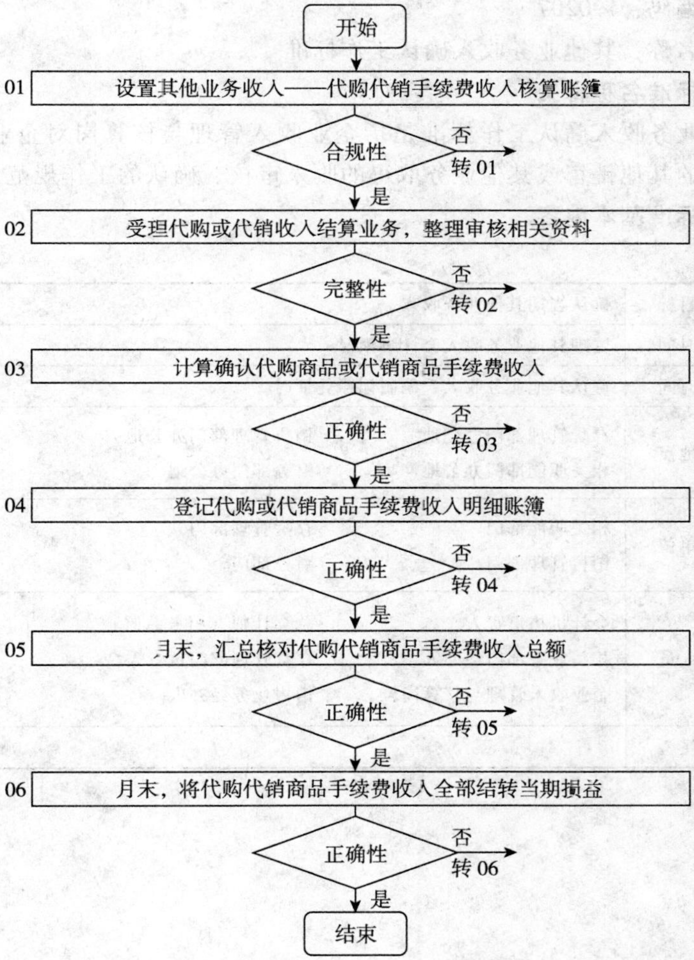
开始
01
设置其他业务收入——代购代销手续费收入核算账簿
合规性
否
转 01
是
02
受理代购或代销收入结算业务，整理审核相关资料
完整性
否
转 02
是
03
计算确认代购商品或代销商品手续费收入
正确性
否
转 03
是
04
登记代购或代销商品手续费收入明细账簿
正确性
否
转 04
是
05
月末，汇总核对代购代销商品手续费收入总额
正确性
否
转 05
是
06
月末，将代购代销商品手续费收入全部结转当期损益
正确性
否
转 06
是
结束

7.7 其他业务收入确认工作标准

标准编码：190207

标准名称：其他业务收入确认工作标准

工作标准名称释义

其他业务收入确认工作标准是指企业收入管理与核算岗对企业主营业务收入以外的其他销售或其他业务取得的收入审核、确认的工作规范。

工作标准基本内容

工作核心目标	确认当期其他业务收入	
工作开始时间	受理其他业务收入会计事项时	
工作结束时间	确认其他业务收入、编制记账凭证时	
相关工作地点	存货管理部门办公地 相关职能部门办公地	销售管理部门办公地 财务部门办公地
相关工作单位	相关职能部门 销售管理部门	存货管理部门 财务部门
相关工作人员	会计机构负责人 相关业务部门经办人 企业收入管理与核算岗位	总会计师（财务总监） 存货管理部门负责人 销售业务经办人
备　　注		

工作标准所需资料

资料类型	编码	资料名称	单位	原件数	复印数
事前准备资料	01	其他业务收入明细账簿	册	1	0
事中产生资料	02	材料销售合同	份	1	0
	03	包装物出租合同	份	1	0
	04	无形资产使用权转让合同	份	1	0
	05	受托代购代销商品合同	份	1	0
	06	受托代购代销商品清单	份	1	0
	07	其他业务收入收款单据	份	1	0
	08	确认的其他业务收入记账凭证	份	1	0
	09	登记的其他业务收入明细账	册	1	0
事后结果资料	10	其他业务收入月末核对汇总表	份	1	0
技术要求资料	11	企业会计准则	册	1	0

相关工作标准

标准编码	标准名称
190201	其他业务收入核算工作标准

工作标准流程图

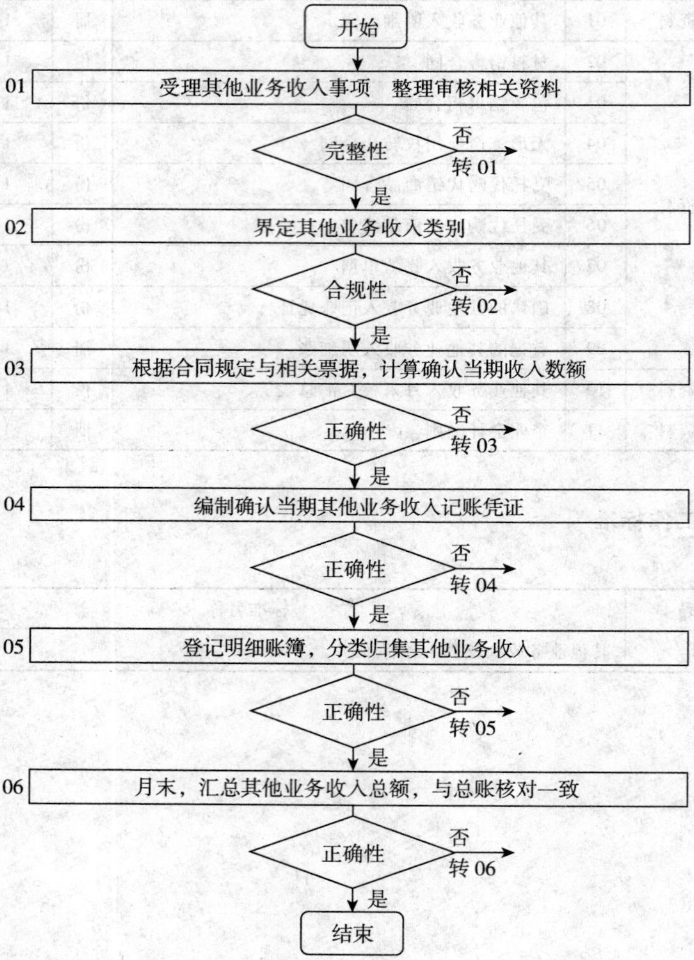
开始
01
受理其他业务收入事项　整理审核相关资料
完整性
否
转 01
是
02
界定其他业务收入类别
合规性
否
转 02
是
03
根据合同规定与相关票据，计算确认当期收入数额
正确性
否
转 03
是
04
编制确认当期其他业务收入记账凭证
正确性
否
转 04
是
05
登记明细账簿，分类归集其他业务收入
正确性
否
转 05
是
06
月末，汇总其他业务收入总额，与总账核对一致
正确性
否
转 06
是
结束

7.8 固定资产处置收入确认工作标准

标准编码：19030201

标准名称：固定资产处置收入确认工作标准

工作标准名称释义

固定资产处置收入确认工作标准是指企业固定资产管理与核算岗对企业固定资产的出售、转让、报废、毁损、对外投资等活动中出售价款、残料变卖、保险赔偿、投资评估或协议价等处置收入确认的工作规范。

工作标准基本内容

工作核心目标	完成固定资产处置收入的确认	
工作开始时间	受理处置固定资产处置业务时	
工作结束时间	固定资产处置完毕、收入汇总核对时	
相关工作地点	固定资产管理部门办公地	财务部门办公地
相关工作单位	固定资产管理部门	财务部门
相关工作人员	会计机构负责人 固定资产管理与核算岗位	固定资产管理部门经办人员 固定资产管理部门负责人
备　　注		

工作标准所需资料

资料类型	编码	资料名称	单位	原件数	复印数
事前准备资料	01	固定资产明细账	册	1	0
	02	固定资产清理核算明细账簿	册	1	0

续表

资料类型	编码	资料名称	单位	原件数	复印数
事中产生资料	03	固定资产处置董事会决议	份	1	0
	04	固定资产报废鉴定表	份	1	0
	05	固定资产处置审批单	份	1	0
	06	固定资产出售协议	份	1	0
	07	固定资产对外投资协议	份	1	0
	08	固定资产对外投资价值评估报告	套	1	0
	09	固定资产残料、变价收入票据	套	1	0
	10	固定资产处置收入记账凭证	份	1	0
	11	固定资产清理明细账	套	1	0
事后结果资料	12	处置固定资产收入汇总核对表	份	1	0
技术要求资料	13	企业会计准则	册	1	0

相关工作标准

标准编码	标准名称
1507	固定资产处置工作标准

工作标准流程图

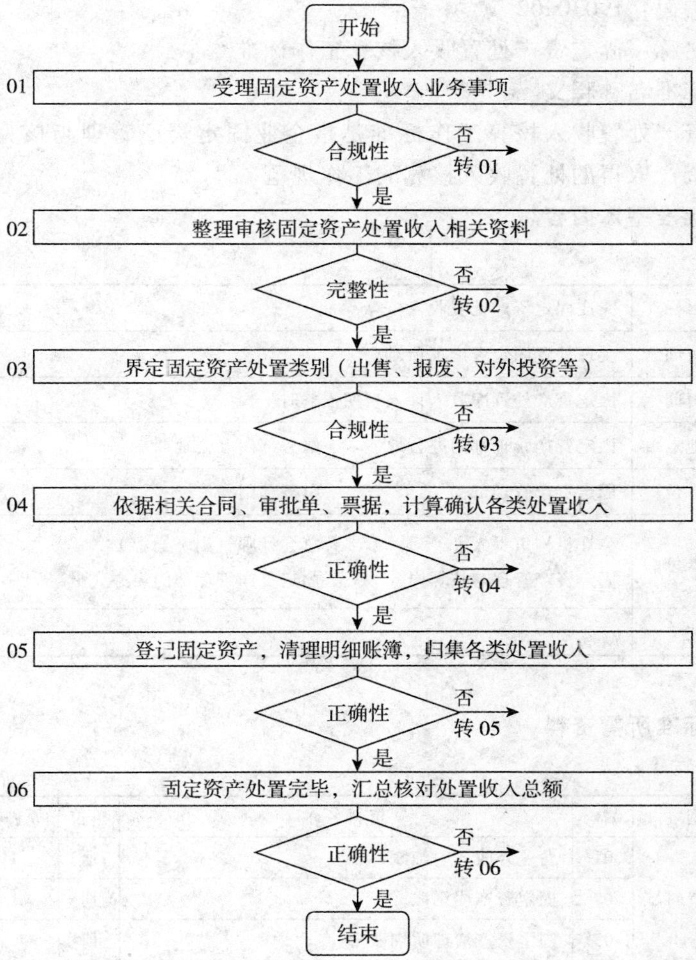
开始
01 受理固定资产处置收入业务事项
合规性
否
转01
是
02 整理审核固定资产处置收入相关资料
完整性
否
转02
是
03 界定固定资产处置类别（出售、报废、对外投资等）
合规性
否
转03
是
04 依据相关合同、审批单、票据，计算确认各类处置收入
正确性
否
转04
是
05 登记固定资产，清理明细账簿，归集各类处置收入
正确性
否
转05
是
06 固定资产处置完毕，汇总核对处置收入总额
正确性
否
转06
是
结束

7.9 固定资产处置收入核算工作标准

标准编码：19030202

标准名称：固定资产处置收入核算工作标准

工作标准名称释义

固定资产处置收入核算工作标准是指企业固定资产管理与核算岗对企业处置固定资产取得的处置收入核算的工作规范。

工作标准基本内容

工作核心目标	完成固定资产处置收入核算	
工作开始时间	受理处置固定资产事项时	
工作结束时间	固定资产处置净收入计入当期损益时	
相关工作地点	固定资产管理部门办公地	财务部门办公地
相关工作单位	固定资产管理部门	财务部门
相关工作人员	会计机构负责人 固定资产管理与核算岗	总会计师（财务总监） 固定资产管理部门经办人员
备　　注		

工作标准所需资料

资料类型	编码	资料名称	单位	原件数	复印数
事前准备资料	01	营业外收入明细账	册	1	0
	02	固定资产明细账	册	1	0
	03	固定资产清理明细账簿	册	1	0

续表

资料类型	编码	资料名称	单位	原件数	复印数
事中产生资料	04	固定资产出售相关合同、协议	份	1	0
	05	固定资产报废鉴定表	份	1	0
	06	固定资产处置审批单	份	1	0
	07	固定资产对外投资评估报告与协议	份	2	2
	08	固定资产出售价、变价收入单据	份	1	0
	09	固定资产净值结转“固定资产清理”记账凭证	份	1	0
	10	固定资产清理费用支出记账凭证	份	1	0
	11	固定资产处置收入确认记账凭证	份	1	0
	12	固定资产清理明细账	册	1	0
事后结果资料	13	固定资产处置净收入计算表	份	1	0
	14	固定资产处置净收入结转营业外收入记账凭证	份	1	0
技术要求资料	15	企业会计准则	册	1	0

相关工作标准

标准编码	标准名称
1507	固定资产处置工作标准

工作标准流程图

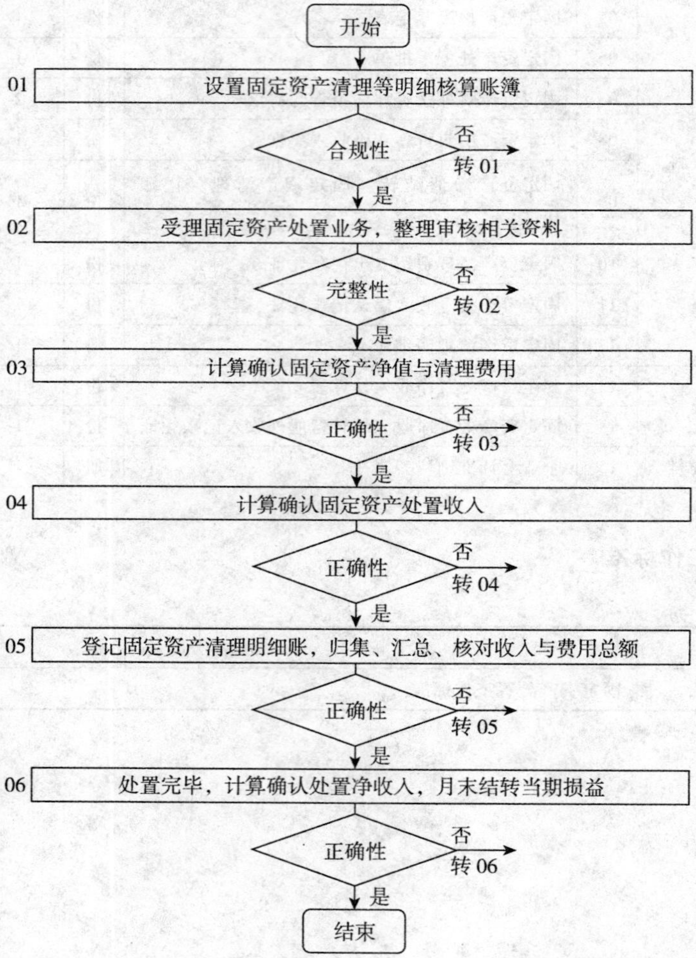
开始
01
设置固定资产清理等明细核算账簿
合规性
否
转 01
是
02
受理固定资产处置业务，整理审核相关资料
完整性
否
转 02
是
03
计算确认固定资产净值与清理费用
正确性
否
转 03
是
04
计算确认固定资产处置收入
正确性
否
转 04
是
05
登记固定资产清理明细账，归集、汇总、核对收入与费用总额
正确性
否
转 05
是
06
处置完毕，计算确认处置净收入，月末结转当期损益
正确性
否
转 06
是
结束

7.10　债务重组利得收入确认工作标准

标准编码：19030301

标准名称：债务重组利得收入确认工作标准

工作标准名称释义

债务重组利得收入确认工作标准是指企业收入管理与核算岗对企业通过债务重组方式清偿与债权人的债务所取得的债务重组利得收入进行确认的工作规范。

工作标准基本内容

工作核心目标	确认债务重组利得收入	
工作开始时间	与债权人达成债务重组协议时	
工作结束时间	编制债务重组利得收入记账凭证时	
相关工作地点	采购部门办公地 相关业务部门所在地	债权单位所在地 财务部门办公地
相关工作单位	债权人 其他相关部门	采购部门办公地 财务部门
相关工作人员	会计机构负责人 采购部门经办人	相关部门负责人 企业收入管理与核算岗
备　注		

工作标准所需资料

资料类型	编码	资料名称	单位	原件数	复印数
事前准备资料	01	应付账款明细账簿	套	1	0
	02	其他应付款明细账簿	套	1	0
	03	存货明细账簿	套	1	0
	04	固定资产明细账簿	套	1	0
	05	营业外收入明细账簿	册	1	0

续表

资料类型	编码	资料名称	单位	原件数	复印数
事中产生资料	06	债务重组协议	份	1	0
	07	非货币性资产公允价值评估报告	份	1	0
	08	抵偿债务货物出库单	份	1	0
	09	现金清偿债务付款收据、银行付款单据	份	1	0
	10	债务重组利得收入计算表	份	1	0
事后结果资料	11	债务重组利得确认营业外收入记账凭证	份	1	0
技术要求资料	12	企业会计准则讲解	册	1	0

相关工作标准

标准编码	标准名称
17020104	债务重组方式清偿应付款工作标准

工作标准流程图

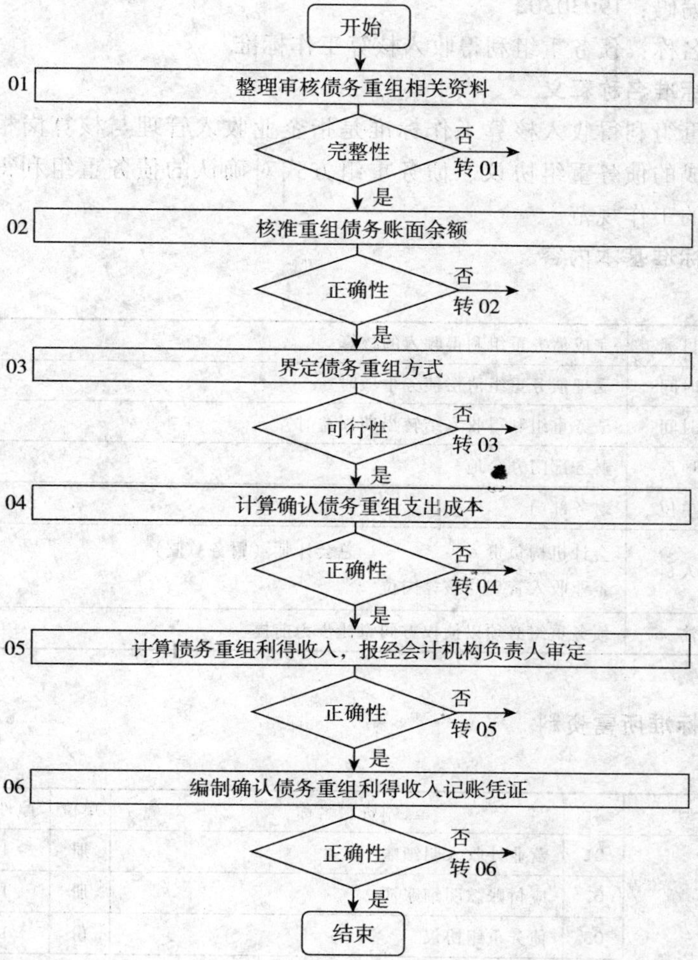
开始
01
整理审核债务重组相关资料
完整性
否
转 01
是
02
核准重组债务账面余额
正确性
否
转 02
是
03
界定债务重组方式
可行性
否
转 03
是
04
计算确认债务重组支出成本
正确性
否
转 04
是
05
计算债务重组利得收入，报经会计机构负责人审定
正确性
否
转 05
是
06
编制确认债务重组利得收入记账凭证
正确性
否
转 06
是
结束

7.11 债务重组利得收入核算工作标准

标准编码：19030302

标准名称：债务重组利得收入核算工作标准

工作标准名称释义

债务重组利得收入核算工作标准是指企业收入管理与核算岗根据企业与债权人达成的债务重组协议、债务重组方式对确认的债务重组利得收入进行会计核算的工作规范。

工作标准基本内容

工作核心目标	完成债务重组利得收入的核算
工作开始时间	受理债务重组清偿债务事项时
工作结束时间	债务重组利得收入结转当期损益时
相关工作地点	财务部门办公地
相关工作单位	财务部门
相关工作人员	会计机构负责人　　总会计师（财务总监） 企业收入管理与核算岗位
备　　注	债务重组必须以债权方同意让步为前提

工作标准所需资料

资料类型	编码	资料名称	单位	原件数	复印数
事前准备资料	01	营业外收入明细账	册	1	0
	02	应付账款明细账簿	册	1	0
	03	债务重组协议	份	1	0
	04	非货币性资产价值评估报告	份	1	0
	05	现金（银行存款）付款单据	份	1	0
	06	非货币性资产出库、移交凭证	份	1	0

续表

资料类型	编码	资料名称	单位	原件数	复印数
事中产生资料	07	核对确认的应付款账面余额	份	1	0
	08	计算确认的偿还债务成本	份	1	0
	09	债务重组偿还债务利得计算表	份	1	0
	10	确认债务重组利得收入记账凭证	套	1	0
事后结果资料	11	债务重组利得收入结转当期损益	份	1	0
技术要求资料	12	企业会计准则	册	1	0

相关工作标准

标准编码	标准名称
17020105	债务重组方式现金清偿债务工作标准

工作标准流程图

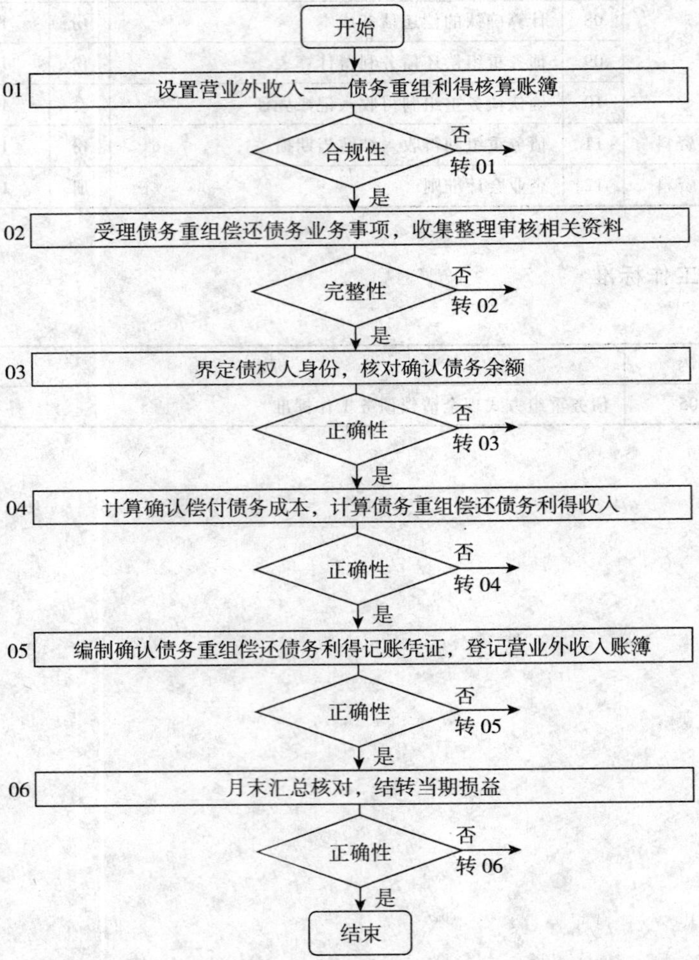
开始
01 设置营业外收入——债务重组利得核算账簿
合规性
否
转 01
是
02 受理债务重组偿还债务业务事项，收集整理审核相关资料
完整性
否
转 02
是
03 界定债权人身份，核对确认债务余额
正确性
否
转 03
是
04 计算确认偿付债务成本，计算债务重组偿还债务利得收入
正确性
否
转 04
是
05 编制确认债务重组偿还债务利得记账凭证，登记营业外收入账簿
正确性
否
转 05
是
06 月末汇总核对，结转当期损益
正确性
否
转 06
是
结束

7.12　非货币性资产交换利得确认工作标准

标准编码：19030501

标准名称：非货币性资产交换利得确认工作标准

工作标准名称释义

非货币性资产交换利得确认工作标准是指企业收入管理与核算岗对企业在非货币性资产交换活动中固定资产、无形资产两类资产取得的交换利得进行确认的工作规范。

工作标准基本内容

工作核心目标	确认非货币性资产交换中固定资产、无形资产两类资产利得	
工作开始时间	签订非货币性资产交换合同或协议时	
工作结束时间	固定资产、无形资产两类非货币性资产交换利得确认时	
相关工作地点	固定资产管理部门办公地 财务部门办公地	无形资产管理部门办公地
相关工作单位	固定资产管理部门 财务部门	无形资产管理部门
相关工作人员	总会计师（财务总监） 固定资产管理部门负责人岗 会计机构负责人 无形资产管理员 企业收入管理与核算岗	固定资产管理员 固定资产管理部门经办人员 无形资产管理与核算岗 无形资产管理部门经办人
备　　注	范围：固定资产、无形资产两类资产，且公允价值大于账面价值	

工作标准所需资料

资料类型	编码	资料名称	单位	原件数	复印数
事前准备资料	01	固定资产明细账	册	1	0
	02	固定资产对外交换协议	份	1	0
	03	无形资产明细账	册	1	0
	04	无形资产对外交换协议	份	1	0
事中产生资料	05	非货币性资产交换界定确认资料	份	1	0
	06	非货币性交换事项具有商业实质且公允价值能够可靠计量判定资料	份	1	0
	07	计算确认的非货币性资产交换利得收入计算表	份	1	0
	08	非货币性交换事项不具有商业实质或公允价值不能够可靠计量判定资料	份	1	0
	09	非货币性资产交换不确认利得收入换入资产入账价值计算表	份	1	0
事后结果资料	10	确认的非货币性资产交换利得收入记账凭证	份	1	0
	11	非货币性资产交换不确认利得收入记账凭证	份	1	0
技术要求资料	12	企业会计准则——非货币性资产交换	册	1	0

相关工作标准

标准编码	标准名称
1526	非货币性交易换出固定资产核算工作标准
19030502	非货币性资产交换利得核算工作标准

工作标准流程图

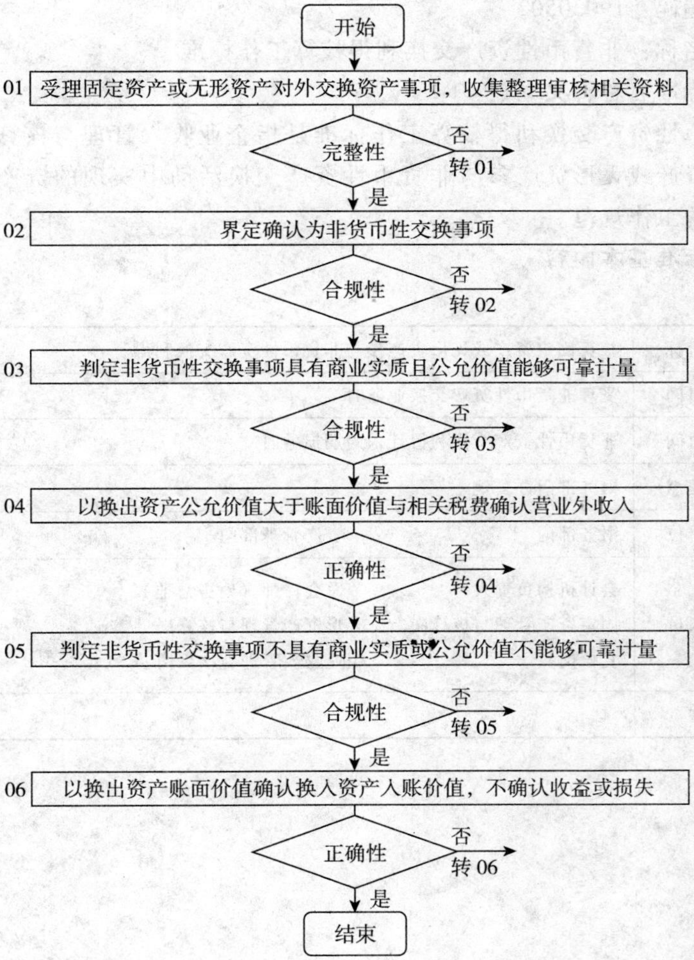
开始
01 受理固定资产或无形资产对外交换资产事项，收集整理审核相关资料
完整性
否
转 01
是
02 界定确认为非货币性交换事项
合规性
否
转 02
是
03 判定非货币性交换事项具有商业实质且公允价值能够可靠计量
合规性
否
转 03
是
04 以换出资产公允价值大于账面价值与相关税费确认营业外收入
正确性
否
转 04
是
05 判定非货币性交换事项不具有商业实质或公允价值不能够可靠计量
合规性
否
转 05
是
06 以换出资产账面价值确认换入资产入账价值，不确认收益或损失
正确性
否
转 06
是
结束

7.13 非货币性资产交换利得核算工作标准

标准编码：19030502

标准名称：非货币性资产交换利得核算工作标准

工作标准名称释义

非货币性资产交换利得核算工作标准是指企业收入管理与核算岗对企业利用固定资产或无形资产参与非货币性资产交换活动中实现的资产交换利得进行核算的工作规范。

工作标准基本内容

工作核心目标	核算固定资产或无形资产参与非货币性资产交换利得	
工作开始时间	受理非货币性资产交换业务时	
工作结束时间	非货币性资产交换利得计入当期损益时	
相关工作地点	财务部门办公地	
相关工作单位	财务部门	资产管理部门
相关工作人员	会计机构负责人 固定资产管理与核算岗 复核岗	总会计师（财务总监） 无形资产管理与核算岗 企业收入管理与核算岗
备　　注		

工作标准所需资料

资料类型	编码	资料名称	单位	原件数	复印数
事前准备资料	01	营业外收入明细账	册	1	0
	02	固定资产明细账	册	1	0
	03	无形资产明细账	册	1	0
	04	非货币性资产交换合同或协议	份	1	0
	05	换出资产出库、移交资料	份	1	0
	06	换出资产公允价值评估确认资料	份	1	0
	07	换入资产验收、入库接交资料	份	1	0
	08	收到补价或支付补价相关凭证	份	1	0
事中产生资料	09	界定为非货币性资产交换资料	份	1	0
	10	非货币性交换事项具有商业实质且公允价值能够可靠计量判定资料	份	1	0
	11	确认的换出资产公允价值表	份	1	0
	12	核实的换出资产账面价值表	份	1	0
	13	计算确认的换出资产相关税费	份	1	0
	14	非货币性资产交换利得确认记账凭证	份	1	0
事后结果资料	15	非货币性资产交换利得结转当期损益凭证	份	1	0
技术要求资料	16	企业会计准则	册	1	0

相关工作标准

标准编码	标准名称
1526	非货币性交易换出固定资产核算工作标准
19030501	非货币性资产交换利得确认工作标准

工作标准流程图

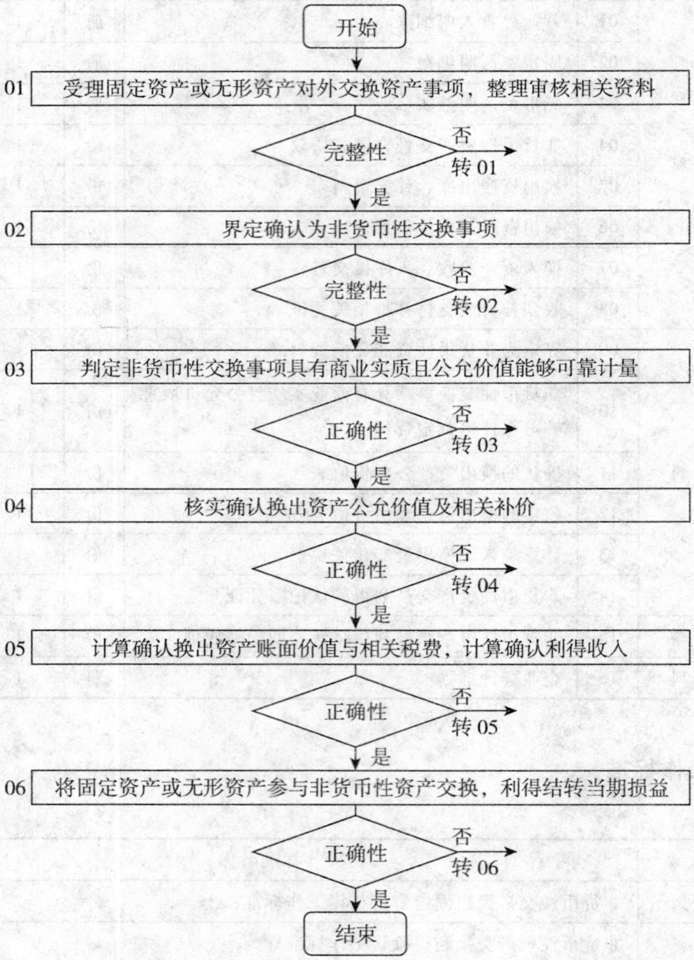
开始
01 受理固定资产或无形资产对外交换资产事项，整理审核相关资料
完整性
否
转 01
是
02 界定确认为非货币性交换事项
完整性
否
转 02
是
03 判定非货币性交换事项具有商业实质且公允价值能够可靠计量
正确性
否
转 03
是
04 核实确认换出资产公允价值及相关补价
正确性
否
转 04
是
05 计算确认换出资产账面价值与相关税费，计算确认利得收入
正确性
否
转 05
是
06 将固定资产或无形资产参与非货币性资产交换，利得结转当期损益
正确性
否
转 06
是
结束

7.14　出售无形资产收益确认工作标准

标准编码：19030801

标准名称：出售无形资产收益确认工作标准

工作标准名称释义

出售无形资产收益确认工作标准是指企业收入管理与核算岗对向外出售无形资产收入大于其账面价值与相关税费的利得收入确认的工作规范。

工作标准基本内容

工作核心目标	确认无形资产出售收益	
工作开始时间	受理无形资产出售业务事项时	
工作结束时间	确认营业外收入——无形资产出售收益时	
相关工作地点	无形资产管理部门办公地	财务部门办公地
相关工作单位	无形资产管理部门	财务部门
相关工作人员	会计机构负责人 无形资产管理部门经办人	无形资产管理与核算岗 企业收入管理与核算岗
备　　注		

工作标准所需资料

资料类型	编码	资料名称	单位	原件数	复印数
事前准备资料	01	无形资产摊销明细账	册	1	0
	02	无形资产减值准备明细账簿	册	1	0
	03	营业外收入核算账簿	册	1	0

续表

资料类型	编码	资料名称	单位	原件数	复印数
事中产生资料	04	出售无形资产审批报告	份	1	0
	05	无形资产出售合同	份	1	0
	06	出售无形资产收款票据	份	1	0
	07	出售无形资产应缴税费计算表	份	1	0
	08	核对的出售无形资产账面余额	份	1	0
	09	核对的出售无形资产累计摊销额	份	1	0
	10	核对的出售无形资产减值准备额	份	1	0
	11	无形资产出售净收益计算表	份	1	0
事后结果资料	12	无形资产出售收益确认营业外收入记账凭证	份	1	0
技术要求资料	13	企业会计准则	册	1	0

相关工作标准

标准编码	标准名称
19030802	无形资产处置工作标准

工作标准流程图

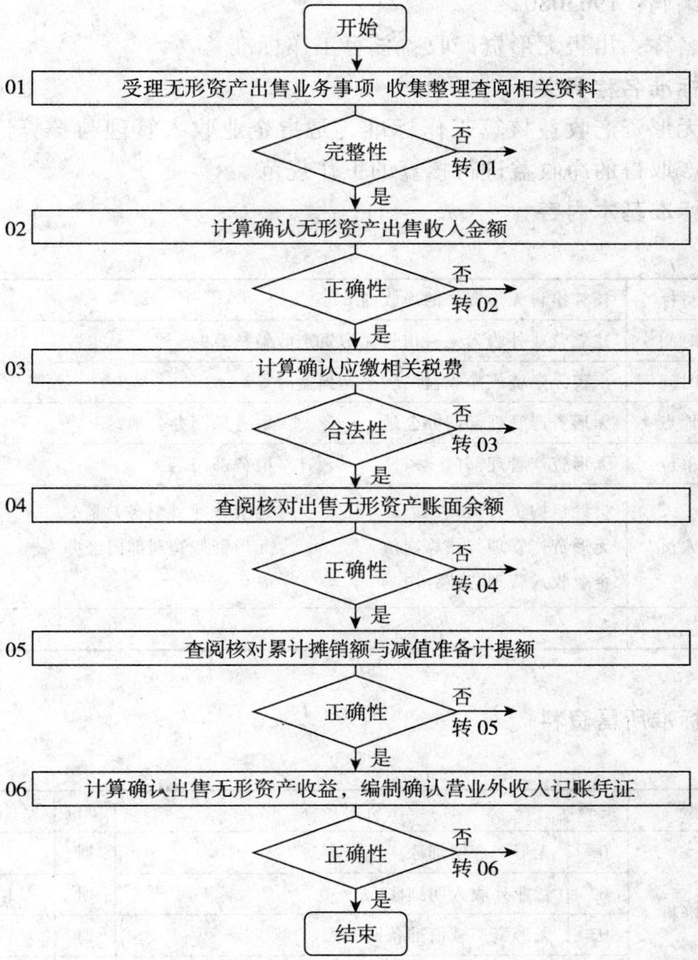
开始
01
受理无形资产出售业务事项 收集整理查阅相关资料
完整性
否
转 01
是
02
计算确认无形资产出售收入金额
正确性
否
转 02
是
03
计算确认应缴相关税费
合法性
否
转 03
是
04
查阅核对出售无形资产账面余额
正确性
否
转 04
是
05
查阅核对累计摊销额与减值准备计提额
正确性
否
转 05
是
06
计算确认出售无形资产收益，编制确认营业外收入记账凭证
正确性
否
转 06
是
结束

7.15 出售无形资产收益核算工作标准

标准编码：19030802

标准名称：出售无形资产收益核算工作标准

工作标准名称释义

出售无形资产收益核算工作标准，是指企业收入管理与核算岗对企业出售无形资产取得的净收益进行核算的工作规范。

工作标准基本内容

工作核心目标	核算出售无形资产的净收益	
工作开始时间	建立营业外收入——出售无形资产收益核算时	
工作结束时间	出售无形资产净收益结转当期损益时	
相关工作地点	无形资产管理部门办公地	财务部门办公地
相关工作单位	无形资产管理部门	财务部门
相关工作人员	会计机构负责人 无形资产管理与核算岗位 企业收入管理与核算岗	总会计师（财务总监） 无形资产管理部门经办人
备　　注		

工作标准所需资料

资料类型	编码	资料名称	单位	原件数	复印数
事前准备资料	01	无形资产明细账	册	1	0
	02	营业外收入明细账	册	1	0
	03	无形资产减值准备明细账	册	1	0
	04	无形资产摊销明细账	册	1	0

续表

资料类型	编码	资料名称	单位	原件数	复印数
事中产生资料	05	无形资产出售合同或协议	份	1	0
	06	出售无形资产的相关票据、收款凭据	份	2	0
	07	确认的无形资产出售收入资料	份	1	0
	08	核对的出售无形资产账面价值	份	1	0
	09	计算的相关税费	份	1	0
	10	出售无形资产净收益计算资料	套	1	0
	11	出售无形资产净收益确认营业外收入记账凭证	份	1	0
	12	登记的营业外收入明细账	册	1	0
事后结果资料	13	出售无形资产净收益结转当期损益记账凭证	份	1	0
技术要求资料	14	企业会计制度	册	1	0

相关工作标准

标准编码	标准名称
19030801	出售无形资产收益确认工作标准

工作标准流程图

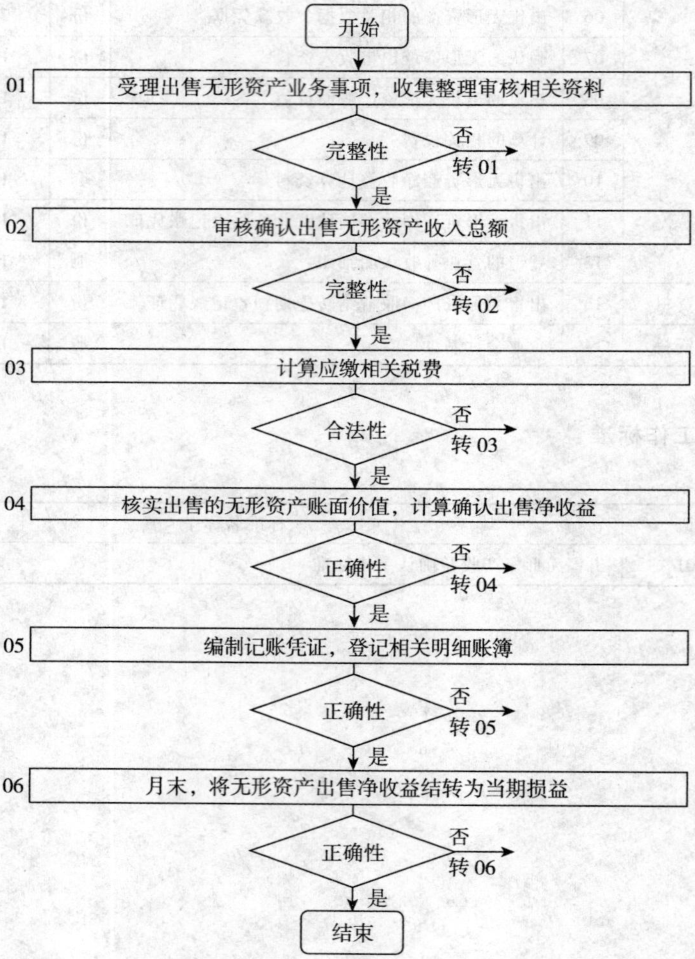
开始
01
受理出售无形资产业务事项，收集整理审核相关资料
完整性
否
转 01
是
02
审核确认出售无形资产收入总额
完整性
否
转 02
是
03
计算应缴相关税费
合法性
否
转 03
是
04
核实出售的无形资产账面价值，计算确认出售净收益
正确性
否
转 04
是
05
编制记账凭证，登记相关明细账簿
正确性
否
转 05
是
06
月末，将无形资产出售净收益结转为当期损益
正确性
否
转 06
是
结束

第 8 章　营业外收入管理与核算工作标准

8.1 罚金收入确认工作标准

标准编码：19030401

标准名称：罚金收入确认工作标准

工作标准名称释义

罚金收入确认工作标准是指企业收入管理与核算岗根据国家行政、财经法规和有关合同、协议的规定，对收取其他单位或个人的违法、违规、违约的罚款收入进行确认的工作规范。

工作标准基本内容

工作核心目标	确认营业外收入——罚款收入	
工作开始时间	发生应收罚款事项时	
工作结束时间	罚款收入确认时	
相关工作地点	相关职能部门办公地	财务部门办公地
相关工作单位	相关职能管理部门	财务部门
相关工作人员	会计机构负责人 被罚款单位或个人	相关业务部门经办人 企业收入管理与核算岗
备　　注		

工作标准所需资料

资料类型	编码	资料名称	单位	原件数	复印数
事前准备资料	01	企业收入管理制度	套	1	0
	02	相关经济合同、协议	套	1	0
事中产生资料	03	罚款对象违法、违规、违约认定资料	套	1	0
	04	罚款对象缴纳罚款凭证	套	1	0
事后结果资料	05	确认罚款收入记账凭证	份	1	0
技术要求资料	06	企业会计准则	册	1	0

相关工作标准

标准编码	标准名称
19030402	罚金收入核算工作标准

工作标准流程图

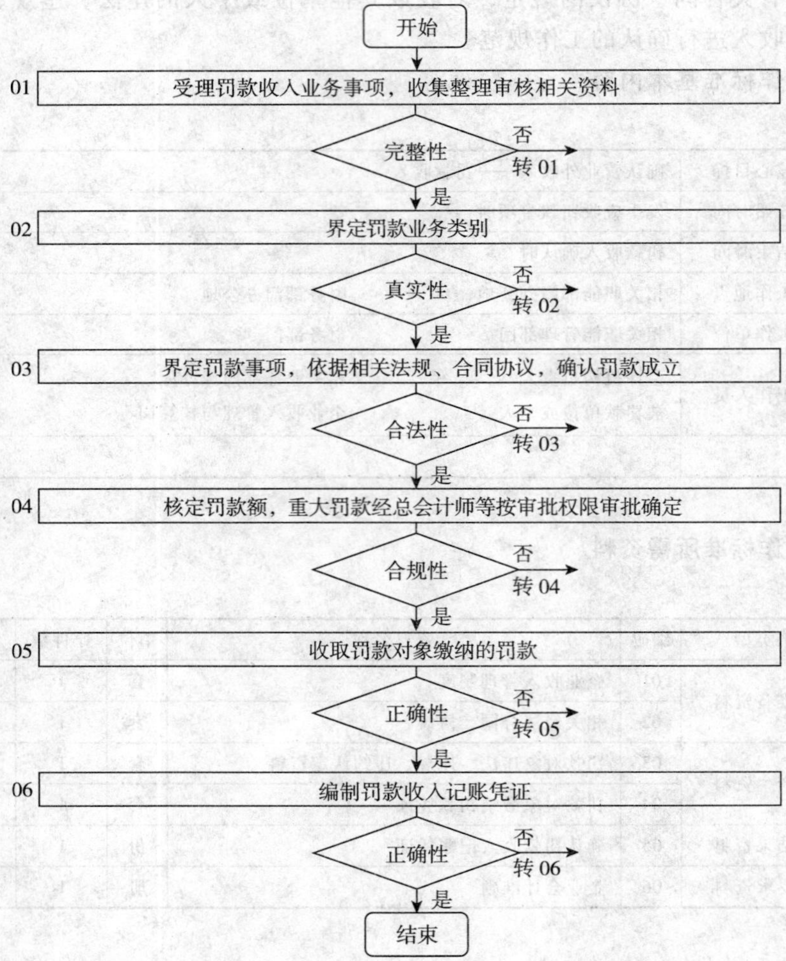

8.2　罚金收入核算工作标准

标准编码：19030402

标准名称：罚金收入核算工作标准

工作标准名称释义

罚金收入核算工作标准是指企业收入管理与核算岗对收取其他单位或个人的违法、违规、违约罚款进行核算的工作规范。

工作标准基本内容

工作核心目标	完成罚款收入的核算	
工作开始时间	建立营业外收入——罚款收入核算时	
工作结束时间	罚款收入计入损益时	
相关工作地点	相关职能部门办公地	财务部门办公地
相关工作单位	相关管理部门 财务部门	被罚款单位或个人
相关工作人员	相关业务部门经办人 企业收入管理与核算岗	会计机构负责人 被罚款单位或个人
备　　注		

工作标准所需资料

资料类型	编码	资料名称	单位	原件数	复印数
事前准备资料	01	营业外收入——罚款收入核算账簿	册	1	0
	02	相关经济合同、协议、法规文件	份	1	0
事中产生资料	03	对当事人实施罚款通知单	份	1	0
	04	罚款收据	份	1	0
	05	确认营业外收入——罚款收入记账凭证	份	1	0
	06	登记的营业外收入——罚款收入明细账	份	1	0
事后结果资料	07	结转当期损益的记账凭证	份	1	0
技术要求资料	08	企业会计准则	册	1	0

相关工作标准

标准编码	标准名称
19030401	营业外收入核算工作标准

工作标准流程图

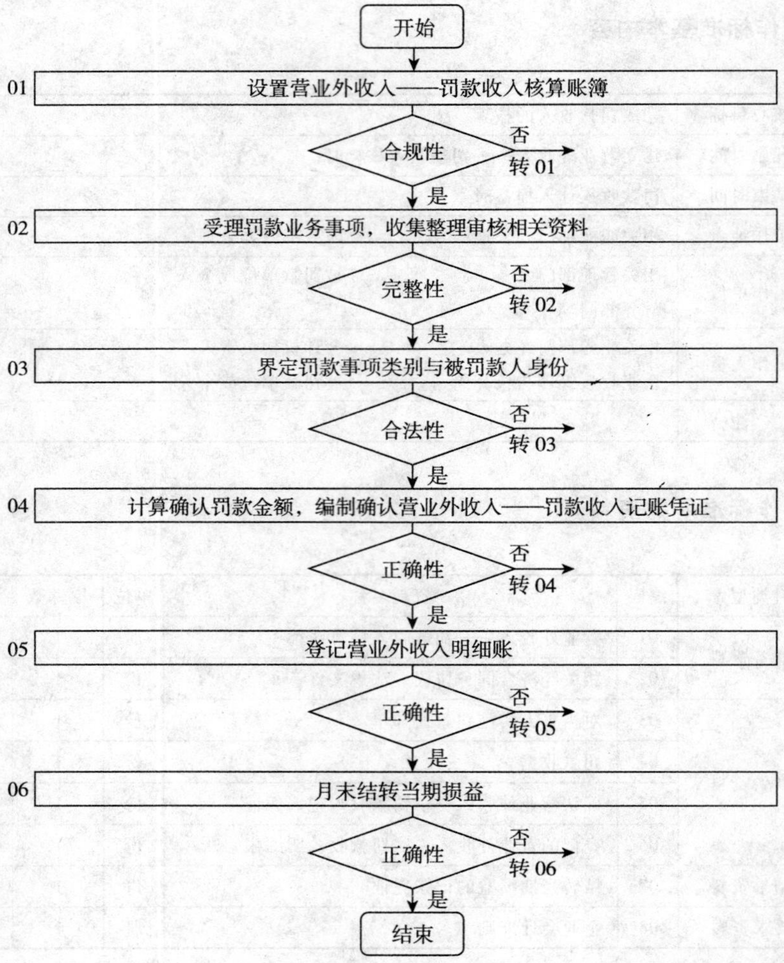

8.3 接受捐赠利得确认工作标准

标准编码：19030601

标准名称：接受捐赠利得确认工作标准

工作标准名称释义

接受捐赠利得确认二作标准是指企业收入管理与核算岗对企业接受其他单位或个人捐赠的资产利得进行确认的工作规范。

工作标准基本内容

工作核心目标	确认捐赠利得	
工作开始时间	与捐赠人签订捐赠协议或合同时	
工作结束时间	编制捐赠利得确认记账凭证时	
相关工作地点	物资管理部门办公地 财务部门办公地	设备管理部门办公地 捐赠方办公地
相关工作单位	物资管理部门 财务部门	设备管理部门 捐赠方
相关工作人员	会计机构负责人 相关部门负责人	相关会计工作岗 企业收入管理与核算岗
备　注		

工作标准所需资料

资料类型	编码	资料名称	单位	原件数	复印数
事前准备资料	01	营业外收入——捐赠收入核算账簿	套	1	0
事中产生资料	02	捐赠协议（或合同）	份	1	0
	03	捐赠的货币资产收款凭证	套	1	0
	04	接受捐赠的非货币性资产入库单	套	1	0
	05	接受捐赠非货币性资产发票	套	1	1
	06	接受捐赠非货币性资产无发票收入测算单	份	1	0
事后结果资料	07	确认捐赠利得收入记账凭证	份	1	0
技术要求资料	08	企业会计准则	册	1	0

相关工作标准

标准编码	标准名称
19030602	接受捐赠利得核算工作标准

工作标准流程图

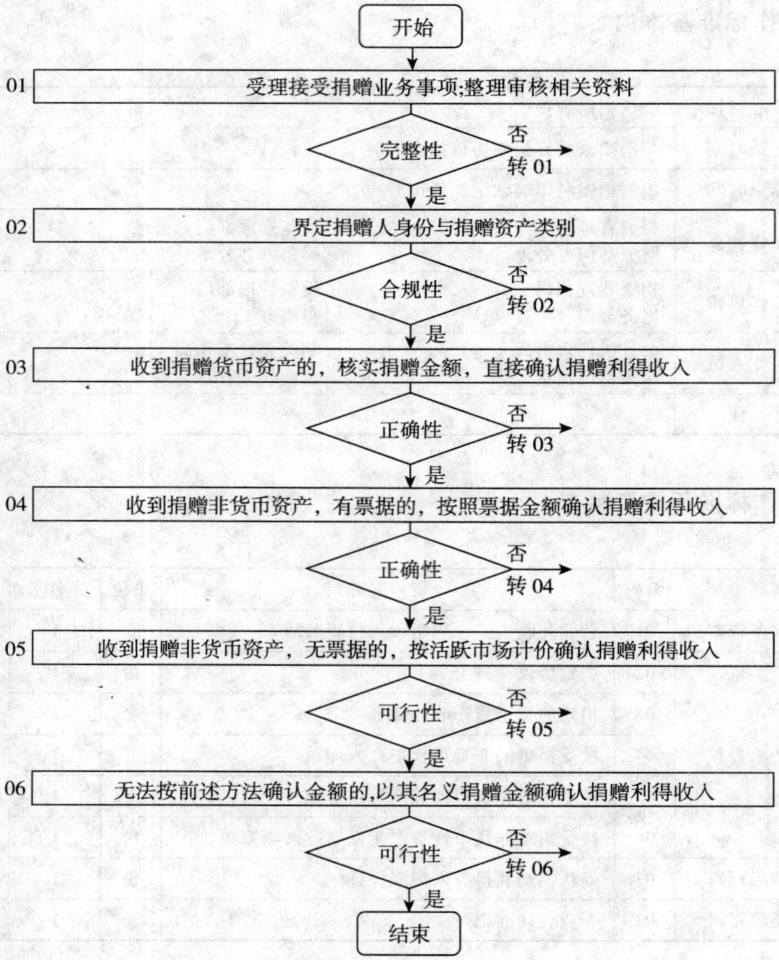

8.4　接受捐赠利得收入核算工作标准

标准编码：19030602

标准名称：接受捐赠利得收入核算工作标准

工作标准名称释义

接受捐赠利得收入核算工作标准是指企业收入管理与核算岗对企业接受其他单位或个人捐赠的资产利得收入进行核算的工作规范。

工作标准基本内容

工作核心目标	完成捐赠利得收入的核算	
工作开始时间	建立营业外收入——捐赠利得收入核算账簿	
工作结束时间	接受捐赠资产利得收入转入当期损益时	
相关工作地点	财务部门办公地	接受捐赠业务部门办公地
相关工作单位	财务部门	接受捐赠部门
相关工作人员	会计机构负责人 接受捐赠业务部门经办人	相关部门负责人 企业收入管理与核算岗
备　　注		

工作标准所需资料

资料类型	编码	资料名称	单位	原件数	复印数
事前准备资料	01	营业外收入明细账	套	1	0
	02	捐赠合同或协议	份	1	0
	03	捐赠的货币资金收款凭据	份	1	0
		接受捐赠非货币性资产入库单	份	1	0
事中产生资料	04	捐赠方提供的捐赠资产发票	份	1	1
	05	测算核定的捐赠资产价值	份	1	0
	06	捐赠资产利得收入确认记账凭证	套	1	0
	07	登记的营业外收入明细账	套	1	0
事后结果资料	08	接受捐赠资产利得收入结转当期损益记账凭证	份	1	0
技术要求资料	09	企业会计准则	册	1	0

相关工作标准

标准编码	标准名称
19030601	接受捐赠利得确认工作标准

工作标准流程图

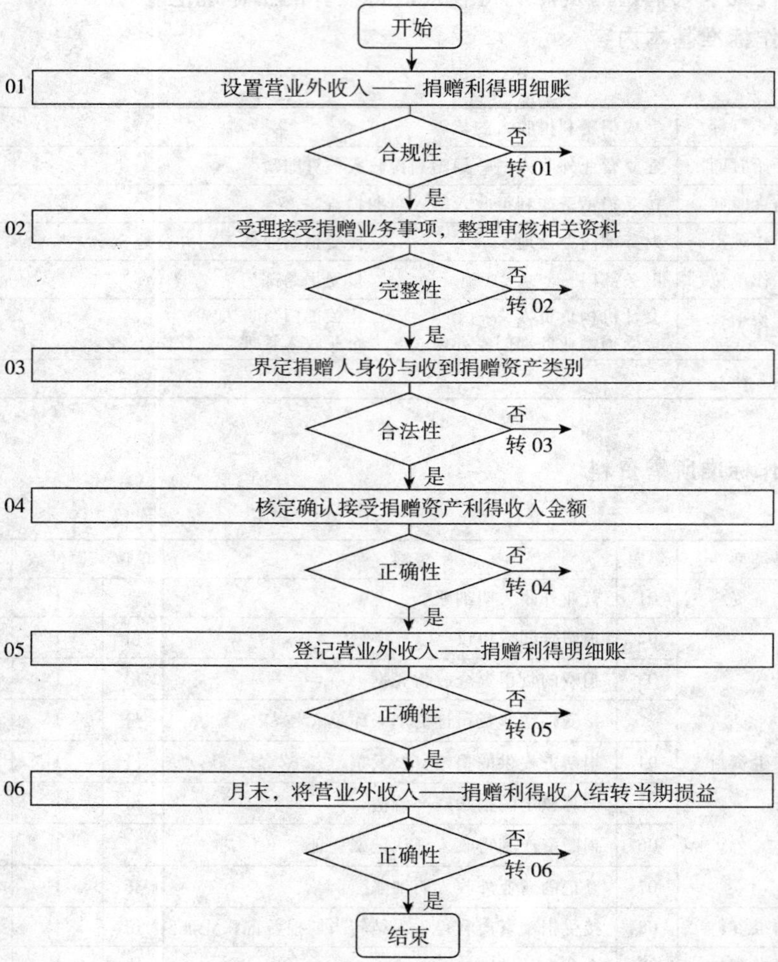

8.5 固定资产盘盈利得确认工作标准

标准编码：19030701

标准名称：固定资产盘盈利得确认工作标准

工作标准名称释义

固定资产盘盈利得确认工作标准是指企业收入管理与核算岗对固定资产清查盘点中的固定资产盘盈利得收入进行确认的工作规范。

工作标准基本内容

工作核心目标	确认固定资产盘盈利得收入	
工作开始时间	固定资产盘盈盘亏原因调查后	
工作结束时间	编制固定资产盘盈利得收入记账凭证	
相关工作地点	财务部门办公地	固定资产管理部门办公地
相关工作单位	财务部门	固定资产管理部门
相关工作人员	总会计师（财务总监） 固定资产管理部门负责人岗 会计机构负责人	固定资产管理与核算岗 固定资产管理部门经办人员 企业收入管理与核算岗
备　　注		

工作标准所需资料

资料类型	编码	资料名称	单位	原件数	复印数
事前准备资料	01	固定资产盘点表	份	1	0
	02	固定资产盘盈盘亏调查分析报告	份	1	0
	03	固定资产盘盈盘亏审批报告	份	1	0
事中产生资料	04	盘盈固定资产价值确定资料	套	1	0
	05	盘盈固定资产会计处理记账凭证	份	1	0
事后结果资料	06	固定资产盘盈利得确认记账凭证	份	1	0
技术要求资料	07	企业会计准则	册	1	0

相关工作标准

标准编码	标准名称
19030702	固定资产盘盈利得核算工作标准
1513	固定资产盘盈处理工作标准

工作标准流程图

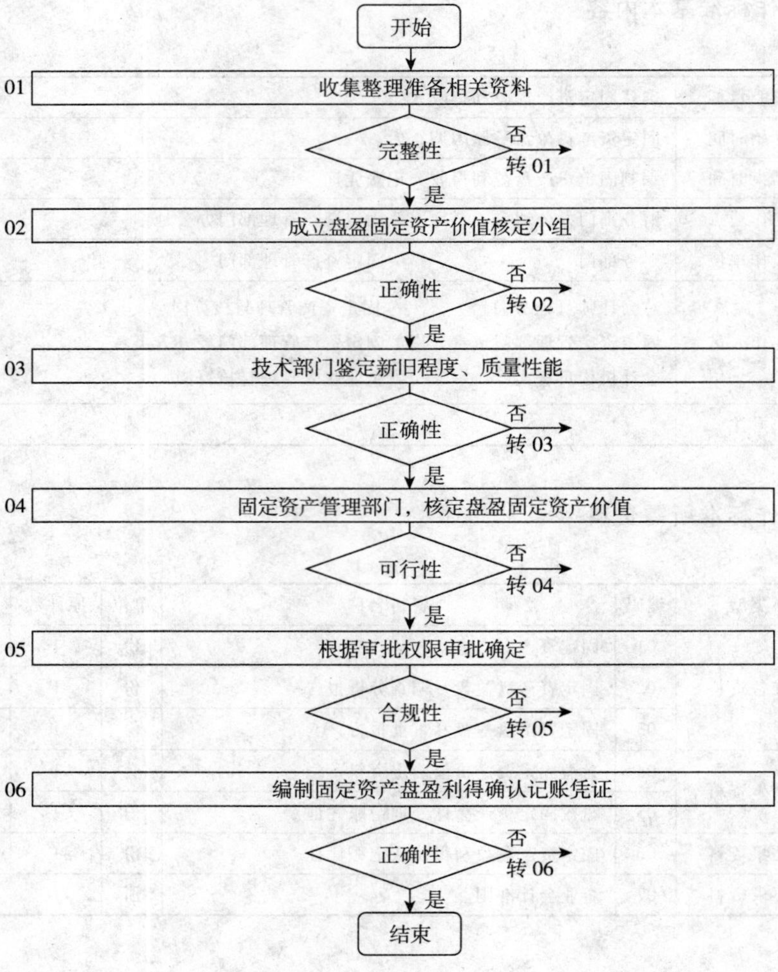

8.6 固定资产盘盈利得核算工作标准

标准编码：19030702

标准名称：固定资产盘盈利得核算工作标准

工作标准名称释义

固定资产盘盈利得核算工作标准是指企业收入管理与核算岗对企业固定资产清查盘点中盘盈的固定资产按规定进行盘盈利得核算的工作标准。

工作标准基本内容

工作核心目标	完成固定资产盘盈利得核算
工作开始时间	固定资产盘盈盘亏处理审批后
工作结束时间	固定资产盘盈利得计入当期损益时
相关工作地点	财务部门办公地　固定资产管理部门办公地
相关工作单位	财务部门　固定资产管理部门
相关工作人员	会计机构负责人　固定资产管理部门负责人 固定资产管理与核算岗　企业收入管理与核算岗
备　　注	

工作标准所需资料

资料类型	编码	资料名称	单位	原件数	复印数
事前准备资料	01	固定资产明细账簿	册	1	0
	02	待处理财产损益核算账簿	册	1	0
	03	营业外收入——固定资产盘盈利得收入核算账簿	册	1	0
	04	固定资产盘点明细表	份	1	0

续表

资料类型	编码	资料名称	单位	原件数	复印数
事中产生资料	05	固定资产盘盈会计处理记账凭证	份	1	0
	06	固定资产盘盈审批表	份	1	0
	07	盘盈固定资产价值鉴定评估表	份	1	0
	08	固定资产盘盈利得确认记账凭证	份	1	0
	09	登记的营业外收入明细账	册	1	0
事后结果资料	10	固定资产盘盈利得收入结转当期损益记账凭证	份	1	0
技术要求资料	11	企业会计准则	册	1	0

相关工作标准

标准编码	标准名称
19030701	固定资产盘盈利得确认工作标准

工作标准流程图

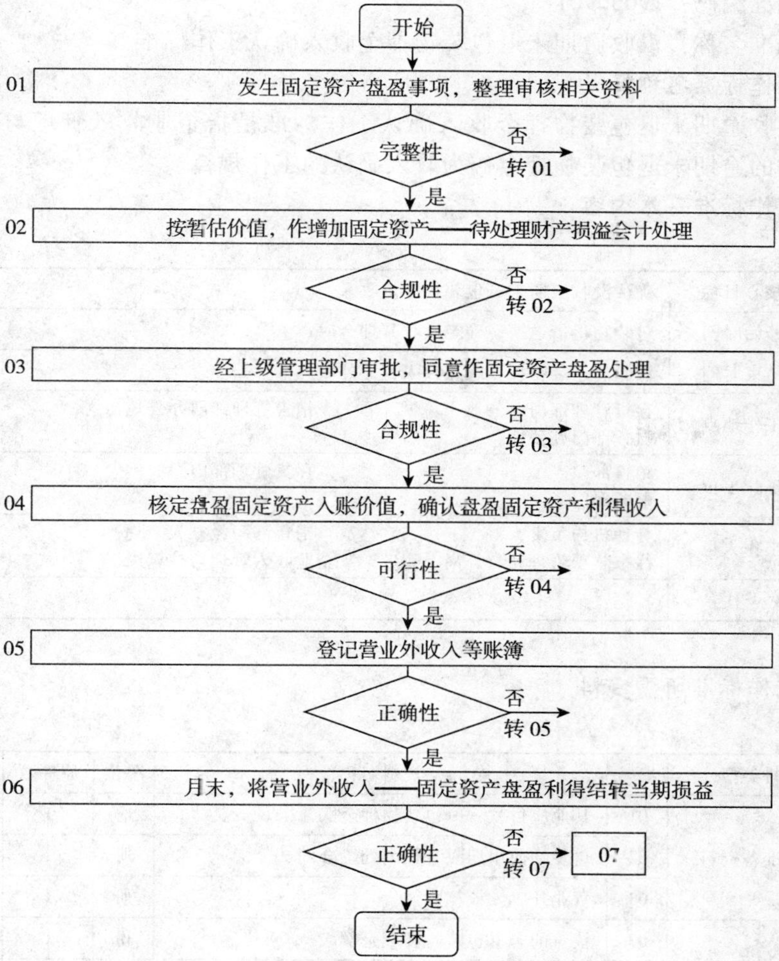
开始
01
发生固定资产盘盈事项，整理审核相关资料
完整性
否
转 01
是
02
按暂估价值，作增加固定资产——待处理财产损溢会计处理
合规性
否
转 02
是
03
经上级管理部门审批，同意作固定资产盘盈处理
合规性
否
转 03
是
04
核定盘盈固定资产入账价值，确认盘盈固定资产利得收入
可行性
否
转 04
是
05
登记营业外收入等账簿
正确性
否
转 05
是
06
月末，将营业外收入——固定资产盘盈利得结转当期损益
正确性
否
转 07
07
是
结束

8.7 没收逾期未退包装物押金收入确认工作标准

标准编码：19030901

标准名称：没收逾期未退包装物押金收入确认工作标准

工作标准名称释义

没收逾期未退包装物押金收入确认工作标准是指企业收入管理与核算岗对没收的逾期未退包装物押金作为收入确认的工作规范。

工作标准基本内容

工作核心目标	确认没收逾期未退包装物押金收入
工作开始时间	包装物租借逾期，确定没收其押金时
工作结束时间	没收的包装物押金收入计入营业外收入
相关工作地点	存货管理部门办公地　销售管理部门办公地 财务部门办公地
相关工作单位	销售部门　存货管理部门 财务部门
相关工作人员	会计机构负责人　销售部门经办人 往来款项管理与核算岗　企业收入管理与核算岗
备　　注	

工作标准所需资料

资料类型	编码	资料名称	单位	原件数	复印数
事前准备资料	01	其他应付款——包装物押金账簿	册	1	0
	02	包装物使用期限、押金处置合同	册	1	0
	03	营业外收入核算账簿	册	1	0
事中产生资料	03	核对的未退包装物押金余额	份	1	0
	04	核对确认的未退包装物逾期期限	份	1	0
	05	没收逾期未退包装物押金审批报告	份	1	0
事后结果资料	04	确认的没收逾期未退包装物押金收入记账凭证	份	1	0
技术要求资料	09	企业会计核算制度	册	1	0

相关工作标准

标准编码	标准名称
19030902	没收逾期未退包装物押金收入核算工作标准

工作标准流程图

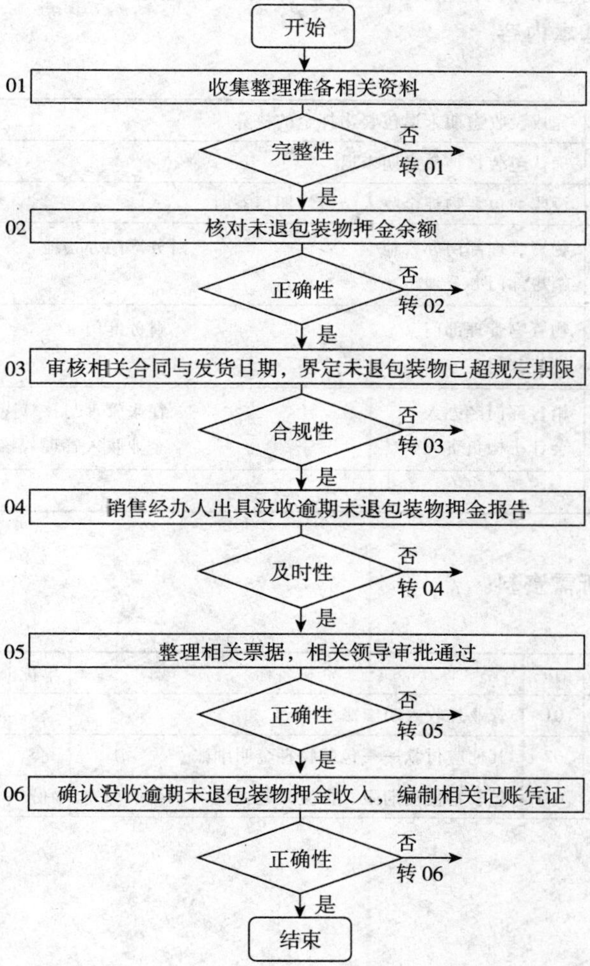

8.8 没收逾期未退包装物押金收入核算工作标准

标准编码：19030902

标准名称：没收逾期未退包装物押金收入核算工作标准

工作标准名称释义

没收逾期未退包装物押金收入核算工作标准是指企业收入管理与核算岗对没收客户逾期包装物押金收入进行核算的工作规范。

工作标准基本内容

工作核心目标	完成没收逾期未退包装物押金的核算	
工作开始时间	确认包装物押金逾期未退	
工作结束时间	没收的包装物押金收入结转当期损益时	
相关工作地点	物资管理部门办公地 销售部门办公地	财务部门办公地
相关工作单位	物资物管理部门 销售部门	财务部门
相关工作人员	销售部门经办人 会计机构负责人	往来管理与核算岗 企业收入管理与核算岗
备　　注		

工作标准所需资料

资料类型	编码	资料名称	单位	原件数	复印数
事前准备资料	01	营业外收入明细账	套	1	0
	02	其他应付款——包装物押金明细账	套	1	0
	03	包装物使用期限、押金处置合同	份	1	1

续表

资料类型	编码	资料名称	单位	原件数	复印数
事中产生资料	04	核对的逾期未退包装物押金期限	份	1	0
	05	核对的逾期未退包装物押金余额	份	1	0
	06	没收逾期未退包装物押金审批报告	份	1	0
	07	确认没收逾期未退包装物押金收入记账凭证	份	1	0
事后结果资料	08	没收逾期未退包装物押金收入结转当期损益记账凭证	份	1	0
技术要求资料	09	企业会计制度	册	1	0

相关工作标准

标准编码	标准名称
19030901	没收逾期未退包装物押金收入确认工作标准

工作标准流程图

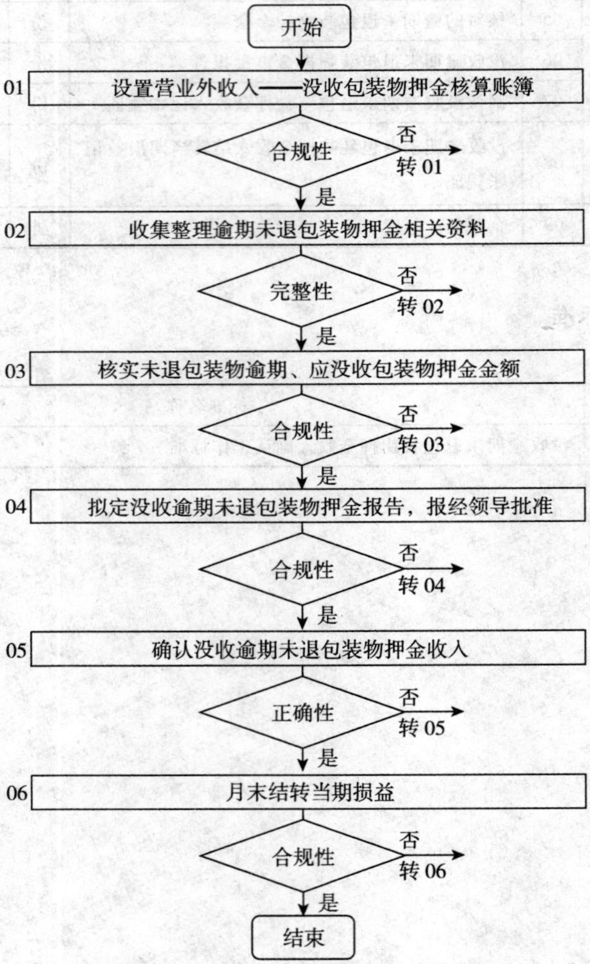
开始
01 设置营业外收入——没收包装物押金核算账簿
合规性
否
转 01
是
02 收集整理逾期未退包装物押金相关资料
完整性
否
转 02
是
03 核实未退包装物逾期、应没收包装物押金金额
合规性
否
转 03
是
04 拟定没收逾期未退包装物押金报告，报经领导批准
合规性
否
转 04
是
05 确认没收逾期未退包装物押金收入
正确性
否
转 05
是
06 月末结转当期损益
合规性
否
转 06
是
结束

第 9 章　政府补助工作标准

9.1 政府补助项目选择工作标准

标准编号：200001

标准名称：政府补助项目选择工作标准

工作标准名称释义

政府补助项目选择工作标准是指企业负责科研或政府补贴的项目申报人，结合企业自身条件，科学选择政府补助项目的工作规范。

工作标准基本内容

工作核心目标	选择计划申报的政府补助项目	
工作开始时间	提出项目任务时	
工作结束时间	规定时间	
相关工作地点	企业科技项目研发机构	项目申报人财务部门
相关工作单位	选择项目所在企业	企业财务部门
相关工作人员	政府补助项目申报人 企业决策人员	科技部门工作人员
备　　注	结合企业实际，对科技经济发展进行预测、研究分析政府目标和企业研究计划，在进行评估分析的基础上，确定申请项目	

工作标准所需资料

资料类型	编码	资料名称	单位	原件数	复印数
事前准备资料	01	市场调研资料	份	1	1
	02	国家相关政策文件	份	1	1
	03	政府历年补贴政策	份	1	1
事中产生资料	04	项目计划建议书	份	1	1
	05	项目可行性分析报告	份	1	1
事后结果资料	06	项目计划任务书	份	1	1
技术要求资料	07	国家政府补助项目申报指南	份	1	1

相关工作标准

标准编码	标准名称
200002	政府补助项目准备工作标准

工作标准流程图

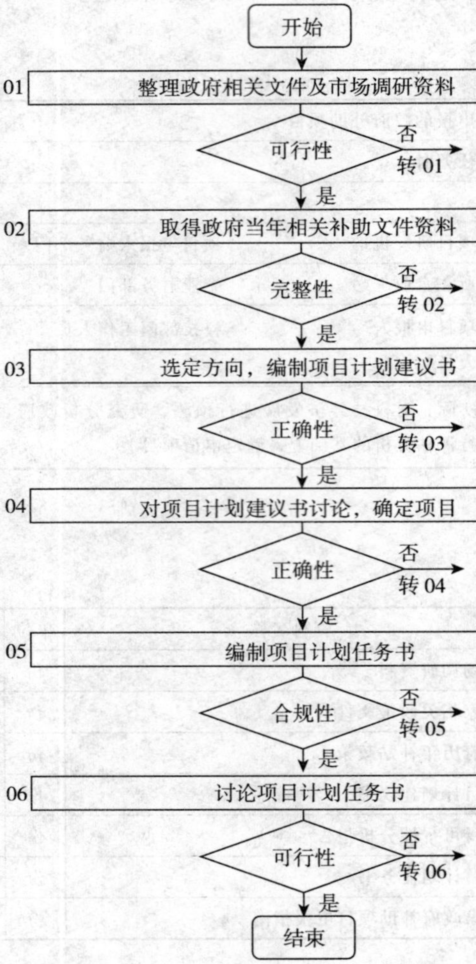

9.2　政府补助项目准备工作标准

标准编号：200002

标准名称：政府补助项目准备工作标准

工作标准名称释义

政府补助项目选择工作标准是指企业负责项目申报的工作人员，根据项目申报文件要求，准备政府补助项目资料的工作规范。

工作标准基本内容

工作核心目标	准备计划申报的政府补助项目工作	
工作开始时间	政府补助项目选择工作完成时	
工作结束时间	规定时间	
相关工作地点	企业科技项目研发机构	项目申报人财务部门
相关工作单位	准备项目所在企业	准备项目所在企业财务部门
相关工作人员	政府补助项目申报人 企业决策人员	科研部门工作人员
备　　注		

工作标准所需资料

资料类型	编码	资料名称	单位	原件数	复印数
事前准备资料	01	项目计划任务书	份	1	3
	02	项目申报机构资料	份	1	3
	03	相关政府补助政策文件	份	1	3
事中产生资料	04	制订项目工作计划	份	1	3
	05	填制项目申请书	份	1	3
事后结果资料	06	项目可行性研究报告	份	1	3
技术要求资料	07	国家政府补助项目申报指南	份	1	3

相关工作标准

标准编码	标准名称
200003	政府补助项目申报工作标准

工作标准流程图

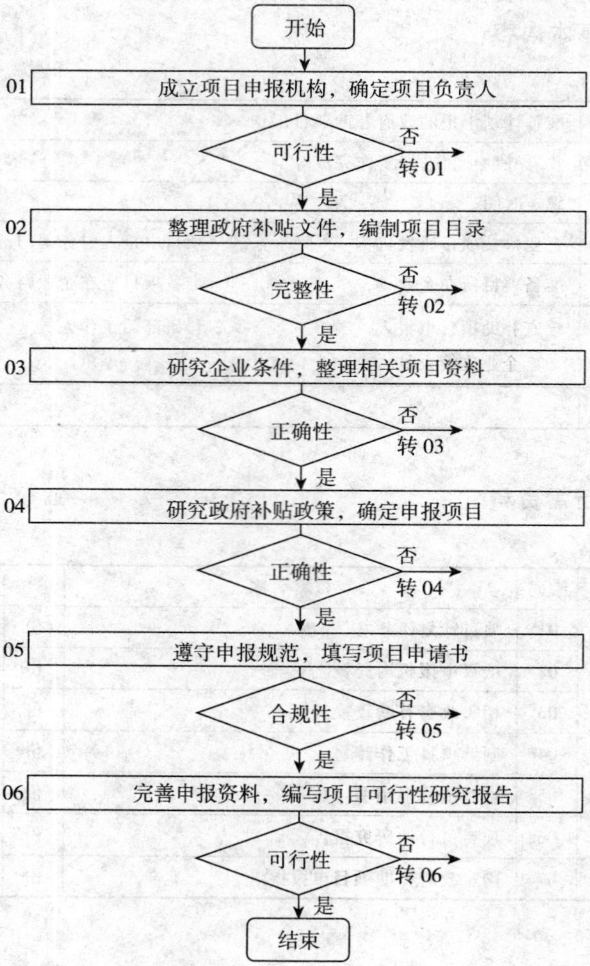

9.3 政府补助项目申报工作标准

标准编号：200003

标准名称：政府补助项目申报工作标准

工作标准名称释义

政府补助项目申报工作标准是指企业负责项目申报的工作人员，根据项目申报文件要求，完成政府补助项目要求资料，按规定时间填报申请资料或上报政府管理部门，并根据政府项目管理部门安排，完成审核、评估等过程跟踪、实现项目立项的工作规范。

工作标准基本内容

工作核心目标	申报政府补助项目	
工作开始时间	规定时间	
工作结束时间	规定时间	
相关工作地点	所在地科技局工作地点 国家项目中心工作地点	省科技厅工作地点 项目申报人财务部门
相关工作单位	所在地科技局 国家科技计划项目中心	省科技厅 项目申报人所在单位
相关工作人员	项目组成员　财政部门工作人员	科技部门工作人员
备　　注	项目组成员要进行适当分工，政府补助项目申报人要积极跟踪补助项目进度，完善评估要求条件	

工作标准所需资料

资料类型	编码	资料名称	单位	原件数	复印数
事前准备资料	01	企业法人营业执照	份	1	4
	02	企业税务登记证	份	1	4
	03	计划项目申请书	份	4	0
	04	可行性研究报告	份	4	0
	05	与项目和申报单位有关的其他参考材料	份	1	0
事中产生资料	06	列入国家、省科技计划的有关批准文件	份	1	0
事后结果资料	07	项目立项批准文件	份	4	4
技术要求资料	08	国家政府补助项目申报指南	份	1	0

相关工作标准

标准编码	标准名称
200004	政府补助项目申报跟踪工作标准

工作标准流程图

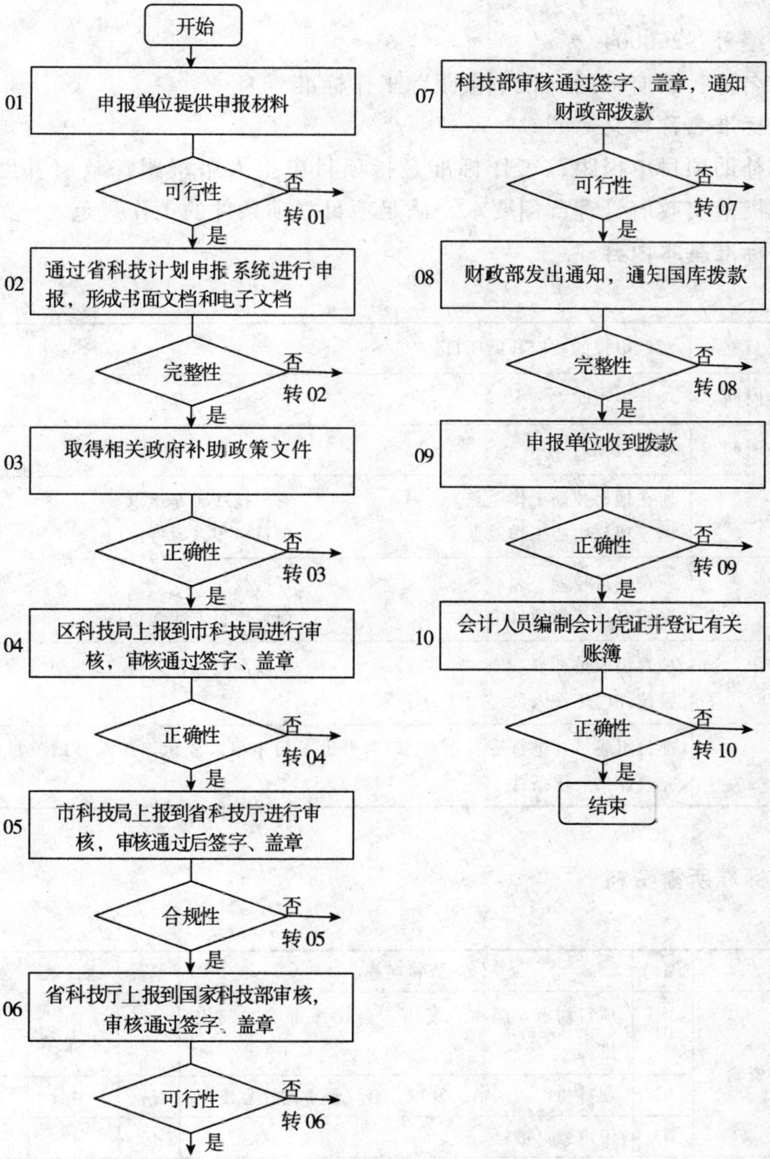
开始
01
申报单位提供申报材料
可行性
否
转 01
是
02
通过省科技计划申报系统进行申报，形成书面文档和电子文档
完整性
否
转 02
是
03
取得相关政府补助政策文件
正确性
否
转 03
是
04
区科技局上报到市科技局进行审核，审核通过签字、盖章
正确性
否
转 04
是
05
市科技局上报到省科技厅进行审核，审核通过后签字、盖章
合规性
否
转 05
是
06
省科技厅上报到国家科技部审核，审核通过签字、盖章
可行性
否
转 06
是
07
科技部审核通过签字、盖章，通知财政部拨款
可行性
否
转 07
是
08
财政部发出通知，通知国库拨款
完整性
否
转 08
是
09
申报单位收到拨款
正确性
否
转 09
是
10
会计人员编制会计凭证并登记有关账簿
正确性
否
转 10
是
结束

9.4 政府补助项目申报跟踪工作标准

标准编号：200004

标准名称：政府补助项目申报跟踪工作标准

工作标准名称释义

政府补助项目申报跟踪工作标准是指项目申报人申报跟踪政府补助项目进展，积极落实政府管理部门要求，满足项目立项条件的工作规范。

工作标准基本内容

工作核心目标	跟踪申报的政府补助项目	
工作开始时间	项目申报时	
工作结束时间	项目立项后	
相关工作地点	所在地科技局工作地点 国家项目中心工作地点	省科技厅工作地点 项目申报人财务部门
相关工作单位	所在地科技局 国家科技计划项目中心	省科技厅 项目申报人所在单位
相关工作人员	项目组成员 科技部门工作人员	财政部门工作人员
备　　注	项目组成员要进行适当分工，政府补助项目申报人要积极跟踪补助项目进度，完善评估要求条件	

工作标准所需资料

资料类型	编码	资料名称	单位	原件数	复印数
事前准备资料	01	项目初审、函审、复审、会议评审的时间安排表	份	1	4
	02	项目初审、函审、复审、会议评审的注意事项	份	1	4
	03	用户意见资料	份	1	4

续表

资料类型	编码	资料名称	单位	原件数	复印数
事中产生资料	04	根据项目评审的程序安排，掌握时间进度，取得项目进展情况资料	份	1	4
	05	做好项目规避、复审工作资料	份	1	4
事后结果资料	06	项目计划的实施情况、资金到位情况、资金使用情况和项目绩效情况资料	份	1	4
技术要求资料	07	中央政府补助相关政策文件资料	份	1	4

相关工作标准

标准编码	标准名称
200003	政府补助项目申报工作标准

工作标准流程图

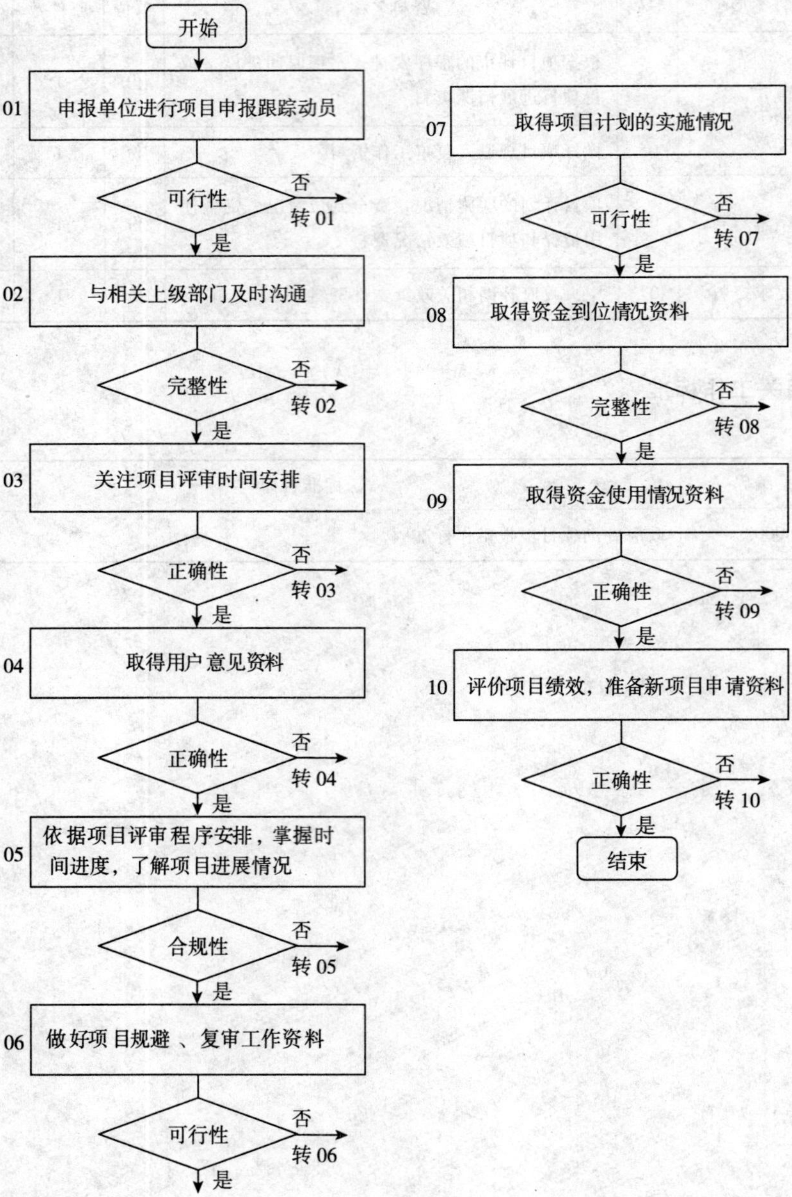
开始
01 申报单位进行项目申报跟踪动员
可行性
否
转 01
是
02 与相关上级部门及时沟通
完整性
否
转 02
是
03 关注项目评审时间安排
正确性
否
转 03
是
04 取得用户意见资料
正确性
否
转 04
是
05 依据项目评审程序安排，掌握时间进度，了解项目进展情况
合规性
否
转 05
是
06 做好项目规避 、复审工作资料
可行性
否
转 06
是
07 取得项目计划的实施情况
可行性
否
转 07
是
08 取得资金到位情况资料
完整性
否
转 08
是
09 取得资金使用情况资料
正确性
否
转 09
是
10 评价项目绩效，准备新项目申请资料
正确性
否
转 10
是
结束

9.5　政府补助项目审批答辩工作标准

标准编号：200005

标准名称：政府补助项目审批答辩工作标准

工作标准名称释义

政府补助项目申报工作标准是指企业根据政府补助项目管理部门要求，组织项目审批答辩，明确项目经济与社会意义，获得评委支持立项的工作规范。

工作标准基本内容

工作核心目标	通过政府补助项目审批答辩
工作开始时间	项目申报后
工作结束时间	答辩会结束
相关工作地点	所在地科技局工作地点　项目申报人财务部门　项目审批答辩地点
相关工作单位	所在地科技局　项目申报人所在单位　财政部门
相关工作人员	项目组成员　科技部门工作人员　财政部门工作人员　项目审批答辩专家
备　注	政府补助项目申报人　政府补助项目跟踪人　政府补助项目经办人　政府补助项目受理人

工作标准所需资料

资料类型	编码	资料名称	单位	原件数	复印数
事前准备资料	01	申报的待答辩项目报告	份	1	6
	02	可行性论证资料	份	1	6
	03	获得项目答辩资格资料	份	1	6
	04	计划项目申请书	份	1	6

续表

资料类型	编码	资料名称	单位	原件数	复印数
事中产生资料	05	答辩演示资料及实物	份	1	6
	06	项目计划报告书	份	1	6
事后结果资料	07	专家意见书	份	1	6
技术要求资料	08	国家政府补助项目申报指南	份	1	1

相关工作标准

标准编码	标准名称
200002	政府补助项目准备工作标准
200003	政府补助项目申报工作标准
200004	政府补助项目申报跟踪工作标准
200005	政府补助项目审批答辩工作标准

工作标准流程图

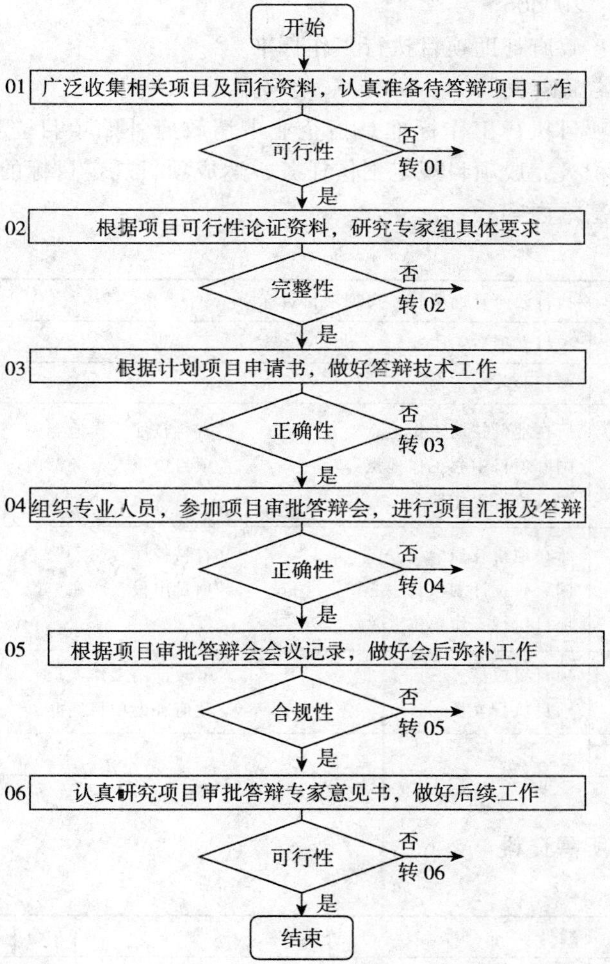
开始
01 广泛收集相关项目及同行资料，认真准备待答辩项目工作
可行性
否
转 01
是
02 根据项目可行性论证资料，研究专家组具体要求
完整性
否
转 02
是
03 根据计划项目申请书，做好答辩技术工作
正确性
否
转 03
是
04 组织专业人员，参加项目审批答辩会，进行项目汇报及答辩
正确性
否
转 04
是
05 根据项目审批答辩会会议记录，做好会后弥补工作
合规性
否
转 05
是
06 认真研究项目审批答辩专家意见书，做好后续工作
可行性
否
转 06
是
结束

9.6 政府补助项目执行工作标准

标准编号：200006

标准名称：政府补助项目执行工作标准

工作标准名称释义

政府补助项目执行工作标准是指企业申请政府补贴项目立项后，企业根据政府要求，积极完成项目规定工作任务，达成项目规定目标的工作规范。

工作标准基本内容

工作核心目标	执行政府补助项目，实现项目目标	
工作开始时间	项目立项后	
工作结束时间	项目验收结束	
相关工作地点	所在地科技局工作地点 国家项目中心工作地点 项目执行工作地点	省科技厅工作地点 项目申报人财务部门
相关工作单位	所在地科技局 国家科技计划项目中心 项目执行工作单位	省科技厅 项目申报人所在单位
相关工作人员	项目组成员 项目执行人员	财政部门工作人员 政府补助项目经办人
备　注		

工作标准所需资料

资料类型	编码	资料名称	单位	原件数	复印数
事前准备资料	01	项目执行计划	份	1	5
	02	相关政策资料	份	1	5
	03	预防措施、纠正措施资料	份	1	5

续表

资料类型	编码	资料名称	单位	原件数	复印数
事中产生资料	04	招投标资料	份	1	5
	05	供应商选择资料	份	1	5
	06	合同资料	份	1	5
	07	项目会议资料	份	1	5
事后结果资料	08	项目计划的执行进度资料	份	1	1
技术要求资料	09	国家相关项目执行规定文件	份	1	0

相关工作标准

标准编码	标准名称
200005	政府补助项目审批答辩工作标准

工作标准流程图

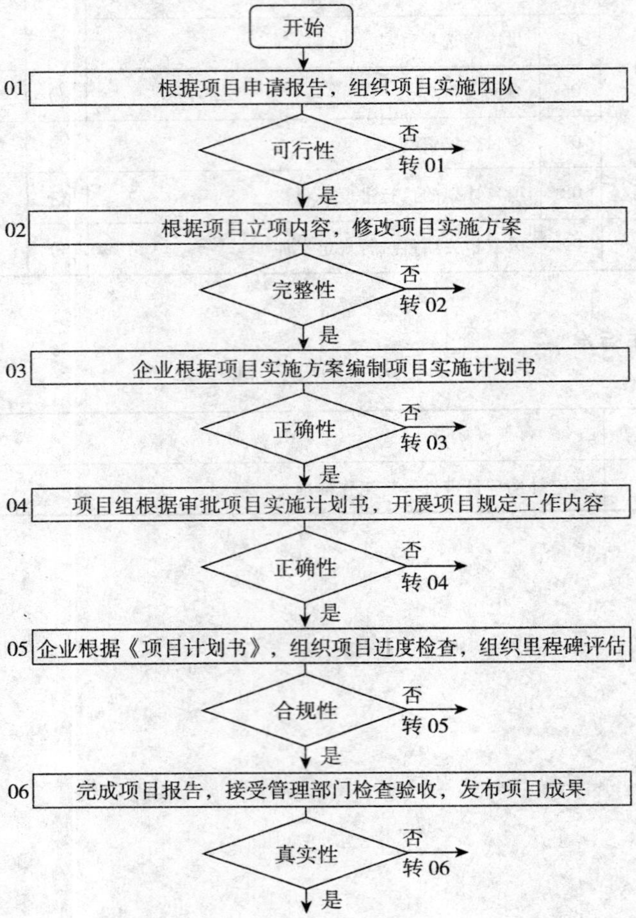
开始
01
根据项目申请报告，组织项目实施团队
可行性
否
转 01
是
02
根据项目立项内容，修改项目实施方案
完整性
否
转 02
是
03
企业根据项目实施方案编制项目实施计划书
正确性
否
转 03
是
04
项目组根据审批项目实施计划书，开展项目规定工作内容
正确性
否
转 04
是
05
企业根据《项目计划书》，组织项目进度检查，组织里程碑评估
合规性
否
转 05
是
06
完成项目报告，接受管理部门检查验收，发布项目成果
真实性
否
转 06
是

9.7 政府补助收入确认工作标准

标准编码：19030101

标准名称：政府补助收入确认工作标准

工作标准名称释义

政府补助收入确认工作标准是指企业收入管理与核算岗根据企业申请政府补贴的货币资金或非货币性资产，按照补助项目或用途进行会计核算，确认企业收入的工作规范。

工作标准基本内容

工作核心目标	完成政府补助收入的确认
工作开始时间	取得政府补助时
工作结束时间	确认政府补助收入编制记账凭证时
相关工作地点	财务部门办公地
相关工作单位	财务部门
相关工作人员	会计机构负责人　　总会计师（财务总监） 政府补助管理与核算岗位
备　　注	

工作标准所需资料

资料类型	编码	资料名称	单位	原件数	复印数
事前准备资料	01	政府补助项目可行性研究报告	份	1	1
	02	政府补助项目申请报告	份	1	1
	03	政府补助项目批准文件	份	1	1
	04	政府补助货币性资产收款凭证	份	1	1
	05	非货币性资产入库凭证	份	1	1
事中产生资料	06	政府补助收入原始凭证	份	1	1
事后结果资料	07	政府补助收入记账凭证	份	1	1
技术要求资料	08	企业会计准则——政府补助	册	1	0

相关工作标准

标准编码	标准名称
2002	政府补助会计核算工作标准

工作标准流程图

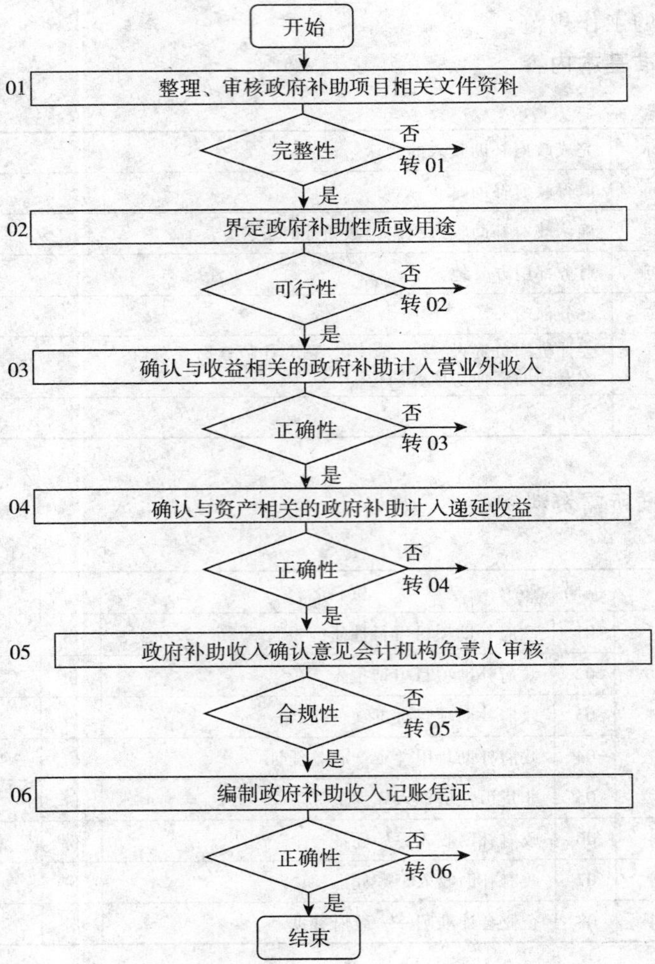

9.8 政府补助收入核算工作标准

标准编码：19030102

标准名称：政府补助收入核算工作标准

工作标准名称释义

政府补助收入核算工作标准是指企业收入管理与核算岗根据企业申请政府补贴的项目和项目经费管理要求，进行收入与成本核算的工作规范。

工作标准基本内容

工作核心目标	完成政府补助收入的核算	
工作开始时间	申请政府补助时	
工作结束时间	项目结束审计后	
相关工作地点	财务部门办公地	
相关工作单位	财务部门	项目执行单位
相关工作人员	会计机构负责人 企业收入管理与核算岗	总会计师（财务总监） 政府补助管理与核算岗
备　注		

工作标准所需资料

资料类型	编码	资料名称	单位	原件数	复印数
事前准备资料	01	补贴收入明细账	套	1	1
	02	企业政府补助申请报告	份	1	1
	03	政府主管部门对政府补助项目的批准文件	份	1	1
	04	政府补助项目财政拨款银行收账通知	套	1	1
	05	政府补助项目非货币性资产验收入库凭证	份	1	1
事中产生资料	06	非货币性资产政府补助计入递延收益记账凭证	份	1	0
事后结果资料	07	货币性资产政府补助计入营业外收入记账凭证	份	1	0
	08	分期由递延收益转入营业外收入记账凭证	份	1	1
技术要求资料	09	企业会计准则——收入	册	1	0

相关工作标准

标准编码	标准名称
19030101	政府补助收入确认工作标准

工作标准流程图

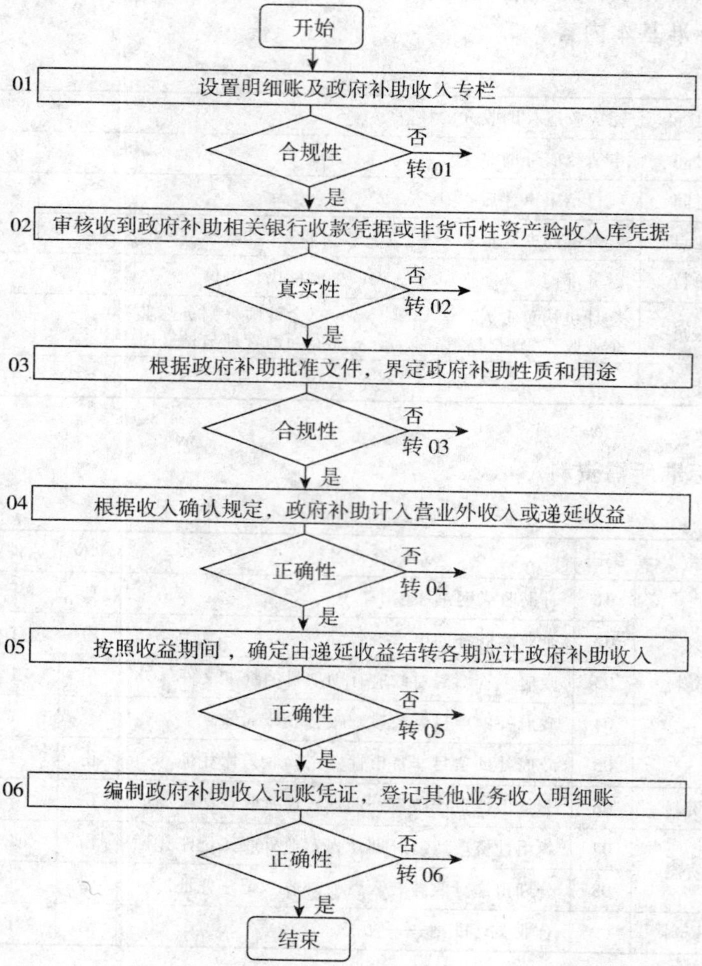

9.9　政府补助项目审计工作标准

标准编号：200007

标准名称：政府补助项目审计工作标准

工作标准名称释义

政府补助项目审计工作标准是指审计机构依据国家财会法规、政府补助项目管理制度，对政府补助项目的收支活动进行审核检查，加强项目经费管理的工作规范。

工作标准基本内容

工作核心目标	审计政府补助项目	
工作开始时间	规定时间	
工作结束时间	规定时间	
相关工作地点	项目工作地点	财务部门
相关工作单位	项目审计工作单位 项目执行工作单位	项目申报人所在单位
相关工作人员	项目审计人员 项目执行人员	项目申报单位财务人员
备　　注		

工作标准所需资料

资料类型	编码	资料名称	单位	原件数	复印数
事前准备资料	01	项目文件资料	份	1	1
	02	项目预算和项目决算资料	份	1	1
	03	项目财务凭证、账表等资料	份	1	1
	04	项目审计计划	份	1	1

续表

资料类型	编码	资料名称	单位	原件数	复印数
事中产生资料	04	审计记录	份	1	1
	05	审计工作底稿	份	1	1
	06	审计工作报告	份	1	1
	07	项目审计建议书	份	1	1
事后结果资料	08	项目结算审计报告	份	1	1
技术要求资料	09	国家相关项目审计规定	份	1	0

相关工作标准

标准编码	标准名称
19030102	政府补助收入核算工作标准

工作标准流程图

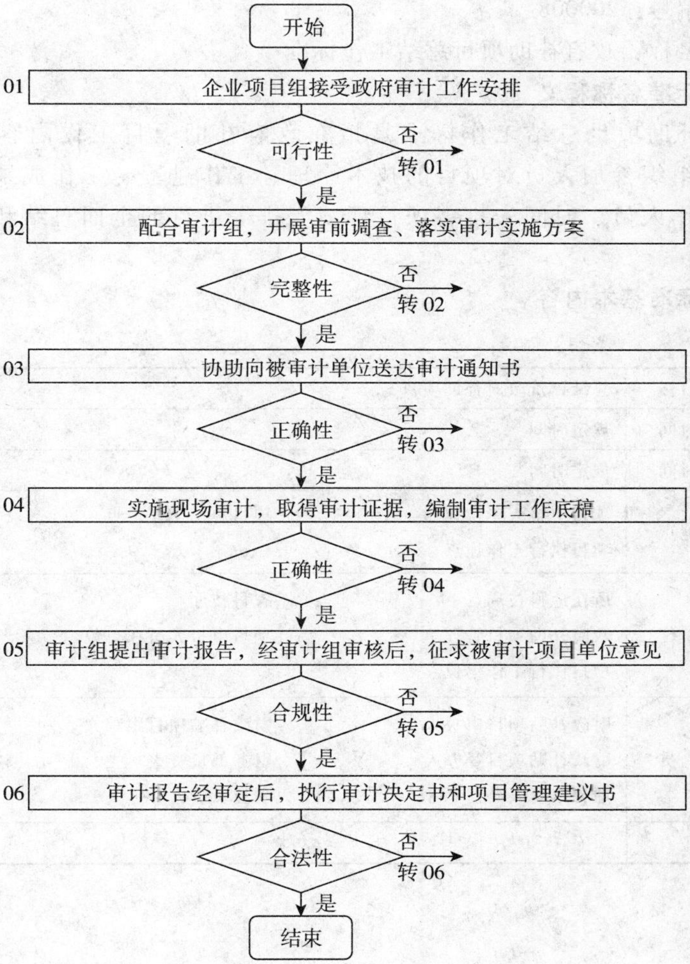
开始
01
企业项目组接受政府审计工作安排
可行性
否
转 01
是
02
配合审计组，开展审前调查、落实审计实施方案
完整性
否
转 02
是
03
协助向被审计单位送达审计通知书
正确性
否
转 03
是
04
实施现场审计，取得审计证据，编制审计工作底稿
正确性
否
转 04
是
05
审计组提出审计报告，经审计组审核后，征求被审计项目单位意见
合规性
否
转 05
是
06
审计报告经审定后，执行审计决定书和项目管理建议书
合法性
否
转 06
是
结束

9.10 政府补助项目总结工作标准

标准编号：200008

标准名称：政府补助项目总结工作标准

工作标准名称释义

政府补助项目总结工作标准是指在政府补助项目工作内容全部结束后，企业组织参加人员对项目的技术原理、工作过程、工作成果、项目评价以及工作人员、时间安排、项目环境安排等进行的全面总结和评价的工作规范。

工作标准基本内容

工作核心目标	总结评价政府补助项目	
工作开始时间	规定时间	
工作结束时间	规定时间	
相关工作地点	项目申报人单位地点 项目执行工作地点	项目总结工作地点
相关工作单位	所在地科技局 政府补助项目管理单位 项目执行工作单位	省科技厅 项目申报人所在单位
相关工作人员	财政补贴项目申报人 财政补贴项目经办人 项目市场人员	财政补贴项目跟踪人 财务部负责人 项目负责人
备　　注		

工作标准所需资料

资料类型	编码	资料名称	单位	原件数	复印数
事前准备资料	01	项目参加人员的总结报告	份	1	1
	02	项目背景、项目内容、投入与产出实施效果等综合报告	份	1	1
	04	项目存档资料清单	份	1	1
	05	存档资料原件	份	1	1
	06	项目分析效果评价数据资料	份	1	1
事中产生资料	07	项目财务指标与客户满意度资料	份	1	1
	08	项目整体评估报告	份	1	1
事后结果资料	09	项目总结评价报告	份	1	1
技术要求资料	10	政府补贴项目管理制度	册	1	1

相关工作标准

标准编码	标准名称
200007	政府补助项目审计工作标准

工作标准流程图

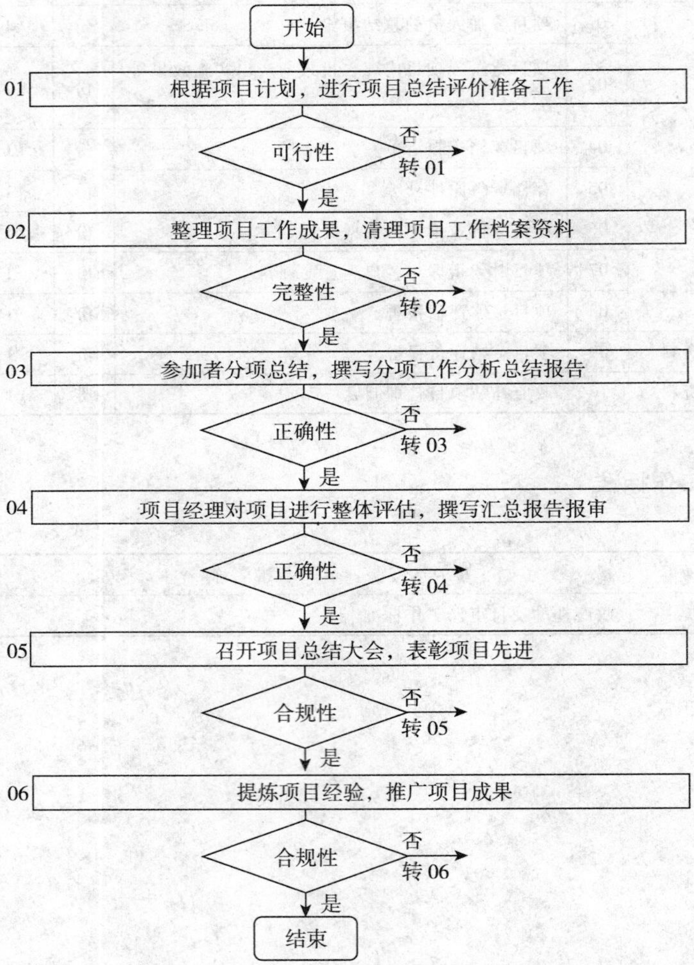
开始
01 根据项目计划，进行项目总结评价准备工作
可行性
否
转01
是
02 整理项目工作成果，清理项目工作档案资料
完整性
否
转02
是
03 参加者分项总结，撰写分项工作分析总结报告
正确性
否
转03
是
04 项目经理对项目进行整体评估，撰写汇总报告报审
正确性
否
转04
是
05 召开项目总结大会，表彰项目先进
合规性
否
转05
是
06 提炼项目经验，推广项目成果
合规性
否
转06
是
结束

9.11　国家重点高新产品计划项目申报工作标准

标准编号：2001010304

标准名称：国家重点高新产品计划项目申报工作标准

工作标准名称释义

国家重点高新产品计划项目申报工作标准是指项目申报人根据国家重点高新产品计划要求，组织项目申报的工作规范。

工作标准基本内容

工作核心目标	取得国家重点高新产品计划项目立项	
工作开始时间	规定时间	
工作结束时间	规定时间	
相关工作地点	所在地科技局工作地点 国家科技计划项目中心工作地	省科技厅工作地点 项目申报人财务部门
相关工作单位	所在地科技局 国家科技计划项目中心	省科技厅 项目申报人财务部门
相关工作人员	项目组成员 科技部门工作人员	其他相关会计人员 财政部门工作人员
备　　注		

工作标准所需资料

资料类型	编码	资料名称	单位	原件数	复印数
事前准备资料	01	企业基本资料	份	1	1
	02	行业许可证及知识产权证	份	1	1
	03	用户意见	份	1	1

续表

资料类型	编码	资料名称	单位	原件数	复印数
事中产生资料	04	国家重点新产品计划项目申请书	份	1	1
	05	国家重点新产品计划建议书	份	1	1
	06	产品质量检测报告	份	1	1
	07	上年度财务报表	份	1	1
	08	项目可行性研究报告	份	1	1
	09	国家重点高新产品计划项目汇总表	份	1	1
事后结果资料	10	项目立项审批文件	份	1	0
	11	政府项目补贴经费	份	1	0
技术要求资料	12	国家重点新产品计划项目申报指南	份	1	0

相关工作标准

标准编码	标准名称
200002	政府补助项目准备工作标准
200003	政府补助项目申报工作标准
200004	政府补助项目申报跟踪工作标准
200005	政府补助项目审批答辩工作标准

工作标准流程图

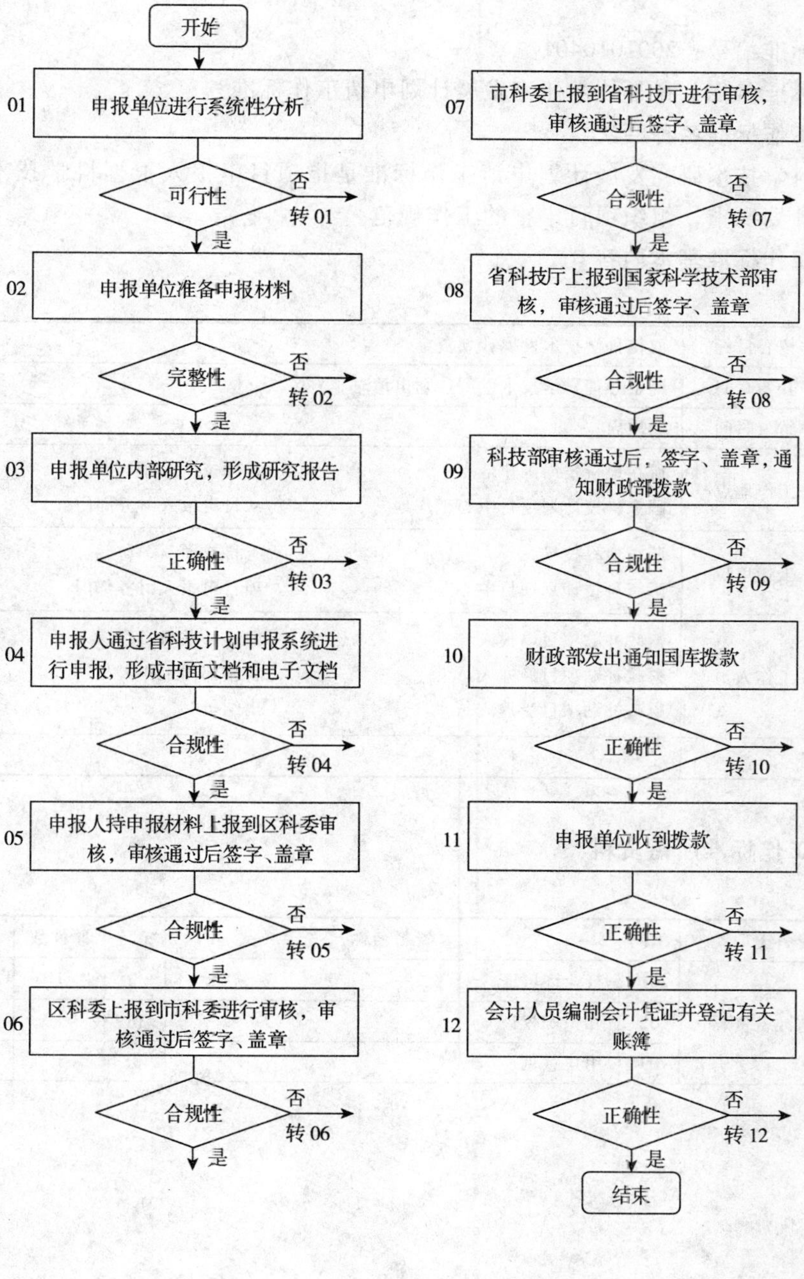
开始
01
申报单位进行系统性分析
可行性
否
转 01
是
02
申报单位准备申报材料
完整性
否
转 02
是
03
申报单位内部研究，形成研究报告
正确性
否
转 03
是
04
申报人通过省科技计划申报系统进行申报，形成书面文档和电子文档
合规性
否
转 04
是
05
申报人持申报材料上报到区科委审核，审核通过后签字、盖章
合规性
否
转 05
是
06
区科委上报到市科委进行审核，审核通过后签字、盖章
合规性
否
转 06
是
07
市科委上报到省科技厅进行审核，审核通过后签字、盖章
合观性
否
转 07
是
08
省科技厅上报到国家科学技术部审核，审核通过后签字、盖章
合观性
否
转 08
是
09
科技部审核通过后，签字、盖章，通知财政部拨款
合观性
否
转 09
是
10
财政部发出通知国库拨款
正确性
否
转 10
是
11
申报单位收到拨款
正确性
否
转 11
是
12
会计人员编制会计凭证并登记有关账簿
正确性
否
转 12
是
结束

9.12 科学技术研究发展计划申请工作标准

标准编号：2001010401

标准名称：科学技术研究发展计划申请工作标准

工作标准名称释义

科学技术研究发展计划申请工作标准是指项目申报人根据科学技术研究发展计划要求，组织项目申报的工作规范。

工作标准基本内容

工作核心目标	取得科学技术发展计划资金	
工作开始时间	确定办理科学技术发展计划申请时	
工作结束时间	两周内	
相关工作地点	所在地科技局工作地点 国家科技计划项目中心工作地	省科技厅工作地点 项目申报人财务部门
相关工作单位	所在地科技局 国家科技计划项目中心	省科技厅 项目申报人财务部门
相关工作人员	财政补贴项目申报人 财政补贴项目经办人 财政补贴项目受理人	财政补贴项目跟踪人 科技部门工作人员 出纳员
备　　注		

工作标准所需资料

资料类型	编码	资料名称	单位	原件数	复印数
事前准备资料	01	行业许可证	份	1	1
	02	知识产权证	份	1	1
	03	用户意见	份	1	1

续表

资料类型	编码	资料名称	单位	原件数	复印数
事中产生资料	04	产品质量检测报告	份	1	1
	05	上年度财务报表	份	1	1
	06	项目可行性研究报告	份	1	1
	07	项目申请书	份	5	1
	08	项目建议书	份	5	1
事后结果资料	09	同意补贴的批文	份	1	1
技术要求资料	10	项目申报指南	份	1	1
	11	填报说明	份	1	1
	12	学科代码表	份	1	0

相关工作标准

标准编号	标准名称
200002	政府补助项目准备工作标准
200003	政府补助项目申报工作标准
200004	政府补助项目申报跟踪工作标准
200005	政府补助项目审批答辩工作标准

工作标准流程图

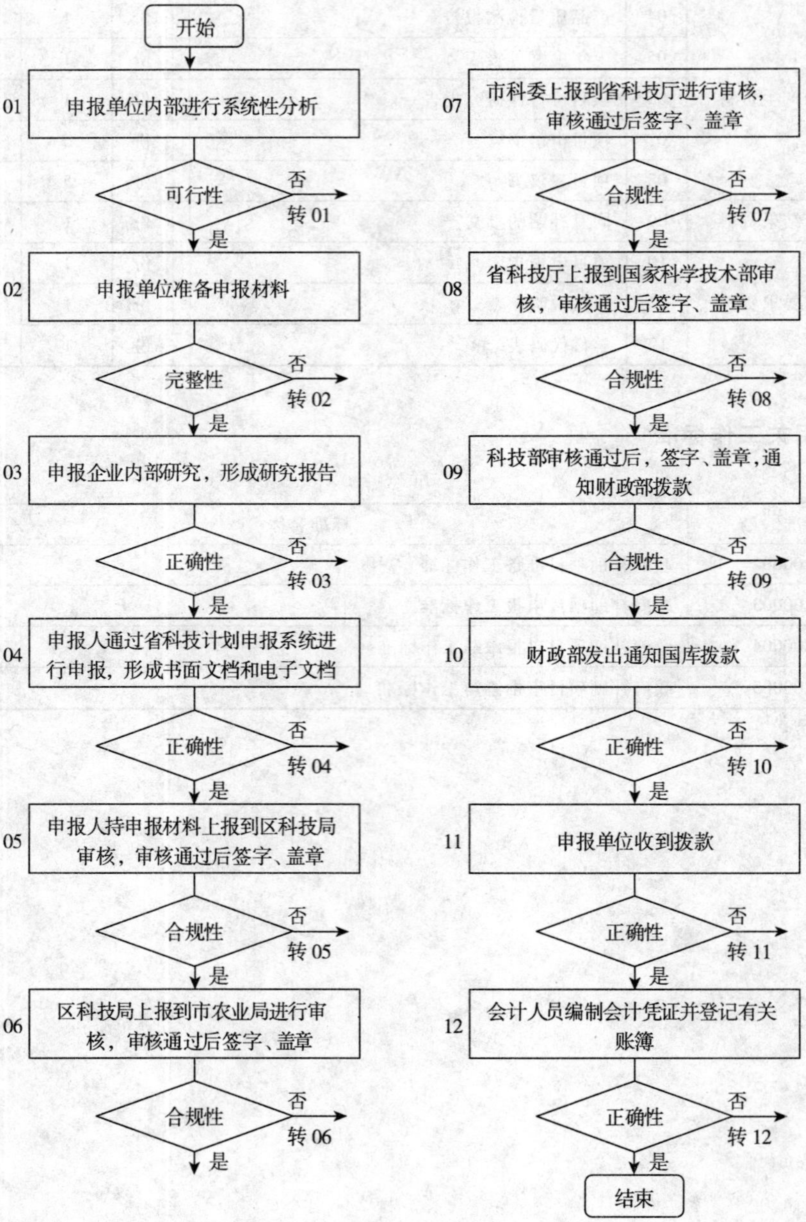
开始
01 申报单位内部进行系统性分析
可行性
否
转 01
是
02 申报单位准备申报材料
完整性
否
转 02
是
03 申报企业内部研究，形成研究报告
正确性
否
转 03
是
04 申报人通过省科技计划申报系统进行申报，形成书面文档和电子文档
正确性
否
转 04
是
05 申报人持申报材料上报到区科技局审核，审核通过后签字、盖章
合规性
否
转 05
是
06 区科技局上报到市农业局进行审核，审核通过后签字、盖章
合规性
否
转 06
是
07 市科委上报到省科技厅进行审核，审核通过后签字、盖章
合规性
否
转 07
是
08 省科技厅上报到国家科学技术部审核，审核通过后签字、盖章
合规性
否
转 08
是
09 科技部审核通过后，签字、盖章，通知财政部拨款
合规性
否
转 09
是
10 财政部发出通知国库拨款
正确性
否
转 10
是
11 申报单位收到拨款
正确性
否
转 11
是
12 会计人员编制会计凭证并登记有关账簿
正确性
否
转 12
是
结束

9.13 自然科学基础计划项目申报工作标准

标准编码：2001010402

标准名称：自然科学基础计划项目申报工作标准

工作标准名称释义

自然科学基础计划项目申报工作标准是指项目申报人办理自然科学基础计划项目申报的工作规范。

工作标准基本内容

工作核心目标	取得自然科学基础计划项目资金	
工作开始时间	确定办理自然科学基础计划项目申报时	
工作结束时间	两周内	
相关工作地点	财务部门办公地 省科技厅办公地	国家科技计划项目中心办公地 所在地科技局办公地
相关工作单位	财务部门 省科技厅	国家科技计划项目中心 所在地科技局
相关工作人员	财政补贴项目申报人 财政补贴项目经办人 科技部门工作人员	财政补贴项目跟踪人 财政补贴项目受理人 出纳员
备　　注		

工作标准所需资料

资料类型	编码	资料名称	单位	原件数	复印数
事前准备资料	01	行业许可证	份	1	1
	02	知识产权证	份	1	1
	03	用户意见	份	1	1

续表

资料类型	编码	资料名称	单位	原件数	复印数
事中产生资料	04	自然科学基础计划项目申请书	份	5	1
	05	自然科学基础计划项目建议书	份	5	1
	06	产品质量检测报告	份	1	1
	07	上年度财务报表	份	1	3
	08	项目可行性研究报告	份	1	1
事后结果资料	09	同意补贴的批文	份	1	1
技术要求资料	10	项目申报指南	份	1	0
	11	填报说明	份	1	0

相关工作标准

标准编号	标准名称
200002	政府补助项目准备工作标准
200003	政府补助项目申报工作标准
200004	政府补助项目申报跟踪工作标准
200005	政府补助项目审批答辩工作标准

工作标准流程图

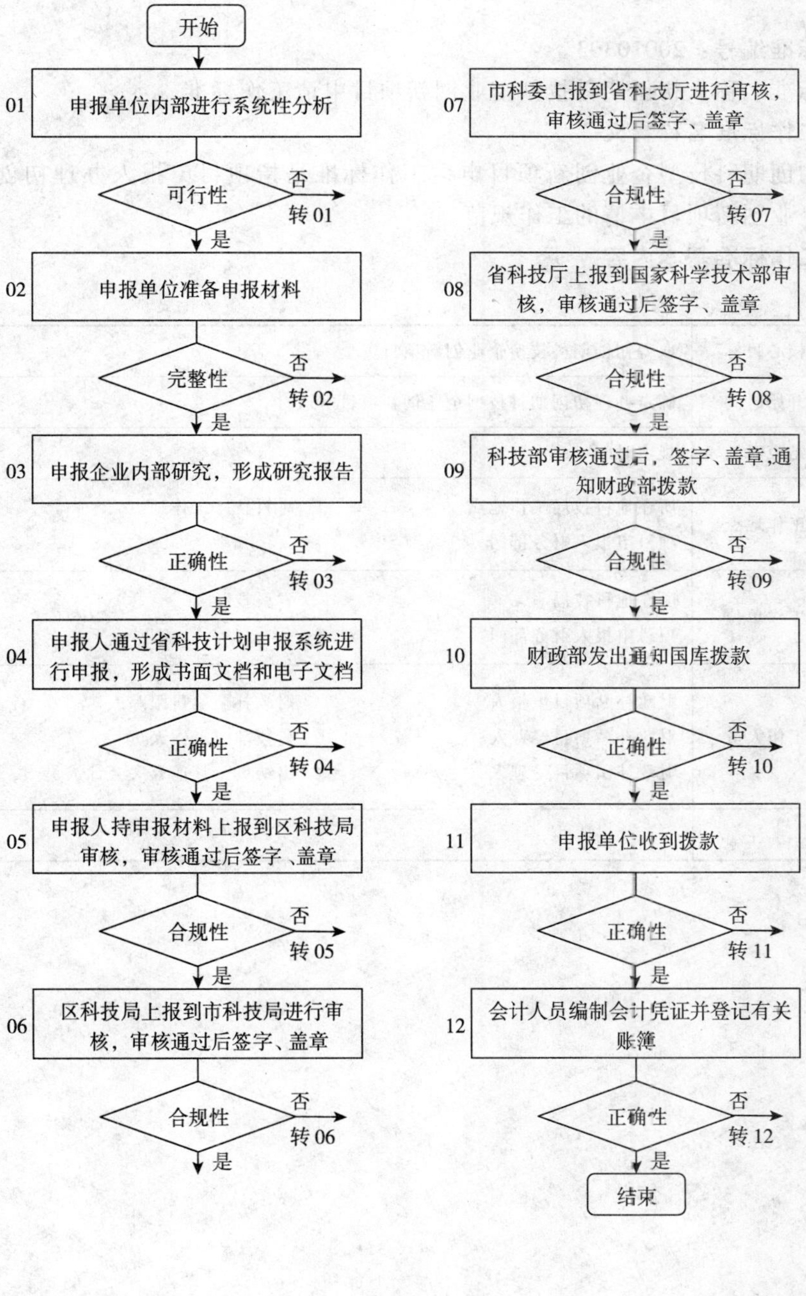
开始
01 申报单位内部进行系统性分析
可行性
否 转01
是
02 申报单位准备申报材料
完整性
否 转02
是
03 申报企业内部研究，形成研究报告
正确性
否 转03
是
04 申报人通过省科技计划申报系统进行申报，形成书面文档和电子文档
正确性
否 转04
是
05 申报人持申报材料上报到区科技局审核，审核通过后签字、盖章
合规性
否 转05
是
06 区科技局上报到市科技局进行审核，审核通过后签字、盖章
合规性
否 转06
是
07 市科委上报到省科支厅进行审核，审核通过后签字、盖章
合规性
否 转07
是
08 省科技厅上报到国家科学技术部审核，审核通过后签字、盖章
合规性
否 转08
是
09 科技部审核通过后，签字、盖章,通知财政部拨款
合规性
否 转09
是
10 财政部发出通知国库拨款
正确性
否 转10
是
11 申报单位收到拨款
正确性
否 转11
是
12 会计人员编制会计凭证并登记有关账簿
正确性
否 转12
是
结束

9.14 初创期科技型企业创新项目申请工作标准

标准编号：20010303

标准名称：初创期科技型企业创新项目申请工作标准

工作标准名称释义

初创期科技型企业创新项目申请工作标准是指项目申报人办理初创期科技型企业创新项目申请的工作规范。

工作标准基本内容

工作核心目标	取得初创期科技型企业创新项目资金	
工作开始时间	确定办理初创期科技型企业创新项目申请时	
工作结束时间	规定时间	
相关工作地点	所在地科技局工作地点 项目申报人财务部门	省科技厅工作地点
相关工作单位	所在地科技局 项目申报人财务部门	省科技厅
相关工作人员	财政补贴项目申报人 财政补贴项目经办人 财政补贴项目受理人	财政补贴项目跟踪人 科技部门工作人员 出纳员、其他有关会计人员
备　　注		

工作标准所需资料

资料类型	编码	资料名称	单位	原件数	复印数
事前准备资料	01	加盖企业公章的企业注册承诺书	份	1	1
	02	企业注册信息表	份	1	1
	03	企业法人营业执照	份	1	1
	04	国税登记证	份	1	1
	05	地税登记证	份	1	1
	06	验资证明	份	1	1
事中产生资料	07	申请书	份	5	1
	08	项目建议书	份	5	1
事后结果资料	09	同意补贴的批文	份	1	1
技术要求资料	10	初创期科技型企业创新项目办法	份	1	0
	11	项目申报指南及填报说明	份	1	0

相关工作标准

标准编号	标准名称
200002	政府补助项目准备工作标准
200003	政府补助项目申报工作标准
200004	政府补助项目申报跟踪工作标准
200005	政府补助项目审批答辩工作标准

工作标准流程图

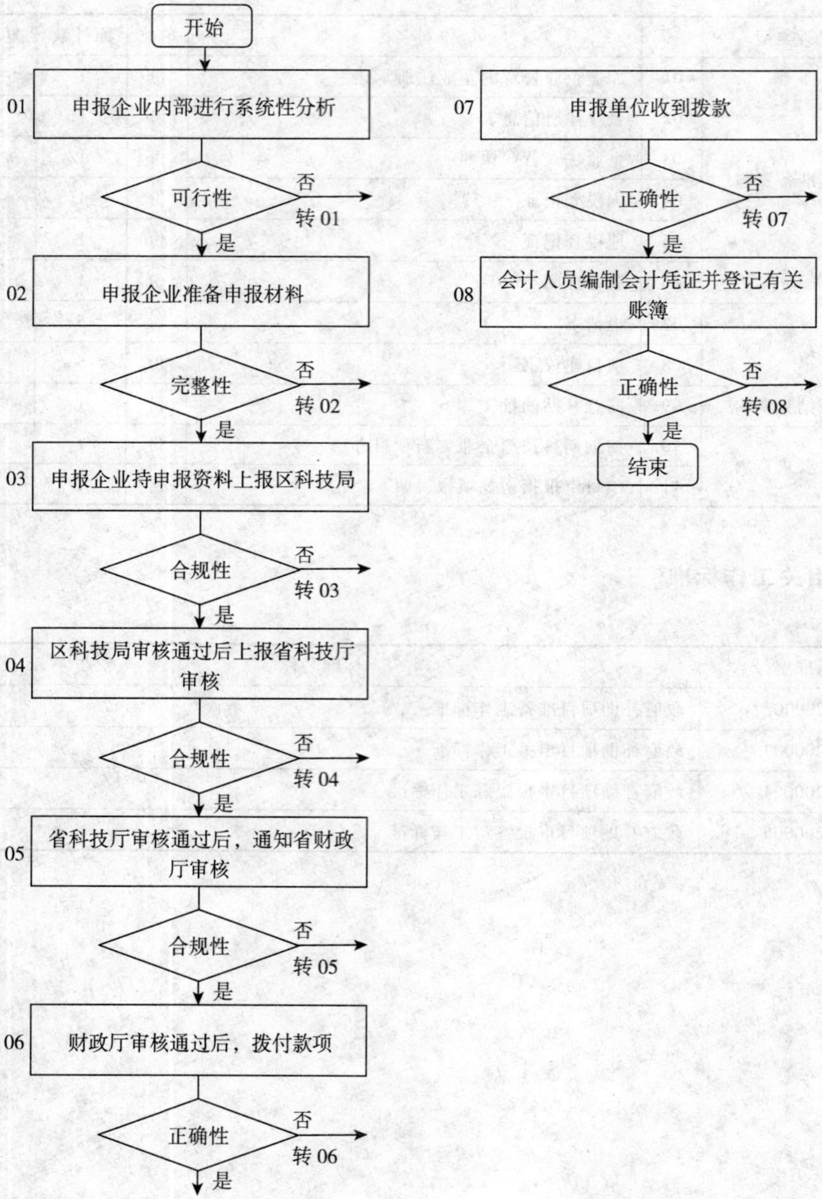
开始
01
申报企业内部进行系统性分析
可行性
否
转 01
是
02
申报企业准备申报材料
完整性
否
转 02
是
03
申报企业持申报资料上报区科技局
合规性
否
转 03
是
04
区科技局审核通过后上报省科技厅审核
合规性
否
转 04
是
05
省科技厅审核通过后，通知省财政厅审核
合规性
否
转 05
是
06
财政厅审核通过后，拨付款项
正确性
否
转 06
是
07
申报单位收到拨款
正确性
否
转 07
是
08
会计人员编制会计凭证并登记有关账簿
正确性
否
转 08
是
结束

9.15 科技成果转化项目申请工作标准

标准编号：20010305

标准名称：科技成果转化项目申请工作标准

工作标准名称释义

科技成果转化项目申请工作标准是指项目申报人办理科技成果转化项目申请的工作规范。

工作标准基本内容

工作核心目标	取得科技成果转化项目资金	
工作开始时间	确定办理科技成果转化项目申请时	
工作结束时间	两周内	
相关工作地点	所在地科技局工作地点 国家科技部工作地点	省科技厅工作地点 项目申报人财务部门
相关工作单位	所在地科技局 国家科技部	省科技厅 项目申报人财务部门
相关工作人员	财政补贴项目申报人 财政补贴项目经办人 财政补贴项目受理人	财政补贴项目跟踪人 科技部门工作人员 出纳员、其他有关会计人员
备　注		

工作标准所需资料

资料类型	编码	资料名称	单位	原件数	复印数
事前准备资料	01	行业许可证	份	1	1
	02	知识产权证	份	1	1
	03	企业营业执照	份	1	1

续表

资料类型	编码	资料名称	单位	原件数	复印数
事中产生资料	04	科技成果转化资金项目申请书	份	5	1
	05	科技成果转化资金项目可行性研究报告	份	1	1
事后结果资料	06	科技成果转化资金项目合同书	份	1	1
技术要求资料	07	技术成果转化资金管理办法	份	1	0

相关工作标准

标准编号	标准名称
200002	政府补助项目准备工作标准
200003	政府补助项目申报工作标准
200004	政府补助项目申报跟踪工作标准
200005	政府补助项目审批答辩工作标准

工作标准流程图

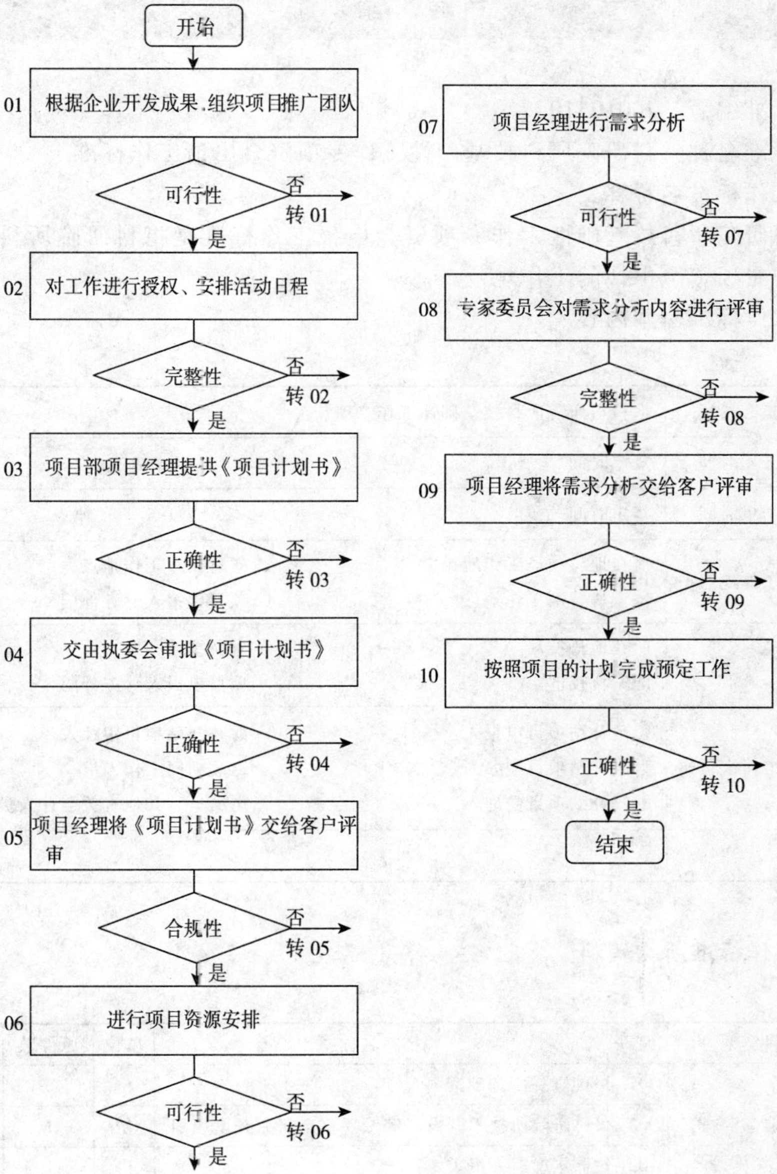
开始
01 根据企业开发成果.组织项目推广团队
可行性
否
转 01
是
02 对工作进行授权、安排活动日程
完整性
否
转 02
是
03 项目部项目经理提供《项目计划书》
正确性
否
转 03
是
04 交由执委会审批《项目计划书》
正确性
否
转 04
是
05 项目经理将《项目计划书》交给客户评审
合规性
否
转 05
是
06 进行项目资源安排
可行性
否
转 06
是
07 项目经理进行需求分析
可行性
否
转 07
是
08 专家委员会对需求分析内容进行评审
完整性
否
转 08
是
09 项目经理将需求分析交给客户评审
正确性
否
转 09
是
10 按照项目的计划完成预定工作
正确性
否
转 10
是
结束

9.16　科研院所科技基础性工作专项资金申请工作标准

标准编号：20010310

标准名称：科研院所科技基础性工作专项资金申请工作标准

工作标准名称释义

科研院所科技基础性工作专项资金申报工作标准是指科研院所科技基础性工作专项资金申报的工作规范。

工作标准基本内容

工作核心目标	取得科研院所科技基础性工作专项资金	
工作开始时间	规定时间	
工作结束时间	规定时间	
相关工作地点	所在地科技局工作地点 国家科技部工作地点	省科技厅工作地点 项目申报人财务部门
相关工作单位	所在地科技局 国家科技部	省科技厅 项目申报人财务部门
相关工作人员	财政补贴项目申报人 财政补贴项目经办人 财政补贴项目受理人	财政补贴项目跟踪人 财政部门工作人员 出纳员、其他有关会计人员
备　　注		

工作标准所需资料

资料类型	编码	资料名称	单位	原件数	复印数
事前准备资料	01	科研院所基础资料	份	5	1
	02	科研院所技术开发研究专项资金研究开发规划	份	1	1
	03	上年度财务报表	份	1	0

续表

资料类型	编码	资料名称	单位	原件数	复印数
事中产生资料	04	科研院所技术开发研究专项资金申请书	份	5	1
事后结果资料	05	项目补贴批文	份	1	1
技术要求资料	06	国家中长期科学和技术发展规划纲要	份	1	0
	07	项目申报指南及填报说明	份	1	0
	08	科研院所技术开发研究专项资金管理暂行办法	份	1	0

相关工作标准

标准编号	标准名称
200002	政府补助项目准备工作标准
200003	政府补助项目申报工作标准
200004	政府补助项目申报跟踪工作标准
200005	政府补助项目审批答辩工作标准

工作标准流程图

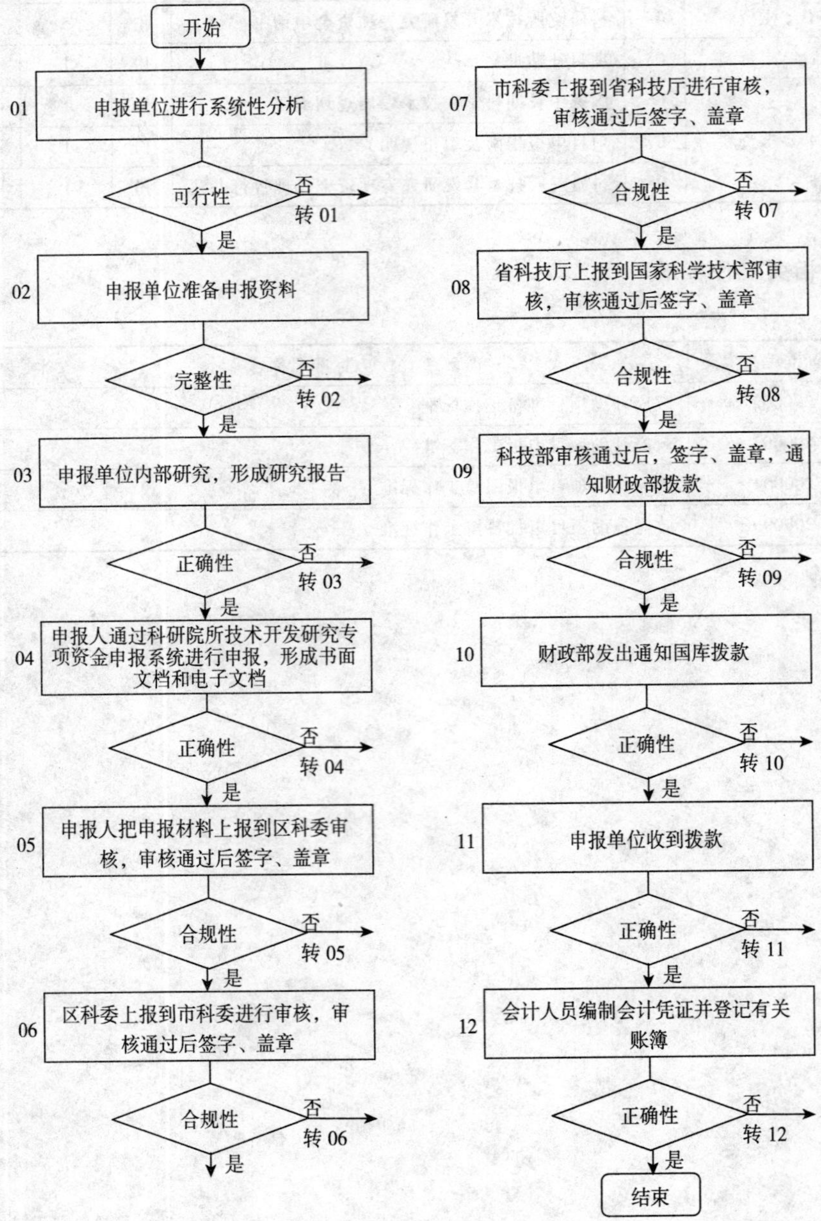
开始
01
申报单位进行系统性分析
可行性
否
转 01
是
02
申报单位准备申报资料
完整性
否
转 02
是
03
申报单位内部研究，形成研究报告
正确性
否
转 03
是
04
申报人通过科研院所技术开发研究专项资金申报系统进行申报，形成书面文档和电子文档
正确性
否
转 04
是
05
申报人把申报材料上报到区科委审核，审核通过后签字、盖章
合规性
否
转 05
是
06
区科委上报到市科委进行审核，审核通过后签字、盖章
合规性
否
转 06
是
07
市科委上报到省科技厅进行审核，审核通过后签字、盖章
合规性
否
转 07
是
08
省科技厅上报到国家科学技术部审核，审核通过后签字、盖章
合规性
否
转 08
是
09
科技部审核通过后，签字、盖章，通知财政部拨款
合规性
否
转 09
是
10
财政部发出通知国库拨款
正确性
否
转 10
是
11
申报单位收到拨款
正确性
否
转 11
是
12
会计人员编制会计凭证并登记有关账簿
正确性
否
转 12
是
结束

9.17 农村劳动力转移培训项目申报工作标准

标准编号：2002010302

标准名称：农村劳动力转移培训项目申报工作标准

工作标准名称释义

农村劳动力转移培训项目申报工作标准是指项目申报人办理农村劳动力转移培训项目申报的工作规范。

工作标准基本内容

工作核心目标	取得农村劳动力转移培训项目资金	
工作开始时间	确定办理农村劳动力转移培训项目申报时	
工作结束时间	两周内	
相关工作地点	区（县）政府工作地点 省政府工作地点 项目申报人财务部门	市政府工作地点 省财政厅工作地点
相关工作单位	乡（镇）政府 省财政厅	省政府 项目申报人财务部门
相关工作人员	财政补贴项目申报人 财政补贴项目经办人 财政补贴项目受理人	财政补贴项目跟踪人 财政部门工作人员 出纳员、其他有关会计人员
备　　注		

工作标准所需资料

资料类型	编码	资料名称	单位	原件数	复印数
事前准备资料	01	相关证明文件	份	1	1
事中产生资料	02	农村劳动力转移培训阳光工程项目申报书	份	1	1
	03	农村劳动力转移培训阳光工程项目培训基地培训申报书	份	1	1
	04	阳光工程示范性培训任务分解汇总表	份	1	1
	05	阳光工程分月统计表	份	1	1
	06	阳光工程转移台账	份	1	1
事后结果资料	07	同意补贴的批文	份	1	1

相关工作标准

标准编号	标准名称
200002	政府补助项目准备工作标准
200003	政府补助项目申报工作标准
200004	政府补助项目申报跟踪工作标准
200005	政府补助项目审批答辩工作标准

工作标准流程图

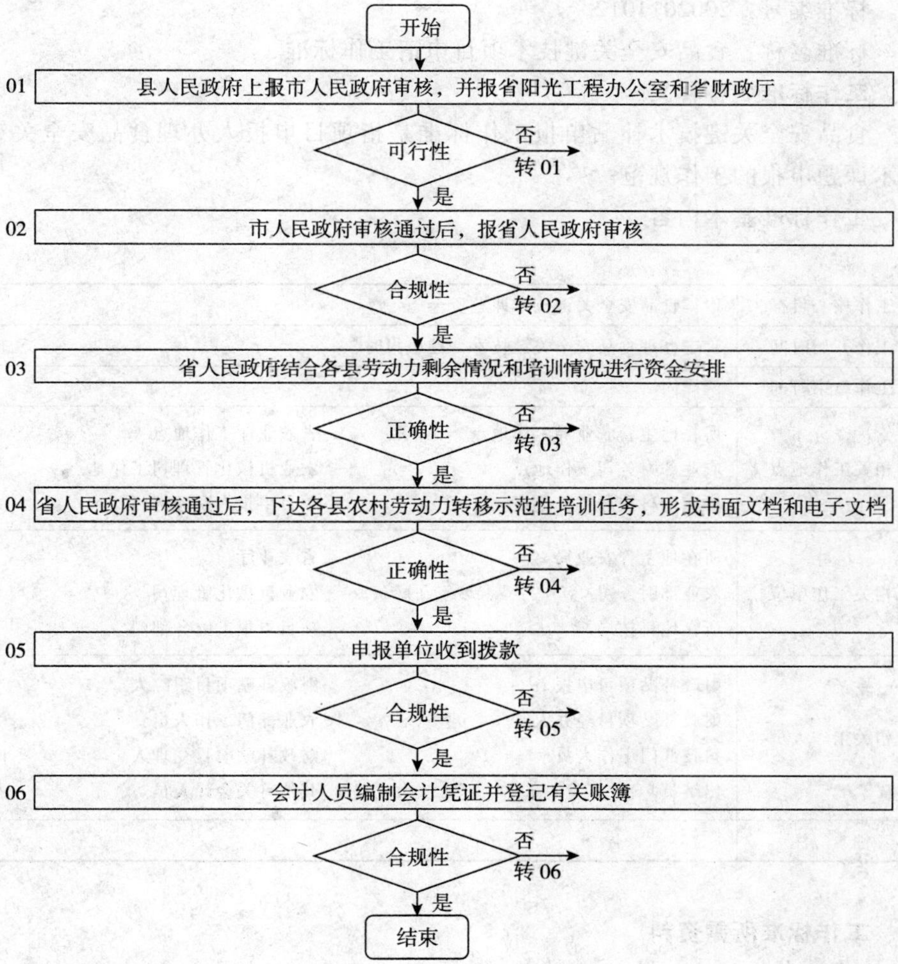
开始
01
县人民政府上报市人民政府审核，并报省阳光工程办公室和省财政厅
可行性
否
转 01
是
02
市人民政府审核通过后，报省人民政府审核
合规性
否
转 02
是
03
省人民政府结合各县劳动力剩余情况和培训情况进行资金安排
正确性
否
转 03
是
04
省人民政府审核通过后，下达各县农村劳动力转移示范性培训任务，形成书面文档和电子文档
正确性
否
转 04
是
05
申报单位收到拨款
合规性
否
转 05
是
06
会计人员编制会计凭证并登记有关账簿
合规性
否
转 06
是
结束

9.18 食品安全关键技术项目申请工作标准

标准编号：2002011012

标准名称：食品安全关键技术项目申请工作标准

工作标准名称释义

食品安全关键技术补贴申报工作标准是指项目申报人办理食品安全关键技术课题申报的工作规范。

工作标准基本内容

工作核心目标	取得食品安全关键技术课题资金	
工作开始时间	确定办理食品安全关键技术课题申报时	
工作结束时间	两周内	
相关工作地点	所在地主管农业局工作地点 农业部财务司工作地点 所在地科技局工作地点	省农业厅工作地点 农业机械化管理司工作地点 项目申报人财务部门
相关工作单位	所在地主管农业局 农业部财务司 所在地科技局	省农业厅 农业机械化管理司 项目申报人财务部门
相关工作人员	财政补贴项目申报人 财政补贴项目经办人 科技部门工作人员 出纳员	财政补贴项目跟踪人 农业部门工作人员 财政补贴项目受理人 其他有关会计人员
备　　注		

工作标准所需资料

资料类型	编码	资料名称	单位	原件数	复印数
事前准备资料	01	申请单位营业执照或法人代码证	份	1	1
	02	申请单位资信证明	份	1	1

续表

资料类型	编码	资料名称	单位	原件数	复印数
事中产生资料	03	申请函	份	1	1
	04	申请人资格审查文件	份	1	1
	05	课题申报书	份	1	1
	06	课题预算申报书	份	1	1
	07	申请单位承诺函	份	1	1
	08	联合申请合作协议	份	1	1
	09	申请单位资格申明函	份	1	1
	10	配套经费承诺函	份	1	1
	11	近两年资产负债表	份	1	1
	12	损益表及现金流量表	份	1	1
事后结果资料	13	同意补贴的批文	份	1	1
技术要求资料	14	关于国家科技计划项目预算管理有关事项的通知	份	1	0
	15	国家科技支撑计划课题任务书	份	1	0
	16	国家科技支撑计划管理暂行办法	份	1	0

相关工作标准

标准编号	标准名称
200002	政府补助项目准备工作标准
200003	政府补助项目申报工作标准
200004	政府补助项目申报跟踪工作标准
200005	政府补助项目审批答辩工作标准

工作标准流程图

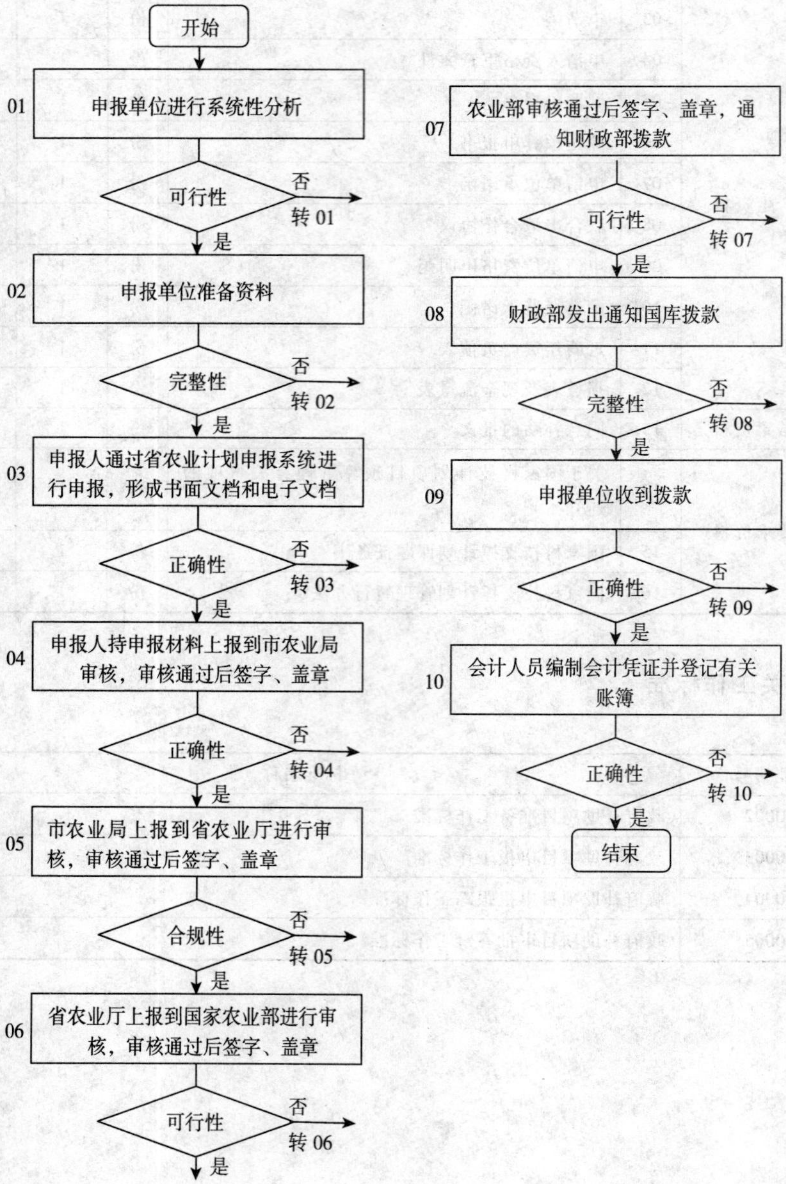
开始
01
申报单位进行系统性分析
可行性
否
转 01
是
02
申报单位准备资料
完整性
否
转 02
是
03
申报人通过省农业计划申报系统进行申报，形成书面文档和电子文档
正确性
否
转 03
是
04
申报人持申报材料上报到市农业局审核，审核通过后签字、盖章
正确性
否
转 04
是
05
市农业局上报到省农业厅进行审核，审核通过后签字、盖章
合规性
否
转 05
是
06
省农业厅上报到国家农业部进行审核，审核通过后签字、盖章
可行性
否
转 06
是
07
农业部审核通过后签字、盖章，通知财政部拨款
可行性
否
转 07
是
08
财政部发出通知国库拨款
完整性
否
转 08
是
09
申报单位收到拨款
正确性
否
转 09
是
10
会计人员编制会计凭证并登记有关账簿
正确性
否
转 10
是
结束

9.19　集成电路研发及产业化资金申请工作标准

标准编号：2003010102

标准名称：集成电路研发及产业化资金申请工作标准

工作标准名称释义

集成电路研发及产业化资金申请工作标准是指项目申报人办理集成电路研发及产业化资金申请的工作规范。

工作标准基本内容

工作核心目标	取得集成电路研发及产业化资金	
工作开始时间	确定办理集成电路研发及产业化资金申请时	
工作结束时间	两周内	
相关工作地点	所在地科技局工作地点 国家科技部工作地点	省科技厅工作地点 项目申报人财务部门
相关工作单位	所在地科技局 国家科技部	省科技厅 项目申报人财务部门
相关工作人员	项目组成员 出纳员	科技部门工作人员 其他有关会计人员
备　　注	项目组成员：财政补贴项目申报人、财政补贴项目跟踪人、财政补贴项目经办人、财政补贴项目受理人	

工作标准所需资料

资料类型	编码	资料名称	单位	原件数	复印数
事前准备资料	01	营业执照	份	1	1
	02	法人代码证书	份	1	1
	03	集成电路企业认定证明	份	1	1
	04	完税证明	份	1	1
	05	专利证明	份	1	1

续表

资料类型	编码	资料名称	单位	原件数	复印数
事中产生资料	06	申请报告	份	1	1
	07	项目申请书	份	5	1
	08	近两年主要财务指标表	份	1	3
	09	财务审计报告	份	2	2
事后结果资料	10	项目补贴批文	份	1	1
技术要求资料	11	集成电路产业研究与开发专项资金申报指南	份	1	0
	12	集成电路产业研究与开发专项资金管理办法	份	1	0

相关工作标准

标准编号	标准名称
200002	政府补助项目准备工作标准
200003	政府补助项目申报工作标准
200004	政府补助项目申报跟踪工作标准
200005	政府补助项目审批答辩工作标准

工作标准流程图

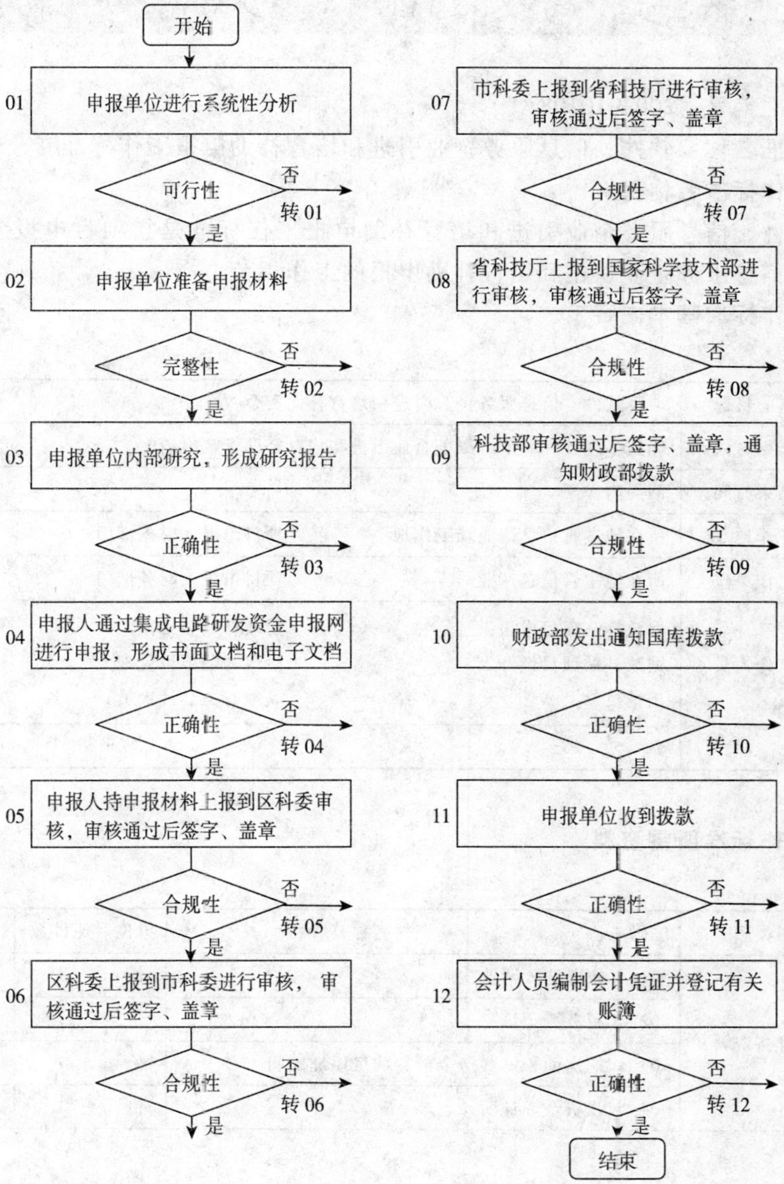
开始
01
申报单位进行系统性分析
可行性
否
转 01
是
02
申报单位准备申报材料
完整性
否
转 02
是
03
申报单位内部研究，形成研究报告
正确性
否
转 03
是
04
申报人通过集成电路研发资金申报网进行申报，形成书面文档和电子文档
正确性
否
转 04
是
05
申报人持申报材料上报到区科委审核，审核通过后签字、盖章
合规性
否
转 05
是
06
区科委上报到市科委进行审核，审核通过后签字、盖章
合规性
否
转 06
是
07
市科委上报到省科技厅进行审核，审核通过后签字、盖章
合规性
否
转 07
是
08
省科技厅上报到国家科学技术部进行审核，审核通过后签字、盖章
合规性
否
转 08
是
09
科技部审核通过后签字、盖章，通知财政部拨款
合规性
否
转 09
是
10
财政部发出通知国库拨款
正确性
否
转 10
是
11
申报单位收到拨款
正确性
否
转 11
是
12
会计人员编制会计凭证并登记有关账簿
正确性
否
转 12
是
结束

9.20 软件、信息服务企业引进和培育补助申报工作标准

标准编号：2003010108

标准名称：软件、信息服务企业引进和培育补助申报工作标准

工作标准名称释义

软件、信息服务企业引进和培育补助申报工作标准是指项目申报人办理软件、信息服务企业引进和培育补助申报的工作规范。

工作标准基本内容

工作核心目标	取得软件、信息服务企业引进和培育补助资金	
工作开始时间	确定办理软件、信息服务企业引进和培育补助资金申请时	
工作结束时间	两周内	
相关工作地点	所在地主管信息产业局工作地	项目申报人财务部门
相关工作单位	所在地主管信息产业局	项目申报人财务部门
相关工作人员	财政补贴项目申报人 财政补贴项目经办人 出纳员	财政补贴项目跟踪人 财政补贴项目受理人 其他有关会计人员
备　注		

工作标准所需资料

资料类型	编码	资料名称	单位	原件数	复印数
事前准备资料	01	企业法人营业执照	份	1	1
	02	税务登记证	份	1	1
	03	购房面积、购房金额、购房地址证明	份	1	1
	04	投资金额证明	份	1	1

续表

资料类型	编码	资料名称	单位	原件数	复印数
事中产生资料	05	项目申请表	份	5	1
	06	项目申报表	份	5	1
事后结果资料	07	同意补贴的批文	份	1	1
技术要求资料	08	项目管理办法及申报指南	份	1	0

相关工作标准

标准编号	标准名称
200002	政府补助项目准备工作标准
200003	政府补助项目申报工作标准
200004	政府补助项目申报跟踪工作标准
200005	政府补助项目审批答辩工作标准

工作标准流程图

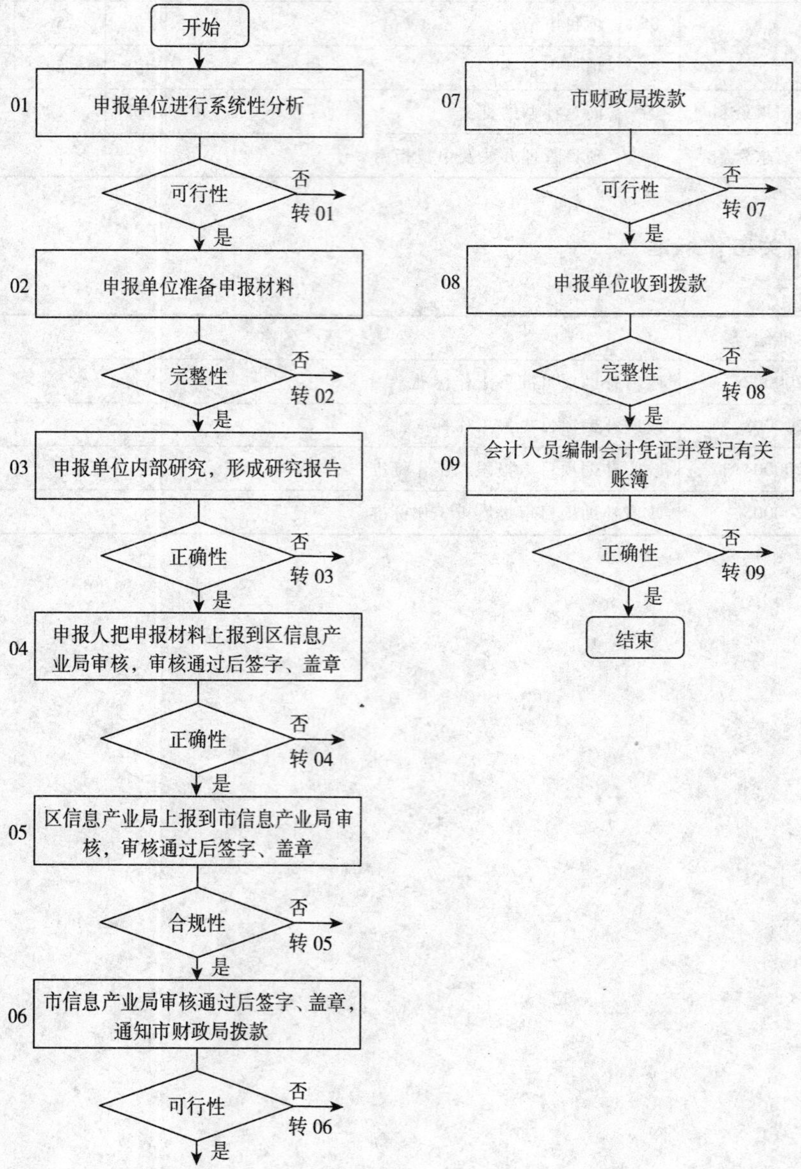
开始
01
申报单位进行系统性分析
可行性
否
转 01
是
02
申报单位准备申报材料
完整性
否
转 02
是
03
申报单位内部研究，形成研究报告
正确性
否
转 03
是
04
申报人把申报材料上报到区信息产业局审核，审核通过后签字、盖章
正确性
否
转 04
是
05
区信息产业局上报到市信息产业局审核，审核通过后签字、盖章
合规性
否
转 05
是
06
市信息产业局审核通过后签字、盖章，通知市财政局拨款
可行性
否
转 06
是
07
市财政局拨款
可行性
否
转 07
是
08
申报单位收到拨款
完整性
否
转 08
是
09
会计人员编制会计凭证并登记有关账簿
正确性
否
转 09
是
结束

9.21　可再生能源建筑应用示范项目申请工作标准

标准编号：2004010101

标准名称：可再生能源建筑应用示范项目申请工作标准

工作标准名称释义

可再生能源建筑应用示范项目申报工作标准是指项目申报人办理可再生能源建筑应用示范项目申报的工作规范。

工作标准基本内容

工作核心目标	取得可再生能源建筑应用示范项目资金
工作开始时间	确定办理可再生能源建筑应用示范项目申报时
工作结束时间	两周内
相关工作地点	所在地建设部门工作地点　省建设厅工作地点 国家建设部工作地点　国家财政部工作地点 项目申报人财务部门
相关工作单位	所在地建设部门　省建设厅 国家建设部　国家财政部 项目申报人财务部门
相关工作人员	财政补贴项目申报人　财政补贴项目跟踪人 财政补贴项目经办人　财政部门工作人员 财政补贴项目受理人　出纳员、其他有关会计人员
备　　注	

工作标准所需资料

资料类型	编码	资料名称	单位	原件数	复印数
事前准备资料	01	项目规划证等	份	1	1
	02	项目投资审计报告	份	1	1
	03	项目验收报告	份	1	1

续表

资料类型	编码	资料名称	单位	原件数	复印数
事中产生资料	04	申报表	份	5	1
	05	申报书	份	5	1
	06	产品质量检测报告	份	1	1
	07	上年度财务报表	份	1	3
	08	项目可行性研究报告	份	1	1
事后结果资料	09	可再生能源建筑应用示范项目审批文件	份	1	1
技术要求资料	10	可再生能源建筑应用示范专项资金管理暂行办法	份	1	0
	11	项目申报指南	份	1	0

相关工作标准

标准编号	标准名称
200002	政府补助项目准备工作标准
200003	政府补助项目申报工作标准
200004	政府补助项目申报跟踪工作标准
200005	政府补助项目审批答辩工作标准

工作标准流程图

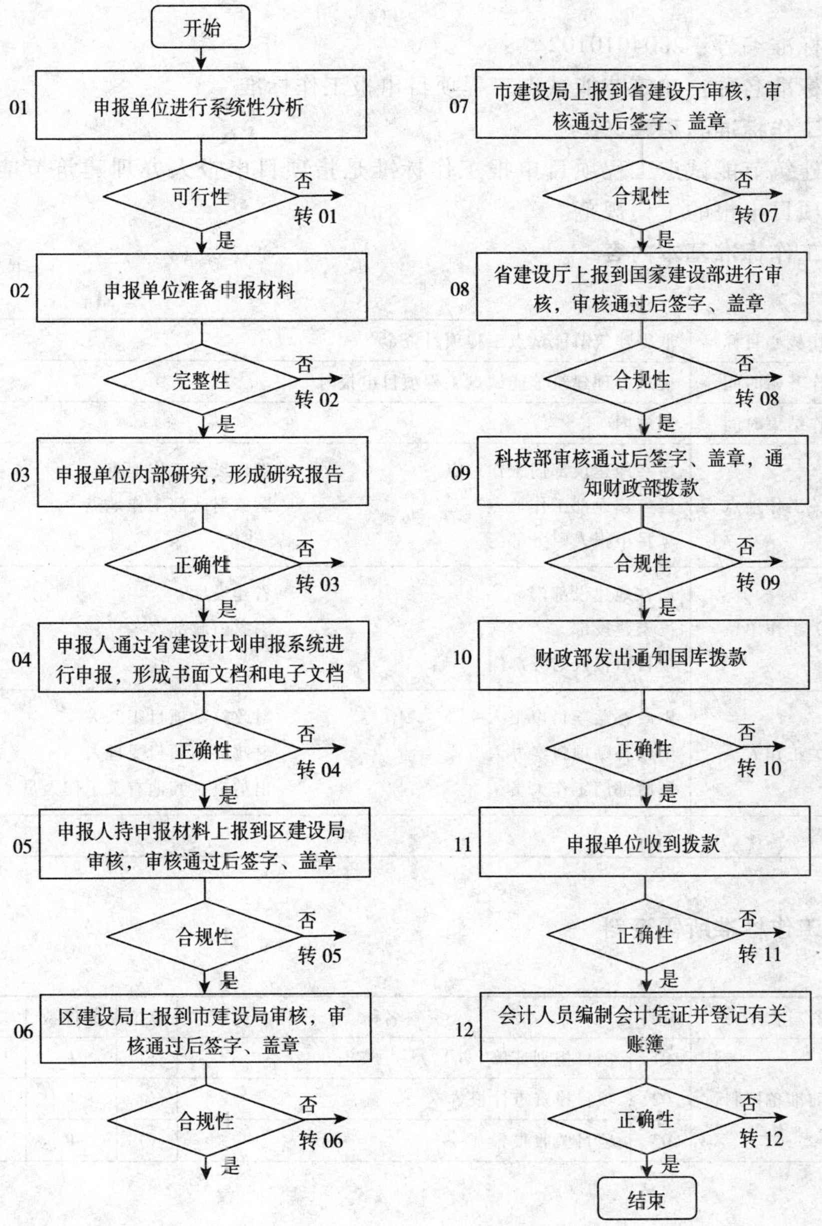
开始
01
申报单位进行系统性分析
可行性
否
转 01
是
02
申报单位准备申报材料
完整性
否
转 02
是
03
申报单位内部研究，形成研究报告
正确性
否
转 03
是
04
申报人通过省建设计划申报系统进行申报，形成书面文档和电子文档
正确性
否
转 04
是
05
申报人持申报材料上报到区建设局审核，审核通过后签字、盖章
合规性
否
转 05
是
06
区建设局上报到市建设局审核，审核通过后签字、盖章
合规性
否
转 06
是
07
市建设局上报到省建设厅审核，审核通过后签字、盖章
合规性
否
转 07
是
08
省建设厅上报到国家建设部进行审核，审核通过后签字、盖章
合规性
否
转 08
是
09
科技部审核通过后签字、盖章，通知财政部拨款
合规性
否
转 09
是
10
财政部发出通知国库拨款
正确性
否
转 10
是
11
申报单位收到拨款
正确性
否
转 11
是
12
会计人员编制会计凭证并登记有关账簿
正确性
否
转 12
是
结束

9.22　建筑节能试点工程项目申报工作标准

标准编号：2004010102

标准名称：建筑节能试点工程项目申报工作标准

工作标准名称释义

建筑节能试点工程项目申报工作标准是指项目申报人办理建筑节能试点工程项目申报的工作规范。

工作标准基本内容

工作核心目标	取得建筑节能试点工程项目资金	
工作开始时间	确定办理建筑节能试点工程项目申报时	
工作结束时间	两周内	
相关工作地点	所在地建设部门工作地点 国家建设部工作地点 项目申报人财务部门	省建设厅工作地点 国家财政部工作地点
相关工作单位	所在地建设部门 国家建设部 项目申报人财务部门	省建设厅 国家财政部
相关工作人员	财政补贴项目申报人 财政补贴项目经办人 财政部门工作人员	财政补贴项目跟踪人 财政补贴项目受理人 出纳员、其他有关工作人员
备　　注		

工作标准所需资料

资料类型	编码	资料名称	单位	原件数	复印数
事前准备资料	01	项目规划证等	份	1	1
	02	项目投资审计报告	份	1	1
	03	项目验收报告	份	1	1

续表

资料类型	编码	资料名称	单位	原件数	复印数
事中产生资料	04	项目申请书	份	5	1
	05	项目建议书	份	5	1
	06	产品质量检测报告	份	1	1
	07	上年度财务报表	份	1	3
	08	项目可行性研究报告	份	1	1
事后结果资料	09	建筑节能试点工程项目简表	份	1	1
	10	项目节能试点工程汇总表	份	1	1
技术要求资料	11	关于组织申报建筑节能试点工程的通知	份	1	0
	12	填报说明	份	1	0

相关工作标准

标准编号	标准名称
200002	政府补助项目准备工作标准
200003	政府补助项目申报工作标准
200004	政府补助项目申报跟踪工作标准
200005	政府补助项目审批答辩工作标准

工作标准流程图

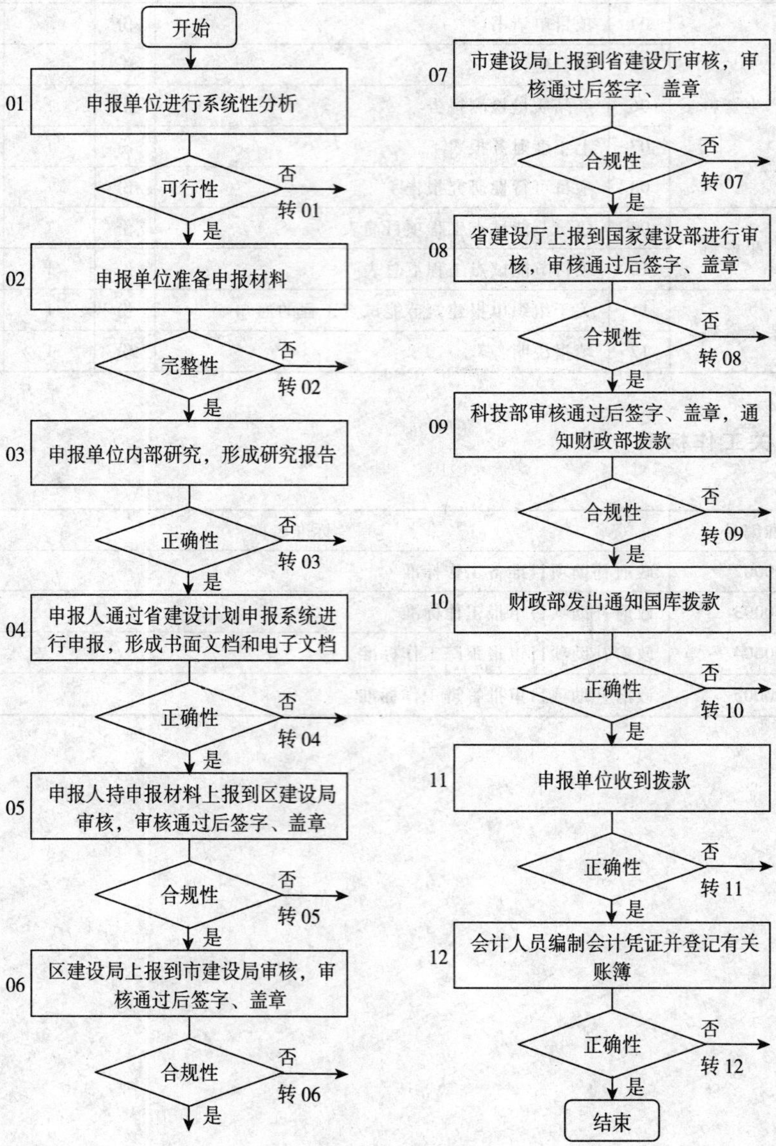
开始
01
申报单位进行系统性分析
可行性
否
转 01
是
02
申报单位准备申报材料
完整性
否
转 02
是
03
申报单位内部研究，形成研究报告
正确性
否
转 03
是
04
申报人通过省建设计划申报系统进行申报，形成书面文档和电子文档
正确性
否
转 04
是
05
申报人持申报材料上报到区建设局审核，审核通过后签字、盖章
合规性
否
转 05
是
06
区建设局上报到市建设局审核，审核通过后签字、盖章
合规性
否
转 06
是
07
市建设局上报到省建设厅审核，审核通过后签字、盖章
合规性
否
转 07
是
08
省建设厅上报到国家建设部进行审核，审核通过后签字、盖章
合规性
否
转 08
是
09
科技部审核通过后签字、盖章，通知财政部拨款
合规性
否
转 09
是
10
财政部发出通知国库拨款
正确性
否
转 10
是
11
申报单位收到拨款
正确性
否
转 11
是
12
会计人员编制会计凭证并登记有关账簿
正确性
否
转 12
是
结束

9.23 墙体材料革新与建筑节能专项资金申报工作标准

标准编号：200401C103

标准名称：墙体材料革新与建筑节能专项资金申报工作标准

工作标准名称释义

墙体材料革新与建筑节能专项资金申报工作标准是指项目申报人办理墙体材料革新与建筑节能专项资金申报的工作规范。

工作标准基本内容

工作核心目标	取得墙体材料革新与建筑节能专项资金	
工作开始时间	确定办理墙体材料革新与建筑节能专项资金申报时	
工作结束时间	两周内	
相关工作地点	所在地建设部门工作地点 国家建设部工作地点 项目申报人财务部门	省建设厅工作地点 国家财政部工作地点
相关工作单位	所在地建设部门 国家建设部 项目申报人财务部门	省建设厅 国家财政部
相关工作人员	财政补贴项目申报人 财政补贴项目经办人 财政部门工作人员	财政补贴项目跟踪人 财政补贴项目受理人 出纳员、其他有关工作人员
备　　注		

工作标准所需资料

资料类型	编码	资料名称	单位	原件数	复印数
事前准备资料	01	项目规划证等	份	1	1
	02	项目投资审计报告	份	1	1
	03	项目验收报告	份	1	1
事中产生资料	04	项目申请书	份	5	1
	05	项目建议书	份	5	1
	06	设计图纸	份	1	1
	07	预算文件	份	1	1
	08	产品质量检测报告	份	1	1
	09	上年度财务报表	份	1	3
	10	项目可行性研究报告	份	1	1
事后结果资料	11	项目立项审批文件	份	1	1
技术要求资料	12	项目填报说明	份	1	0

相关工作标准

标准编号	标准名称
200002	政府补助项目准备工作标准
200003	政府补助项目申报工作标准
200004	政府补助项目申报跟踪工作标准
200005	政府补助项目审批答辩工作标准

工作标准流程图

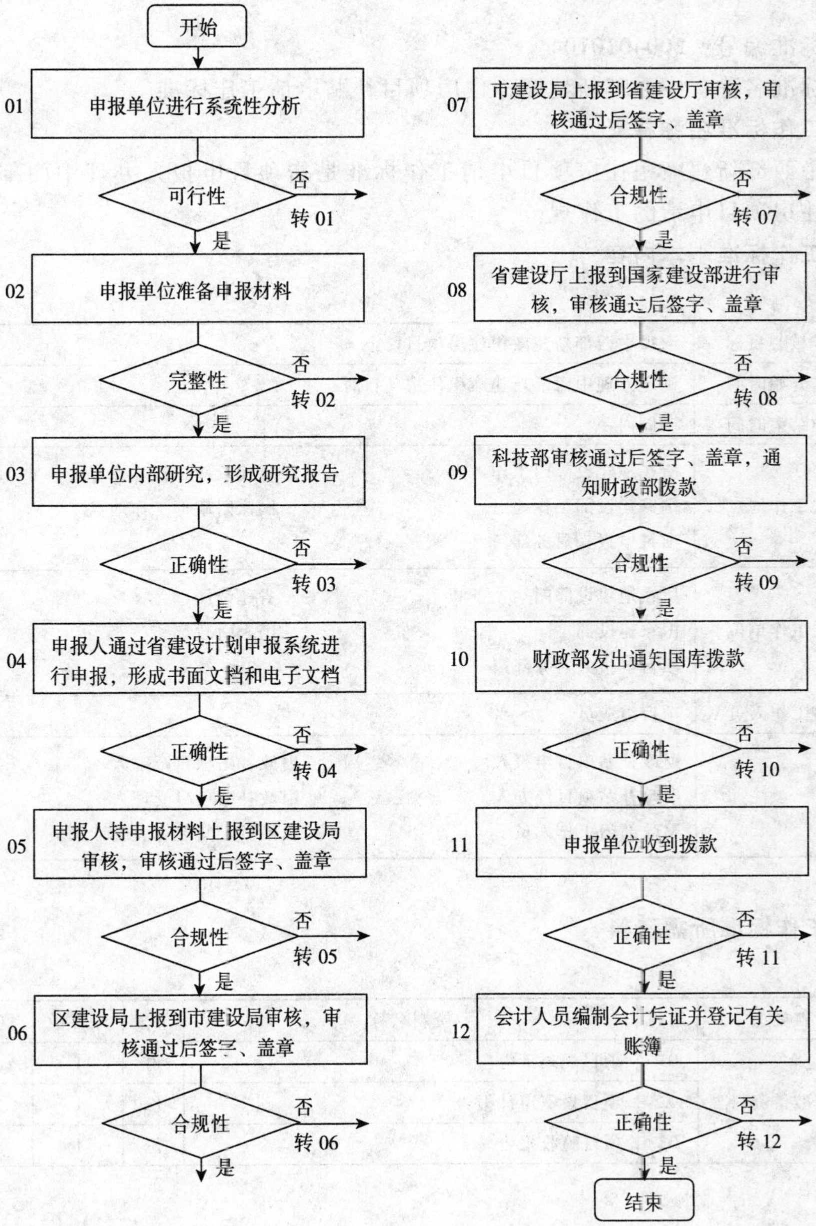
开始
01 申报单位进行系统性分析
可行性
否
转 01
是
02 申报单位准备申报材料
完整性
否
转 02
是
03 申报单位内部研究，形成研究报告
正确性
否
转 03
是
04 申报人通过省建设计划申报系统进行申报，形成书面文档和电子文档
正确性
否
转 04
是
05 申报人持申报材料上报到区建设局审核，审核通过后签字、盖章
合规性
否
转 05
是
06 区建设局上报到市建设局审核，审核通过后签字、盖章
合规性
否
转 06
是
07 市建设局上报到省建设厅审核，审核通过后签字、盖章
合规性
否
转 07
是
08 省建设厅上报到国家建设部进行审核，审核通过后签字、盖章
合规性
否
转 08
是
09 科技部审核通过后签字、盖章，通知财政部拨款
合规性
否
转 09
是
10 财政部发出通知国库拨款
正确性
否
转 10
是
11 申报单位收到拨款
正确性
否
转 11
是
12 会计人员编制会计凭证并登记有关账簿
正确性
否
转 12
是
结束

9.24 中西部新建廉租住房项目补贴申请工作标准

标准编号：2004010104

标准名称：中西部新建廉租住房项目补贴申请工作标准

工作标准名称释义

中西部新建廉租住房项目申请工作标准是指项目申报人办理中西部新建廉租住房项目申请的工作规范。

工作标准基本内容

工作核心目标	取得中西部新建廉租住房项目资金	
工作开始时间	确定办理中西部新建廉租住房项目时	
工作结束时间	两周内	
相关工作地点	所在地建设部门工作地点 国家建设部工作地点 项目申报人财务部门	省建设厅工作地点 国家财政部工作地点
相关工作单位	所在地建设部门 国家建设部 项目申报人财务部门	省建设厅 国家财政部
相关工作人员	项目组成员	
备注	财政补贴项目申报人 财政补贴项目经办人 财政部门工作人员	财政补贴项目跟踪人 财政补贴项目受理人 出纳员、其他有关会计人员

工作标准所需资料

资料类型	编码	资料名称	单位	原件数	复印数
事前准备资料	01	项目规划证等	份	1	1
	02	项目投资审计报告	份	1	1
	03	项目验收报告	份	1	1

续表

资料类型	编码	资料名称	单位	原件数	复印数
事中产生资料	04	项目申请书	份	5	1
	05	项目建议书	份	5	1
	06	产品质量检测报告	份	1	1
	07	上年度财务报表	份	1	3
	08	项目可行性研究报告	份	1	1
事后结果资料	09	同意补贴的批文	份	1	1
技术要求资料	10	国务院关于解决城市低收入家庭住房困难的若干意见	份	1	0
	11	中央廉租住房保障专项补助资金实施办法	份	1	0
	12	填报说明	份	1	0

相关工作标准

标准编号	标准名称
200002	政府补助项目准备工作标准
200003	政府补助项目申报工作标准
200004	政府补助项目申报跟踪工作标准
200005	政府补助项目审批答辩工作标准

工作标准流程图

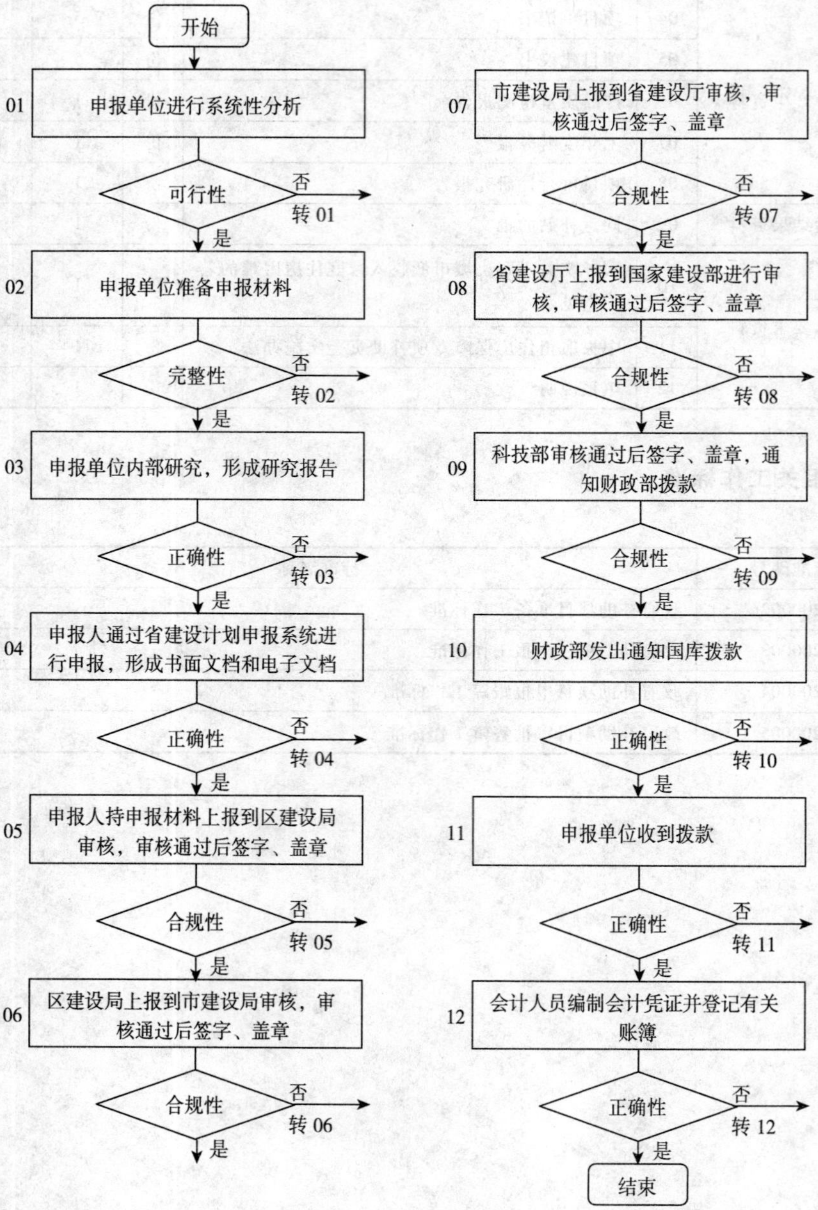
开始
01
申报单位进行系统性分析
可行性
否
转 01
是
02
申报单位准备申报材料
完整性
否
转 02
是
03
申报单位内部研究，形成研究报告
正确性
否
转 03
是
04
申报人通过省建设计划申报系统进行申报，形成书面文档和电子文档
正确性
否
转 04
是
05
申报人持申报材料上报到区建设局审核，审核通过后签字、盖章
合规性
否
转 05
是
06
区建设局上报到市建设局审核，审核通过后签字、盖章
合规性
否
转 06
是
07
市建设局上报到省建设厅审核，审核通过后签字、盖章
合规性
否
转 07
是
08
省建设厅上报到国家建设部进行审核，审核通过后签字、盖章
合规性
否
转 08
是
09
科技部审核通过后签字、盖章，通知财政部拨款
合规性
否
转 09
是
10
财政部发出通知国库拨款
正确性
否
转 10
是
11
申报单位收到拨款
正确性
否
转 11
是
12
会计人员编制会计凭证并登记有关账簿
正确性
否
转 12
是
结束

9.25　基建贷款财政贴息申请工作标准

标准编号：2004010105

标准名称：基建贷款财政贴息申请工作标准

工作标准名称释义

基建贷款中央财政贴息资金申报工作标准是指项目申报人办理基建贷款中央财政贴息资金申报的工作规范。

工作标准基本内容

工作核心目标	取得基建贷款中央财政贴息资金	
工作开始时间	确定办理基建贷款中央财政贴息资金申报时	
工作结束时间	规定时间	
相关工作地点	所在地建设部门工作地点 财政部门工作地点	建设厅工作地点 项目申报人财务部门
相关工作单位	所在地建设部门 财政部门	省建设厅 项目申报人财务部门
相关工作人员	财政补贴项目申报人 财政补贴项目经办人 财政补贴项目受理人	财政补贴项目跟踪人 财政部门工作人员 出纳员、其他有关会计人员
备　　注		

工作标准所需资料

资料类型	编码	资料名称	单位	原件数	复印数
事前准备资料	01	行业许可证	份	1	1
	02	知识产权证	份	1	1
	03	用户意见	份	1	1

续表

资料类型	编码	资料名称	单位	原件数	复印数
事中产生资料	04	基本建设贷款财政贴息申请表	份	5	1
	05	项目建议书	份	5	1
	06	基本建设项目批准文件	份	1	1
	07	借款合同	份	1	1
	08	银行贷款到位凭证、银行签证利息单	份	1	1
	09	贷款经办意见及其他相关资料	份	1	1
	10	产品质量检测报告	份	1	1
	11	上年度财务报表	份	1	1
	12	项目可行性研究报告	份	1	1
	13	专员办审核审批受理表	份	1	1
	14	专员办审核审批承办表	份	1	1
事后结果资料	15	同意补贴的批文	份	1	1
技术要求资料	16	基建贷款中央财政贴息资金管理办法	份	1	0
	17	中西部等地区国家级经济技术开发区基础设施项目贷款财政贴息资金管理办法	份	1	0
	18	填报说明	份	1	0

相关工作标准

标准编码	标准名称
200002	政府补助项目准备工作标准
200003	政府补助项目申报工作标准
200004	政府补助项目申报跟踪工作标准
200005	政府补助项目审批答辩工作标准

工作标准流程图

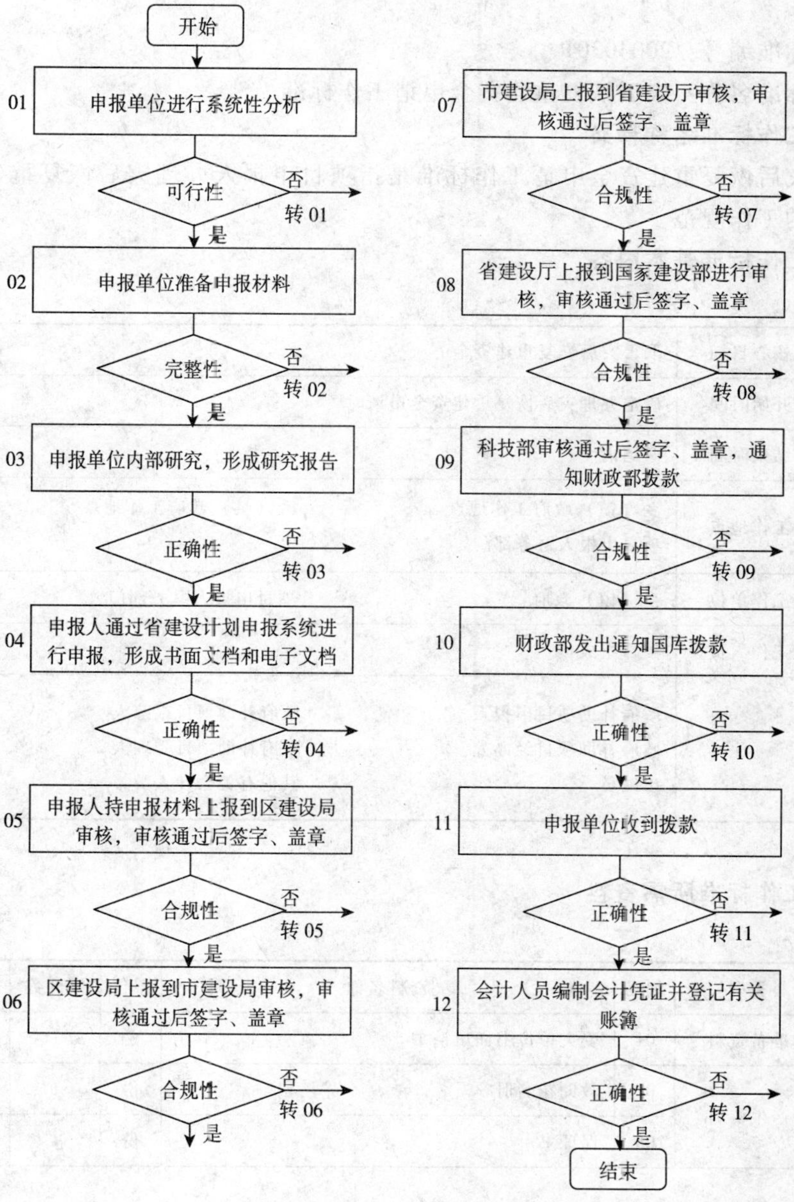
开始
01
申报单位进行系统性分析
可行性
否
转 01
是
02
申报单位准备申报材料
完整性
否
转 02
是
03
申报单位内部研究，形成研究报告
正确性
否
转 03
是
04
申报人通过省建设计划申报系统进行申报，形成书面文档和电子文档
正确性
否
转 04
是
05
申报人持申报材料上报到区建设局审核，审核通过后签字、盖章
合规性
否
转 05
是
06
区建设局上报到市建设局审核，审核通过后签字、盖章
合规性
否
转 06
是
07
市建设局上报到省建设厅审核，审核通过后签字、盖章
合规性
否
转 07
是
08
省建设厅上报到国家建设部进行审核，审核通过后签字、盖章
合规性
否
转 08
是
09
科技部审核通过后签字、盖章，通知财政部拨款
合规性
否
转 09
是
10
财政部发出通知国库拨款
正确性
否
转 10
是
11
申报单位收到拨款
正确性
否
转 11
是
12
会计人员编制会计凭证并登记有关账簿
正确性
否
转 12
是
结束

9.26　灾后恢复重建资金申请工作标准

标准编号：20040301

标准名称：灾后恢复重建资金申请工作标准

工作标准名称释义

灾后恢复重建资金申请工作标准是指项目申报人办理灾后恢复重建资金申请的工作规范。

工作标准基本内容

工作核心目标	取得灾后恢复重建资金	
工作开始时间	确定办理灾后恢复重建资金申请时	
工作结束时间	两周内	
相关工作地点	乡（镇）政府工作地点 项目申报人财务部门	区（县）政府工作地点
相关工作单位	乡（镇）政府	项目申报人财务部门
相关工作人员	项目组成员	
备　　注	政府补助项目申报人 政府补助项目经办人 出纳员	政府补助项目跟踪人 政府补助项目受理人 其他有关会计人员

工作标准所需资料

资料类型	编码	资料名称	单位	原件数	复印数
事前准备资料	01	受灾单位书面申请书	份	1	1
事中产生资料	02	救助花名册	份	1	1
	03	保证书	份	1	1

续表

资料类型	编码	资料名称	单位	原件数	复印数
事后结果资料	04	民政部门同意补助的批文	份	1	1
	05	补助资金	元		
技术要求资料	06	政存救灾资金管理办法	份	1	0

相关工作标准

标准编码	标准名称
200002	政府补助项目准备工作标准
200003	政府补助项目申报工作标准
200004	政府补助项目申报跟踪工作标准
200005	政府补助项目审批答辩工作标准

工作标准流程图

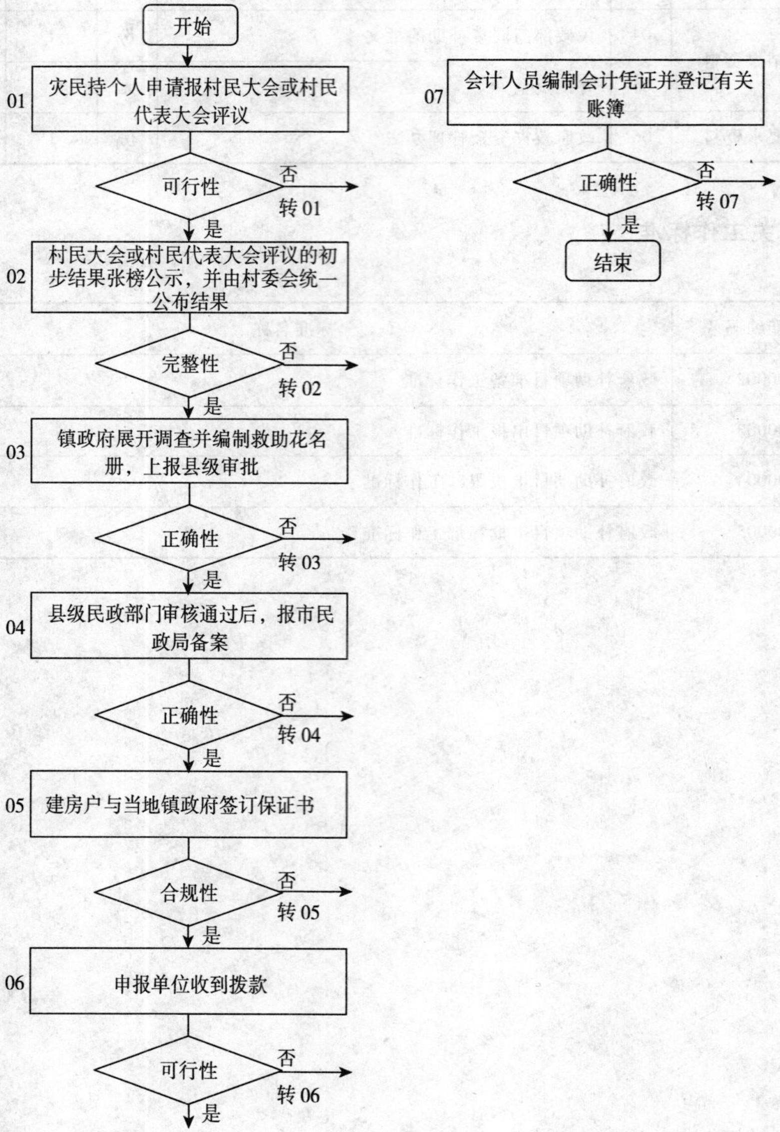
开始
01
灾民持个人申请报村民大会或村民代表大会评议
可行性
否
转01
是
02
村民大会或村民代表大会评议的初步结果张榜公示，并由村委会统一公布结果
完整性
否
转02
是
03
镇政府展开调查并编制救助花名册，上报县级审批
正确性
否
转03
是
04
县级民政部门审核通过后，报市民政局备案
正确性
否
转04
是
05
建房户与当地镇政府签订保证书
合规性
否
转05
是
06
申报单位收到拨款
可行性
否
转06
是
07
会计人员编制会计凭证并登记有关账簿
正确性
否
转07
是
结束

9.27 重大节能项目补贴申请工作标准

标准编号：2005010201

标准名称：重大节能项目补贴申请工作标准

工作标准名称释义

重大节能项目补贴申请工作标准是指项目申报人办理重大节能项目补贴申请的工作规范。

工作标准基本内容

工作核心目标	取得重大节能项目补贴资金
工作开始时间	确定办理重大节能项目补贴申请时
工作结束时间	两周内
相关工作地点	所在地化工区主管部门工作地点　所在地发改委工作地点 项目申报人财务部门
相关工作单位	所在地化工区主管部门　所在地发改委 项目申报人财务部门
相关工作人员	项目组成员
备　　注	

工作标准所需资料

资料类型	编码	资料名称	单位	原件数	复印数
事前准备资料	01	企业基本资料	份	1	1
	02	申请项目基本资料	份	1	1

续表

资料类型	编码	资料名称	单位	原件数	复印数
事中产生资料	03	节能补助（奖励资金申请表）	份	1	1
	04	节能项目节能量申报审核表	份	1	1
	05	节能项目投资明细清单	份	1	1
	06	项目实施报告	份	1	1
	07	节能量专业评估报告	份	1	1
	08	其他需要提供的资料	份	1	1
事后结果资料	09	同意补贴的批文	份	1	1
技术要求资料	10	节能专项资金管理办法	份	1	0
	11	关于组织申报节能技术产品投资项目的通知	份	1	0

相关工作标准

标准编码	标准名称
200002	政府补助项目准备工作标准
200003	政府补助项目申报工作标准
200004	政府补助项目申报跟踪工作标准
200005	政府补助项目审批答辩工作标准

工作标准流程图

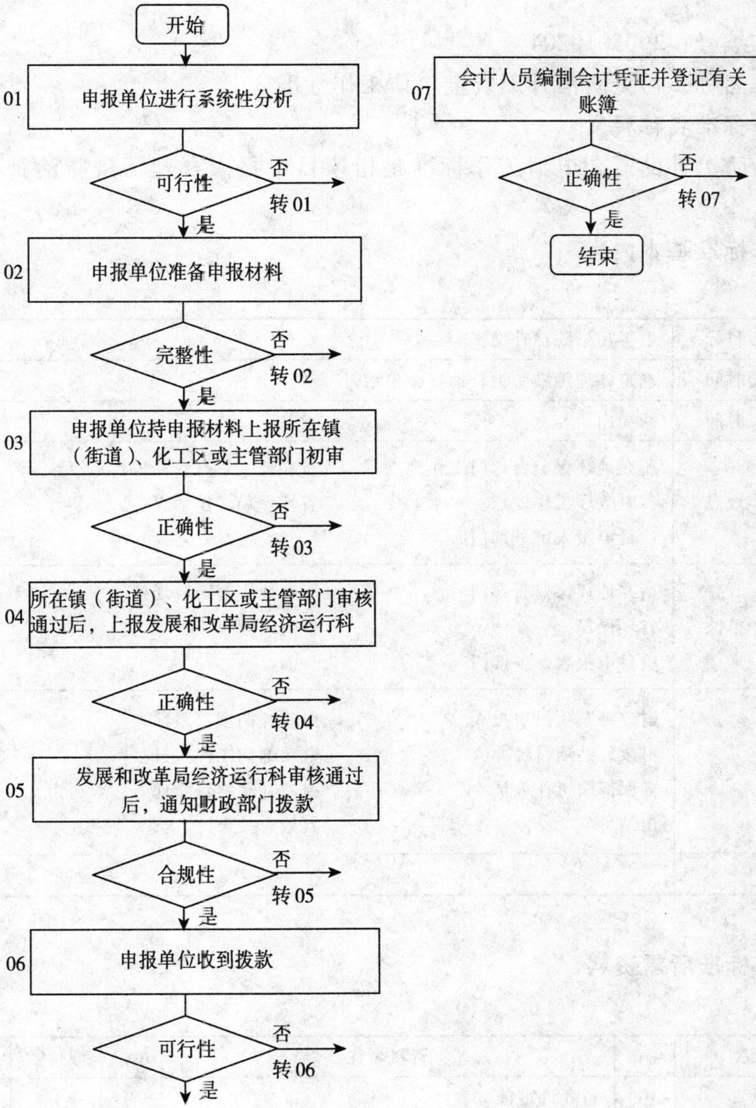
开始
01 申报单位进行系统性分析
可行性
否
转 01
是
02 申报单位准备申报材料
完整性
否
转 02
是
03 申报单位持申报材料上报所在镇（街道）、化工区或主管部门初审
正确性
否
转 03
是
04 所在镇（街道）、化工区或主管部门审核通过后，上报发展和改革局经济运行科
正确性
否
转 04
是
05 发展和改革局经济运行科审核通过后，通知财政部门拨款
合规性
否
转 05
是
06 申报单位收到拨款
可行性
否
转 06
是
07 会计人员编制会计凭证并登记有关账簿
正确性
否
转 07
是
结束

9.28　污染防治补助资金申请工作标准

标准编号：2005010204

标准名称：污染防治补助资金申请工作标准

工作标准名称释义

污染防治补助资金申请工作标准是指项目申报人办理污染防治补助资金申请的工作规范。

工作标准基本内容

工作核心目标	取得污染防治补助资金	
工作开始时间	确定办理污染防治补助资金申请时	
工作结束时间	两周内	
相关工作地点	所在地环保监督部门工作地点 省财政厅工作地点 项目申报人财务部门	所在地主管财政局工作地点 省环保局工作地点
相关工作单位	所在地环保监督部门 省环保局 项目申报人财务部门	所在地主管财政局 省财政厅
相关工作人员	财政补贴项目申报人 财政补贴项目经办人 环保部门工作人员 出纳员	财政补贴项目跟踪人 财政部门工作人员 财政补贴项目受理人 其他有关会计人员
备　　注		

工作标准所需资料

资料类型	编码	资料名称	单位	原件数	复印数
事前准备资料	01	行业许可证	份	1	1
	02	企业营业执照	份	1	1

续表

资料类型	编码	资料名称	单位	原件数	复印数
事中产生资料	03	申请使用污染治理补助资金报告	份	1	1
	04	项目建议书	份	5	1
	05	污染源治理补助资金申请表	份	5	1
	06	污染治理补助资金计划	份	1	1
	07	可行性研究报告	份	1	1
事后结果资料	08	项目竣工报告书	份	1	1
	09	项目补贴批复	份	1	1
	10	补助合同	份	1	1
技术要求资料	11	政府污染治理补助资金管理制度	份	1	0

相关工作标准

标准编码	标准名称
200002	政府补助项目准备工作标准
200003	政府补助项目申报工作标准
200004	政府补助项目申报跟踪工作标准
200005	政府补助项目审批答辩工作标准

工作标准流程图

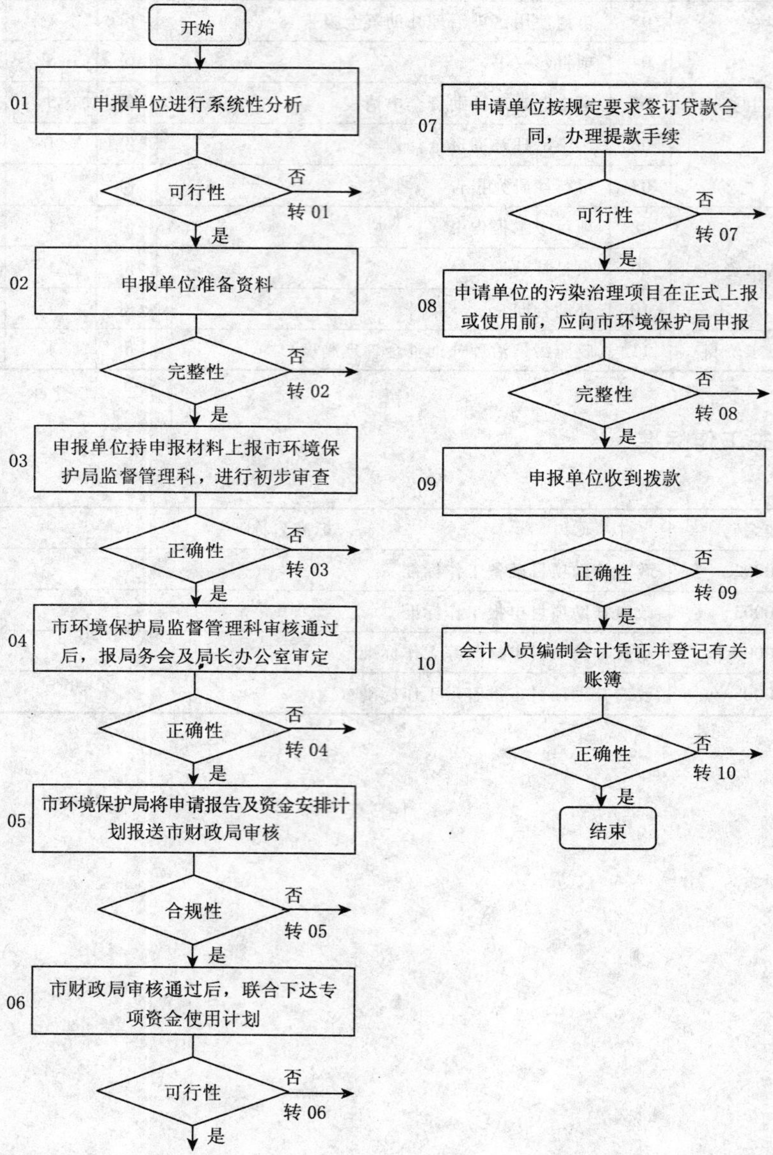
开始
01
申报单位进行系统性分析
可行性
否
转 01
是
02
申报单位准备资料
完整性
否
转 02
是
03
申报单位持申报材料上报市环境保护局监督管理科，进行初步审查
正确性
否
转 03
是
04
市环境保护局监督管理科审核通过后，报局务会及局长办公室审定
正确性
否
转 04
是
05
市环境保护局将申请报告及资金安排计划报送市财政局审核
合规性
否
转 05
是
06
市财政局审核通过后，联合下达专项资金使用计划
可行性
否
转 06
是
07
申请单位按规定要求签订贷款合同，办理提款手续
可行性
否
转 07
是
08
申请单位的污染治理项目在正式上报或使用前，应向市环境保护局申报
完整性
否
转 08
是
09
申报单位收到拨款
正确性
否
转 09
是
10
会计人员编制会计凭证并登记有关账簿
正确性
否
转 10
是
结束

9.29 生物能源和化工原料基地补助资金申请工作标准

标准编号：2006010101

标准名称：生物能源和化工原料基地补助资金申请工作标准

工作标准名称释义

生物能源与化工原料基地补助资金申请工作标准是指项目申报人办理生物能源与化工原料基地补助资金申请的工作规范。

工作标准基本内容

工作核心目标	取得生物能源与化工原料基地补助资金	
工作开始时间	确定办理生物能源与化工原料基地补助申报时	
工作结束时间	两周内	
相关工作地点	省林业厅工作地点 农业部财务司工作地点 国家林业局工作地点	省财政厅工作地点 省国土资源部门工作地点 项目申报人财务部门
相关工作单位	省林业厅 农业部财务司 国家林业局	省财政厅 省国土资源部门 项目申报人财务部门
相关工作人员	项目组成员 农业部门工作人员	财政部门工作人员 林业部门工作人员
备　注	项目组成员：财政补贴项目申报人、财政补贴项目跟踪人、财政补贴项目经办人、出纳员、其他有关会计人员	

工作标准所需资料

资料类型	编码	资料名称	单位	原件数	复印数
事前准备资料	01	行业许可证	份	1	1
	02	企业营业执照	份	1	1

续表

资料类型	编码	资料名称	单位	原件数	复印数
事中产生资料	03	项目实施方案	份	1	1
	04	项目申请书	份	1	1
	05	项目可行性研究报告	份	1	1
	06	生物能源和化工原料基地补助资格汇总表	份	1	1
	07	报送项目汇总表	份	1	1
事后结果资料	08	同意补贴的批文	份	1	1
技术要求资料	09	生物能源和生物化工原料基地补助资金管理暂行办法	份	1	0
	10	生物能源和生物化工原料基地管理办法	份	1	0
	11	项目申报指南	份	1	0

相关工作标准

标准编码	标准名称
200002	政府补助项目准备工作标准
200003	政府补助项目申报工作标准
200004	政府补助项目申报跟踪工作标准
200005	政府补助项目审批答辩工作标准

工作标准流程图

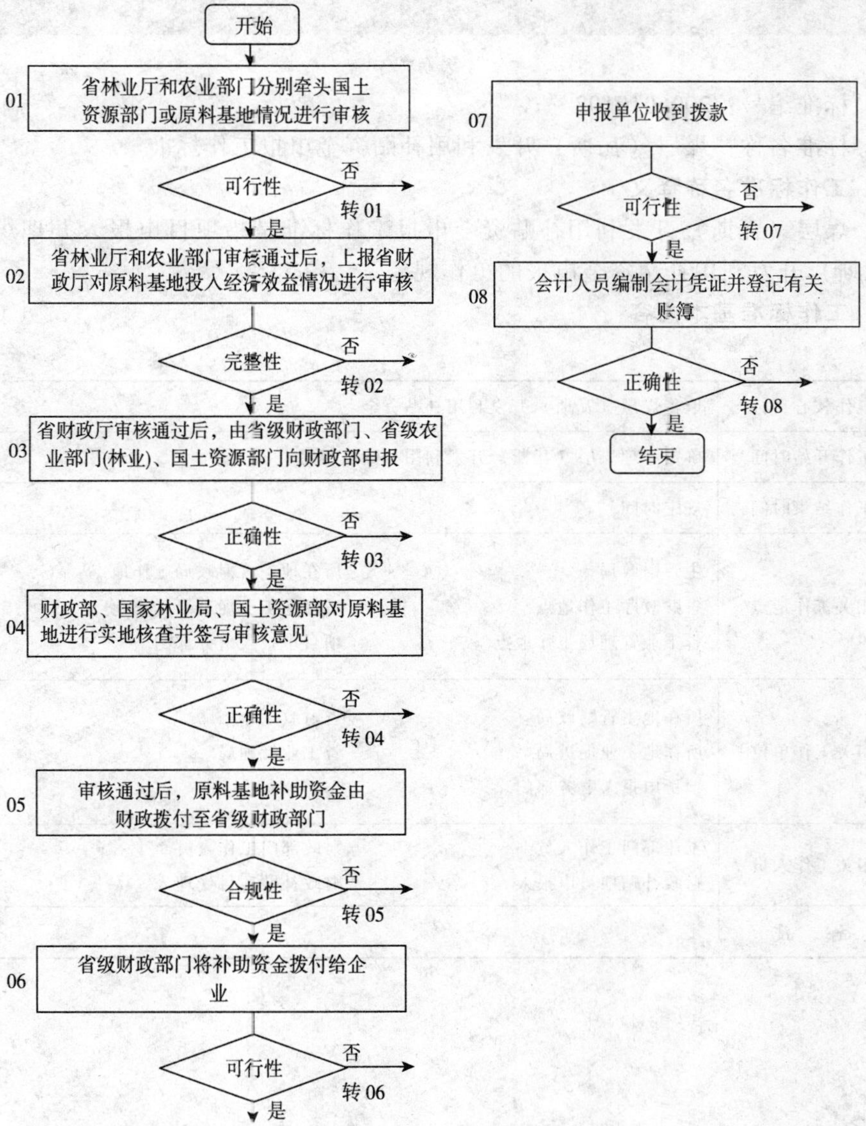
开始
01
省林业厅和农业部门分别牵头国土资源部门或原料基地情况进行审核
可行性
否
转01
是
02
省林业厅和农业部门审核通过后，上报省财政厅对原料基地投入经济效益情况进行审核
完整性
否
转02
是
03
省财政厅审核通过后，由省级财政部门、省级农业部门(林业)、国土资源部门向财政部申报
正确性
否
转03
是
04
财政部、国家林业局、国土资源部对原料基地进行实地核查并签写审核意见
正确性
否
转04
是
05
审核通过后，原料基地补助资金由财政拨付至省级财政部门
合规性
否
转05
是
06
省级财政部门将补助资金拨付给企业
可行性
否
转06
是
07
申报单位收到拨款
可行性
否
转07
是
08
会计人员编制会计凭证并登记有关账簿
正确性
否
转08
是
结束

9.30 煤层（瓦斯）开发利用补贴资金申报工作标准

标准编号：2006010102

标准名称：煤层（瓦斯）开发利用补贴资金申报工作标准

工作标准名称释义

煤层（瓦斯）开发利用补贴资金申报工作标准是指项目申报人办理煤层（瓦斯）开发利用补贴资金申报的工作规范。

工作标准基本内容

工作核心目标	取得煤层（瓦斯）开发利用补贴资金	
工作开始时间	确定办理煤层（瓦斯）开发利用补贴申报时	
工作结束时间	规定时间	
相关工作地点	主管财政局 省财政厅工作地点 省工业管理局工作地点	所在地主管财政局工作地点 所在地工业促进局工作地点 项目申报人财务部门
相关工作单位	所在地主管财政局 所在地工业促进局 项目申报人财务部门	省财政厅 省工业管理局
相关工作人员	工业部门工作人员 财政补贴项目申报人	财政部门工作人员 财政补贴项目受理人
备　注		

工作标准所需资料

资料类型	编码	资料名称	单位	原件数	复印数
事前准备资料	01	营业执照、组织机构代码证、采矿权或探矿权许可证复印件	份	1	1
	02	企业税务登记证、人民银行开户许可证、机械设备合格证	份	1	1
	03	煤层（气）抽采计量设备年终累计数据或可提供准确计量数据的资料	份	1	1
	04	发电自用、民用结算单据及报表，发电销售发票及销售账表	份	1	1
	05	燃气销售发票及收入账表	份	1	1
	06	自用燃气的相关记录与结算单据	份	1	1
	07	其他需要提供的相关资料	份	1	1
事中产生资料	08	申请报告	份	5	1
	09	煤层（气）开发利用财政补贴资金申请表	份	5	1
	10	申报年度的财务决算报表及说明	份	1	1
事后结果资料	11	同意补贴的批文	份	1	0
技术要求资料	12	申报指南	份	1	0

相关工作标准

标准编码	标准名称
200002	政府补助项目准备工作标准
200003	政府补助项目申报工作标准
200004	政府补助项目申报跟踪工作标准
200005	政府补助项目审批答辩工作标准

工作标准流程图

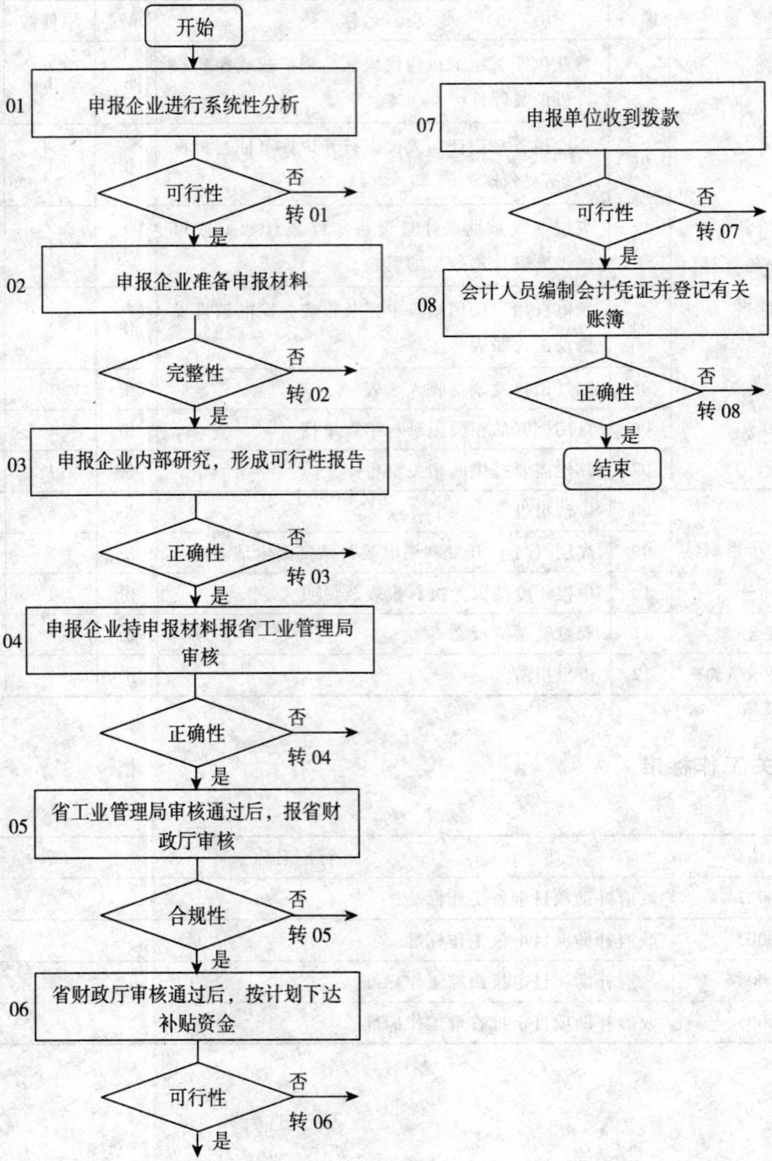
开始
01 申报企业进行系统性分析
可行性
否
转 01
是
02 申报企业准备申报材料
完整性
否
转 02
是
03 申报企业内部研究，形成可行性报告
正确性
否
转 03
是
04 申报企业持申报材料报省工业管理局审核
正确性
否
转 04
是
05 省工业管理局审核通过后，报省财政厅审核
合规性
否
转 05
是
06 省财政厅审核通过后，按计划下达补贴资金
可行性
否
转 06
是
07 申报单位收到拨款
可行性
否
转 07
是
08 会计人员编制会计凭证并登记有关账簿
正确性
否
转 08
是
结束

9.31 高效照明产品推广补贴资金申请工作标准

标准编号：2006010401

标准名称：高效照明产品推广财政补贴资金申请工作标准

工作标准名称释义

高效照明产品推广财政补贴资金申报工作标准是指项目申报人办理高效照明产品推广财政补贴资金申报的工作规范。

工作标准基本内容

工作核心目标	取得高效照明产品推广财政补贴资金	
工作开始时间	确定办理高效照明产品推广财政补贴申报时	
工作结束时间	两周内	
相关工作地点	所在地主管财政局工作地点 省财政厅工作地点 所在地发改委工作地点	所在地节能主管部门工作地点 国家财政部工作地点 项目申报人财务部门
相关工作单位	所在地主管财政局 省财政厅 国家发改委	所在地节能主管部门 国家财政部 项目申报人财务部门
相关工作人员	项目组成员 发改委工作人员	财政部门工作人员
备　　注		

工作标准所需资料

资料类型	编码	资料名称	单位	原件数	复印数
事前准备资料	01	高效照明产品推广计划	份	1	0
	02	高效照明产品推广财政补贴申报表	份	1	0

续表

资料类型	编码	资料名称	单位	原件数	复印数
事中产生资料	03	财政补贴资金申请报告	份	1	0
事后结果资料	04	同意补贴的批文	份	1	0
技术要求资料	05	高效照明产品推广财政补贴资金管理暂行办法	份	1	0

相关工作标准

标准编码	标准名称
200002	政府补助项目准备工作标准
200003	政府补助项目申报工作标准
200004	政府补助项目申报跟踪工作标准
200005	政府补助项目审批答辩工作标准

工作标准流程图

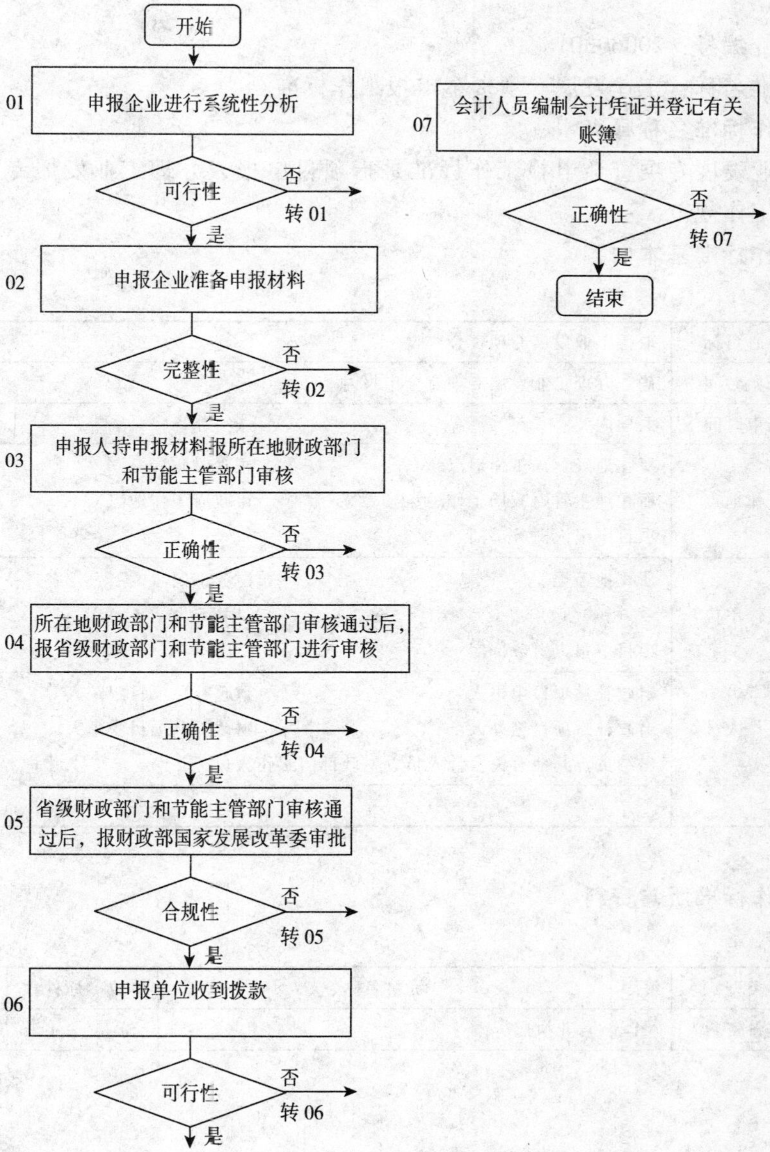
开始
01
申报企业进行系统性分析
可行性
否
转 01
是
02
申报企业准备申报材料
完整性
否
转 02
是
03
申报人持申报材料报所在地财政部门和节能主管部门审核
正确性
否
转 03
是
04
所在地财政部门和节能主管部门审核通过后，报省级财政部门和节能主管部门进行审核
正确性
否
转 04
是
05
省级财政部门和节能主管部门审核通过后，报财政部国家发展改革委审批
合规性
否
转 05
是
06
申报单位收到拨款
可行性
否
转 06
是
07
会计人员编制会计凭证并登记有关账簿
正确性
否
转 07
是
结束

9.32 工业发展专项资金申报工作标准

标准编号：20060301

标准名称：工业发展专项资金申报工作标准

工作标准名称释义

工业发展专项资金申报工作标准是指项目申报人办理工业发展专项资金申报的工作规范。

工作标准基本内容

工作核心目标	取得工业发展专项资金	
工作开始时间	确定办理工业发展专项资金申报时	
工作结束时间	两周内	
相关工作地点	所在地经贸局工作地点 所在地主管财政局工作地点 项目申报人财务部门	主管财政局 市政府工作地点
相关工作单位	所在地经委 乡（镇）政府 项目申报人财务部门	财务部门 市财政局
相关工作人员	财政补贴项目申报人 财政补贴项目经办人 出纳员、其他有关会计人员、财政部门工作人员	财政补贴项目跟踪人 财政补贴项目受理人
备　　注		

工作标准所需资料

资料类型	编码	资料名称	单位	原件数	复印数
事前准备资料	01	营业执照	份	1	1

续表

资料类型	编码	资料名称	单位	原件数	复印数
事中产生资料	02	技术创新项目财政资金申请表	份	5	1
	03	技术创新项目立项申报书	份	5	1
	04	上年度会计报表和近期财务月报表	份	1	3
	05	其他所需资料	份	1	1
事后结果资料	06	工业发展专项资金批文	份	1	1
技术要求资料	07	工业发展专项资金管理办法	份	1	0

相关工作标准

标准编码	标准名称
200002	政府补助项目准备工作标准
200003	政府补助项目申报工作标准
200004	政府补助项目申报跟踪工作标准
200005	政府补助项目审批答辩工作标准

工作标准流程图

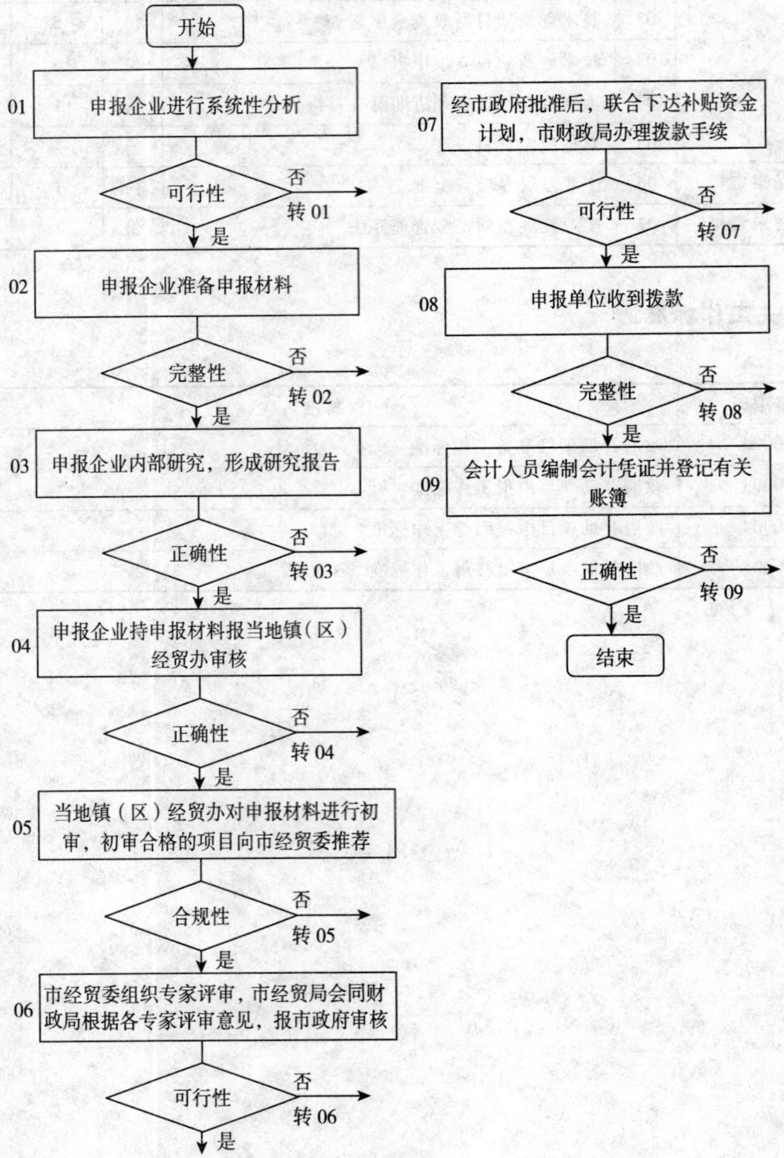
开始
01
申报企业进行系统性分析
可行性
否
转 01
是
02
申报企业准备申报材料
完整性
否
转 02
是
03
申报企业内部研究，形成研究报告
正确性
否
转 03
是
04
申报企业持申报材料报当地镇（区）经贸办审核
正确性
否
转 04
是
05
当地镇（区）经贸办对申报材料进行初审，初审合格的项目向市经贸委推荐
合规性
否
转 05
是
06
市经贸委组织专家评审，市经贸局会同财政局根据各专家评审意见，报市政府审核
可行性
否
转 06
是
07
经市政府批准后，联合下达补贴资金计划，市财政局办理拨款手续
可行性
否
转 07
是
08
申报单位收到拨款
完整性
否
转 08
是
09
会计人员编制会计凭证并登记有关账簿
正确性
否
转 09
是
结束

9.33　农村公路建设项目补贴申报工作标准

标准编号：2007010105

标准名称：农村公路建设项目补贴申报工作标准

工作标准名称释义

农村公路建设项目补贴申报工作标准是指项目申报人办理农村公路建设项目补贴申报的工作规范。

工作标准基本内容

工作核心目标	取得农村公路建设项目补贴资金	
工作开始时间	确定办理农村公路建设项目补贴申报时	
工作结束时间	两周内	
相关工作地点	所在地交通行政管理处工作地点 省发改委工作地点 项目申报人财务部门	省交通厅工作地点 省公路局工作地点
相关工作单位	所在地交通行政管理处 省发改委 项目申报人财务部门	省交通厅 省公路局
相关工作人员	财政补贴项目申报人 财政补贴项目经办人 财政补贴项目受理人	财政补贴项目跟踪人 发改委工作人员 出纳员、其他有关会计人员
备　　注		

工作标准所需资料

资料类型	编码	资料名称	单位	原件数	复印数
事前准备资料	01	其他有关证明文件	份	1	1

续表

资料类型	编码	资料名称	单位	原件数	复印数
事中产生资料	02	可行性研究报告	份	1	1
	03	项目计划表	份	1	1
	04	次年度的建议计划	份	1	1
	05	农村公路建设项目年度计划	份	1	1
	06	项目申请书	份	1	1
事后结果资料	07	农村公路建设项目补贴批文	份	1	1
技术要求资料	08	项目申报指南	份	1	

相关工作标准

标准编码	标准名称
200002	政府补助项目准备工作标准
200003	政府补助项目申报工作标准
200004	政府补助项目申报跟踪工作标准
200005	政府补助项目审批答辩工作标准

工作标准流程图

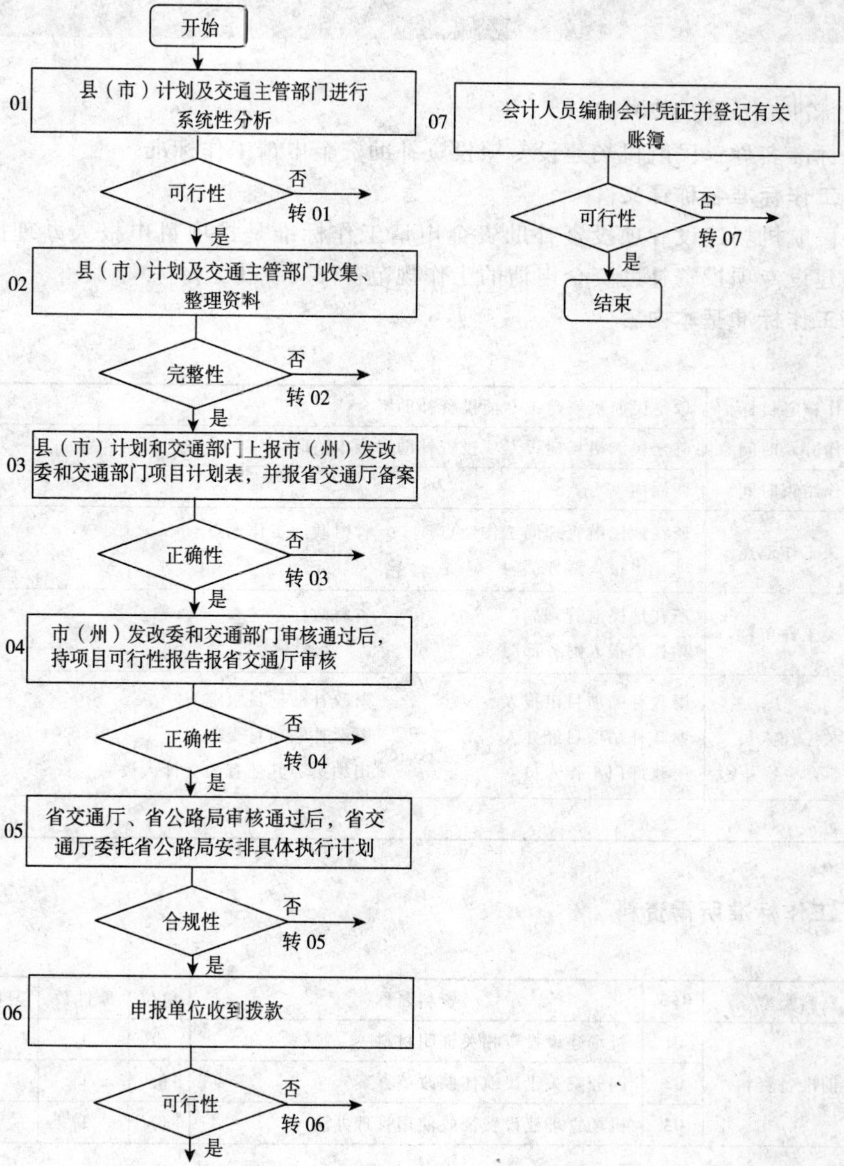
开始
01
县（市）计划及交通主管部门进行系统性分析
可行性
否
转 01
是
02
县（市）计划及交通主管部门收集、整理资料
完整性
否
转 02
是
03
县（市）计划和交通部门上报市（州）发改委和交通部门项目计划表，并报省交通厅备案
正确性
否
转 03
是
04
市（州）发改委和交通部门审核通过后，持项目可行性报告报省交通厅审核
正确性
否
转 04
是
05
省交通厅、省公路局审核通过后，省交通厅委托省公路局安排具体执行计划
合规性
否
转 05
是
06
申报单位收到拨款
可行性
否
转 06
是
07
会计人员编制会计凭证并登记有关账簿
可行性
否
转 07
是
结束

9.34 民航机场建设专项投资补助资金申请工作标准

标准编号：2007010201

标准名称：民航机场建设专项投资补助资金申请工作标准

工作标准名称释义

民航机场建设专项投资补助资金申请工作标准是指项目申报人办理民航机场建设专项投资补助资金申请的工作规范。

工作标准基本内容

工作核心目标	取得民航机场建设专项投资补助资金	
工作开始时间	确定民航机场建设专项投资补助资金申请时	
工作结束时间	两周内	
相关工作地点	所在地民航管理局工作地点 项目申报人财务部门	省财政厅工作地点
相关工作单位	所在地民航管理局 项目申报人财务部门	省财政厅
相关工作人员	财政补贴项目申报人 财政补贴项目经办人 财政部门工作人员	财政补贴项目跟踪人 财政补贴项目受理人 出纳员、其他有关会计人员
备　　注		

工作标准所需资料

资料类型	编码	资料名称	单位	原件数	复印数
事前准备资料	01	机场建设投资相关证明材料	份	1	1
	02	国务院关于民航体制改革方案	份	1	1
	03	机场管理建设费征收使用管理办法	份	1	1

续表

资料类型	编码	资料名称	单位	原件数	复印数
事中产生资料	04	项目申报表	份	1	1
	05	项目建议书	份	1	1
事后结果资料	06	机场建设专项投资补助资金批文	份	1	1
技术要求资料	07	中央预算内基建投资项目前期工作经费管理暂行办法	份	1	0
	08	基本建设财务管理规定	份	1	0
	09	中华人民共和国预算法	份	1	0
	10	财政违法行为处罚处分条例	份	1	0

相关工作标准

标准编码	标准名称
200002	政府补助项目准备工作标准
200003	政府补助项目申报工作标准
200004	政府补助项目申报跟踪工作标准
200005	政府补助项目审批答辩工作标准

工作标准流程图

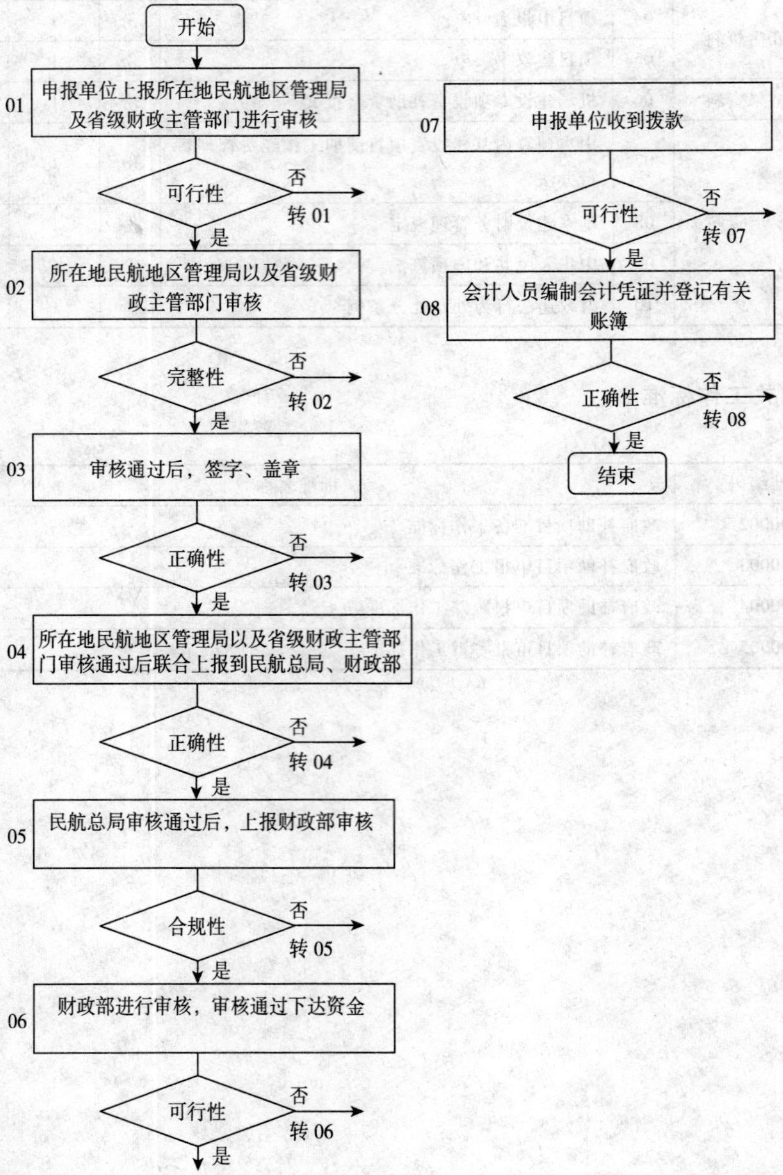
开始
01
申报单位上报所在地民航地区管理局及省级财政主管部门进行审核
可行性
否
转 01
是
02
所在地民航地区管理局以及省级财政主管部门审核
完整性
否
转 02
是
03
审核通过后，签字、盖章
正确性
否
转 03
是
04
所在地民航地区管理局以及省级财政主管部门审核通过后联合上报到民航总局、财政部
正确性
否
转 04
是
05
民航总局审核通过后，上报财政部审核
合规性
否
转 05
是
06
财政部进行审核，审核通过下达资金
可行性
否
转 06
是
07
申报单位收到拨款
可行性
否
转 07
是
08
会计人员编制会计凭证并登记有关账簿
正确性
否
转 08
是
结束

9.35　城乡基本生活补助资金申报工作标准

标准编号：20080103

标准名称：城乡基本生活补助资金申报工作标准

工作标准名称释义

城乡基本生活补助资金申请工作标准是指项目申报人办理城乡基本生活补助资金申请的工作规范。

工作标准基本内容

工作核心目标	取得城乡基本生活补助资金	
工作开始时间	确定办理城乡基本生活补助资金申请时	
工作结束时间	两周内	
相关工作地点	村委会工作地点 市财政局工作地点	所在地民政部门工作地点 项目申报人财务部门
相关工作单位	村委会 市财政局	所在地民政部门 项目申报人财务部门
相关工作人员	项目组成员 出纳员	财政部门工作人员 其他有关会计人员
备　　注	项目组成员：财政补贴项目申报人、财政补贴项目跟踪人、财政补贴项目经办人、财政补贴项目受理人	

工作标准所需资料

资料类型	编码	资料名称	单位	原件数	复印数
事前准备资料	01	有关证明材料	份	1	1
事中产生资料	02	申请书	份	1	1
	03	申请表	份	1	1
事后结果资料	04	救助金	元		

续表

资料类型	编码	资料名称	单位	原件数	复印数
技术要求资料	05	城乡居民最低生活保障条例	份	1	0
	06	城乡居民最低生活保障实施办法	份	1	0

相关工作标准

标准编码	标准名称
200002	政府补助项目准备工作标准

工作标准流程图

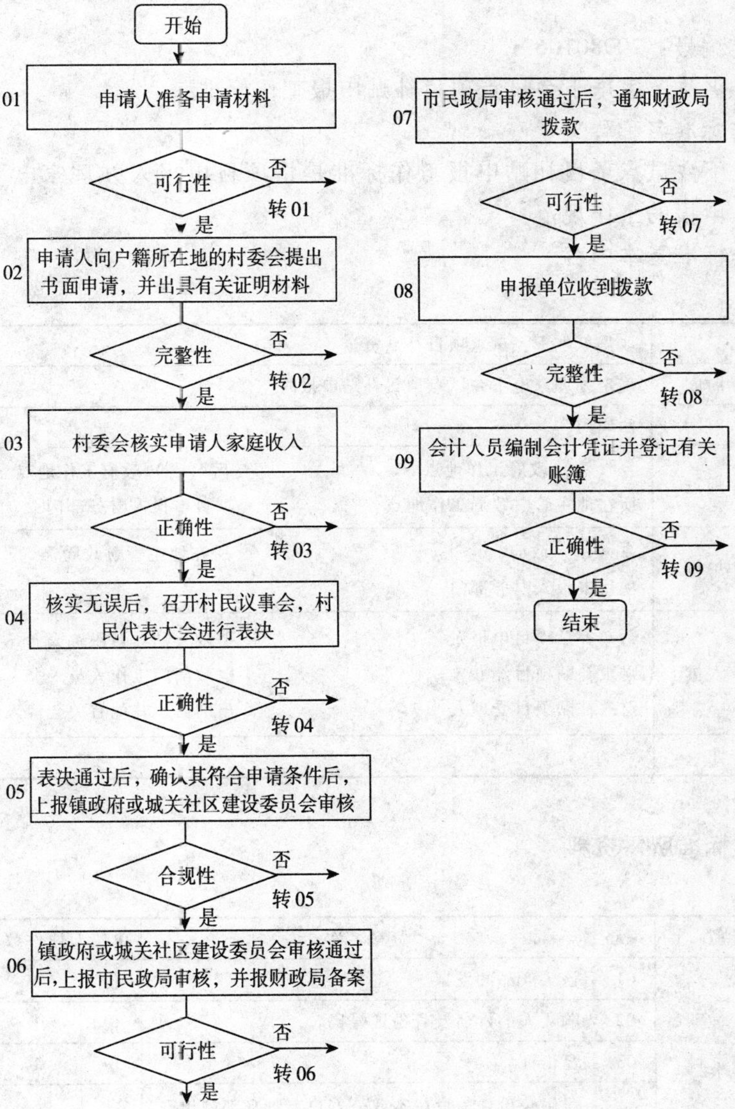
开始
01
申请人准备申请材料
可行性
否
转01
是
02
申请人向户籍所在地的村委会提出书面申请，并出具有关证明材料
完整性
否
转02
是
03
村委会核实申请人家庭收入
正确性
否
转03
是
04
核实无误后，召开村民议事会，村民代表大会进行表决
正确性
否
转04
是
05
表决通过后，确认其符合申请条件后，上报镇政府或城关社区建设委员会审核
合规性
否
转05
是
06
镇政府或城关社区建设委员会审核通过后,上报市民政局审核，并报财政局备案
可行性
否
转06
是
07
市民政局审核通过后，通知财政局拨款
可行性
否
转07
是
08
申报单位收到拨款
完整性
否
转08
是
09
会计人员编制会计凭证并登记有关账簿
正确性
否
转09
是
结束

9.36 家电下乡试点项目补贴申报工作标准

标准编号：20080106

标准名称：家电下乡试点项目补贴申报工作标准

工作标准名称释义

家电下乡试点项目补贴申报工作标准是指项目申报人办理家电下乡试点项目补贴申报的工作规范。

工作标准基本内容

工作核心目标	取得家电下乡试点项目补贴资金	
工作开始时间	确定办理家电下乡试点项目补贴申报时	
工作结束时间	两周内	
相关工作地点	乡（镇）政府工作地点 所在地主管财政局工作地点	区（县）政府工作地点 项目申报人财务部门
相关工作单位	乡（镇）政府 项目申报人财务部门	所在地主管财政局
相关工作人员	财政补贴项目申报人 财政补贴项目经办人 财政补贴项目受理人	财政补贴项目跟踪人 财政部门工作人员 出纳员、其他有关会计人员
备　　注		

工作标准所需资料

资料类型	编码	资料名称	单位	原件数	复印数
事前准备资料	01	该买产品的发票	份	1	1
	02	购买人的姓名及身份证号码	份	1	1
	03	身份证	份	1	1
	04	居民身份证、户口本或公安户籍管理部门出具的证明	份	1	1

续表

资料类型	编码	资料名称	单位	原件数	复印数
事中产生资料	05	补贴类家电产品专用标识卡	份	1	1
	06	购买人储蓄存折	份	1	1
	07	管理部门需要的其他材料	份	1	1
事后结果资料	08	同意补贴的批文	份	1	1
技术要求项目	09	家电下乡试点项目管理办法	份	1	0

相关工作标准

标准编码	标准名称
200002	政府补助项目准备工作标准
200003	政府补助项目申报工作标准
200004	政府补助项目申报跟踪工作标准
200005	政府补助项目审批答辩工作标准

工作标准流程图

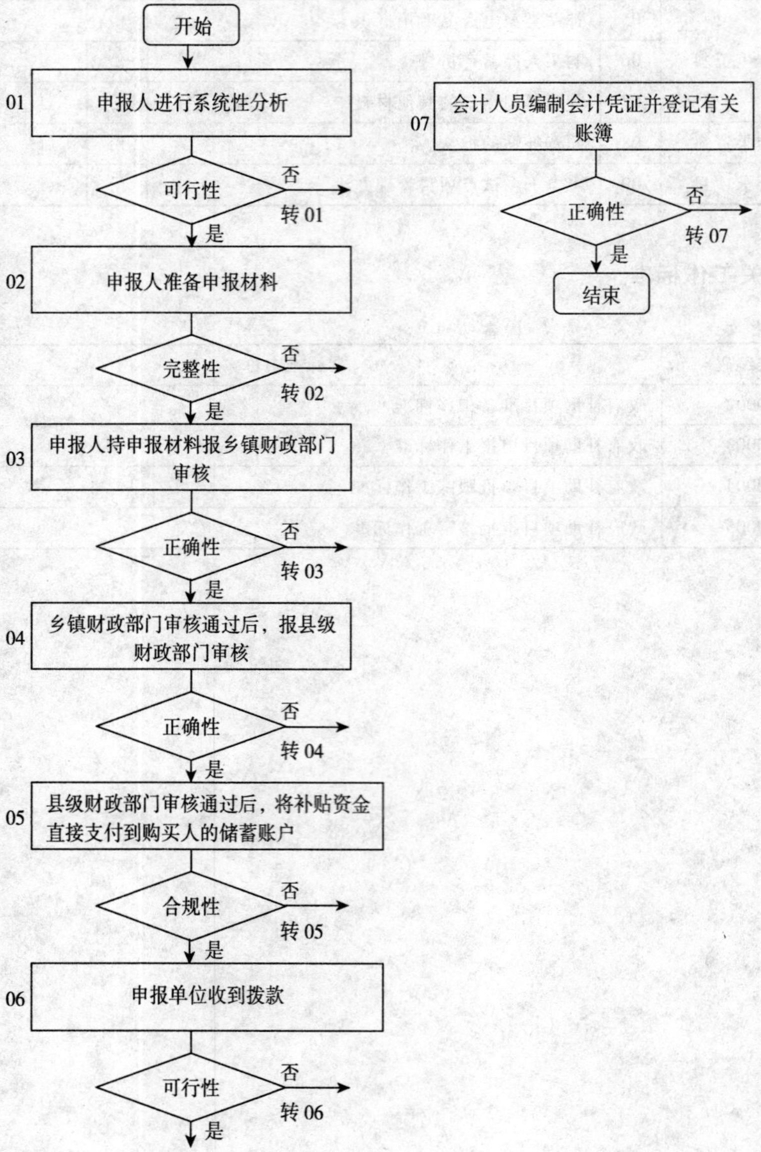
开始
01
申报人进行系统性分析
可行性
否
转 01
是
02
申报人准备申报材料
完整性
否
转 02
是
03
申报人持申报材料报乡镇财政部门审核
正确性
否
转 03
是
04
乡镇财政部门审核通过后，报县级财政部门审核
正确性
否
转 04
是
05
县级财政部门审核通过后，将补贴资金直接支付到购买人的储蓄账户
合规性
否
转 05
是
06
申报单位收到拨款
可行性
否
转 06
是
07
会计人员编制会计凭证并登记有关账簿
正确性
否
转 07
是
结束

9.37 农村饮水安全工程项目申报工作标准

标准编号：20080108

标准名称：农村饮水安全工程项目申报工作标准

工作标准名称释义

农村饮水安全工程项目申报工作标准是指项目申报人办理农村饮水安全工程申报的工作规范。

工作标准基本内容

工作核心目标	取得农村饮水安全工程资金
工作开始时间	确定办理农村饮水安全工程申报时
工作结束时间	两周内
相关工作地点	所在地发改委工作地点　所在地水利主管部门工作地点 省发改委工作地点　水利厅工作地点 项目申报人财务部门
相关工作单位	所在地发改委　所在地水利主管部门 省发改委　水利厅 项目申报人财务部门
相关工作人员	财政补贴项目申报人　财政补贴项目跟踪人 财政补贴项目经办人　发改委工作人员 财政补贴项目受理人　出纳员、其他有关会计人员
备　　注	

工作标准所需资料

资料类型	编码	资料名称	单位	原件数	复印数
事前产生资料	01	农村饮水安全工程总体规则	份	1	1
	02	年度工程研究报告	份	1	1

续表

资料类型	编码	资料名称	单位	原件数	复印数
事中产生资料	03	项目建议计划	份	1	1
	04	项目建设投资计划	份	1	1
	05	项目申请书	份	1	1
	06	项目申报书	份	1	1
	07	项目审核报告	份	1	1
事后产生资料	08	同意补贴的批文	份	1	1
技术要求资料	09	农村饮水安全工程项目管理办法	份	1	0

相关工作标准

标准编号	标准名称
200002	政府补助项目准备工作标准
200003	政府补助项目申报工作标准
200004	政府补助项目申报跟踪工作标准
200005	政府补助项目审批答辩工作标准

工作标准流程图

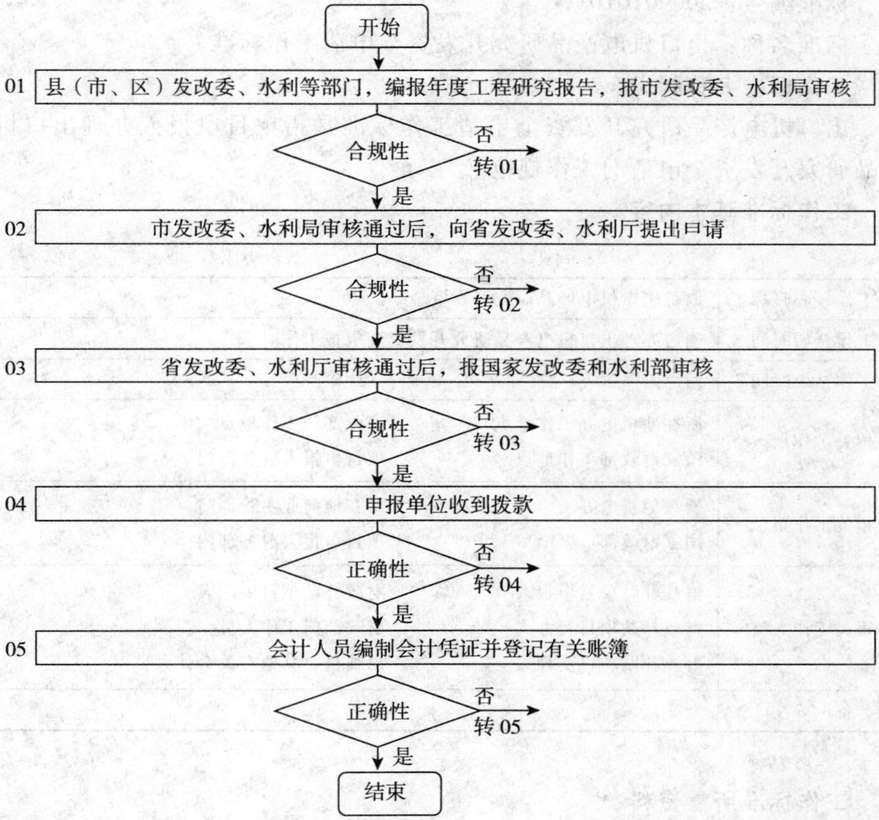
开始
01 县（市、区）发改委、水利等部门，编报年度工程研究报告，报市发改委、水利局审核
合规性
否
转 01
是
02 市发改委、水利局审核通过后，向省发改委、水利厅提出曰请
合规性
否
转 02
是
03 省发改委、水利厅审核通过后，报国家发改委和水利部审核
合规性
否
转 03
是
04 申报单位收到拨款
正确性
否
转 04
是
05 会计人员编制会计凭证并登记有关账簿
正确性
否
转 05
是
结束

9.38 出口机电产品研究开发资金申请工作标准

标准编号：2009010101

标准名称：出口机电产品研究开发资金申请工作标准

工作标准名称释义

出口机电产品研究开发资金申请工作标准是指项目申报人办理出口机电产品研究开发资金申请的工作规范。

工作标准基本内容

工作核心目标	取得出口机电产品研究开发资金	
工作开始时间	确定办理出口机电产品研究开发资金申报工作时	
工作结束时间	两周内	
相关工作地点	所在地机电办工作地点 国家财政部工作地点	商业部门工作地点 项目申报人财务部门
相关工作单位	所在地机电办 国家财政部	所在地商业主管部门 项目申报人财务部门
相关工作人员	财政补贴项目申报人 财政补贴项目经办人 财政补贴项目受理人	财政补贴项目跟踪人 财政部门工作人员 出纳员、其他有关会计人员
备　　注		

工作标准所需资料

资料类型	编码	资料名称	单位	原件数	复印数
事前准备资料	01	出口机电产品研发资金项目申请报告	份	1	1
	02	企业法人营业执照	份	1	1

续表

资料类型	编码	资料名称	单位	原件数	复印数
事中产生资料	03	出口机电产品研究开发资金项目申请书	份	5	1
	04	经会计师事务所审计的企业上半年的会计报表	份	1	1
	05	出口开发资金项目有关的其他材料	份	1	1
	06	出口机电产品开发资金项目可行性研究报告	份	1	1
事后结果资料	07	同意补贴的批文	份	1	1
技术要求资料	08	出口机电产品研究开发资金管理办法	份	1	0

相关工作标准

标准编号	标准名称
200002	政府补助项目准备工作标准
200003	政府补助项目申报工作标准
200004	政府补助项目申报跟踪工作标准
200005	政府补助项目审批答辩工作标准

工作标准流程图

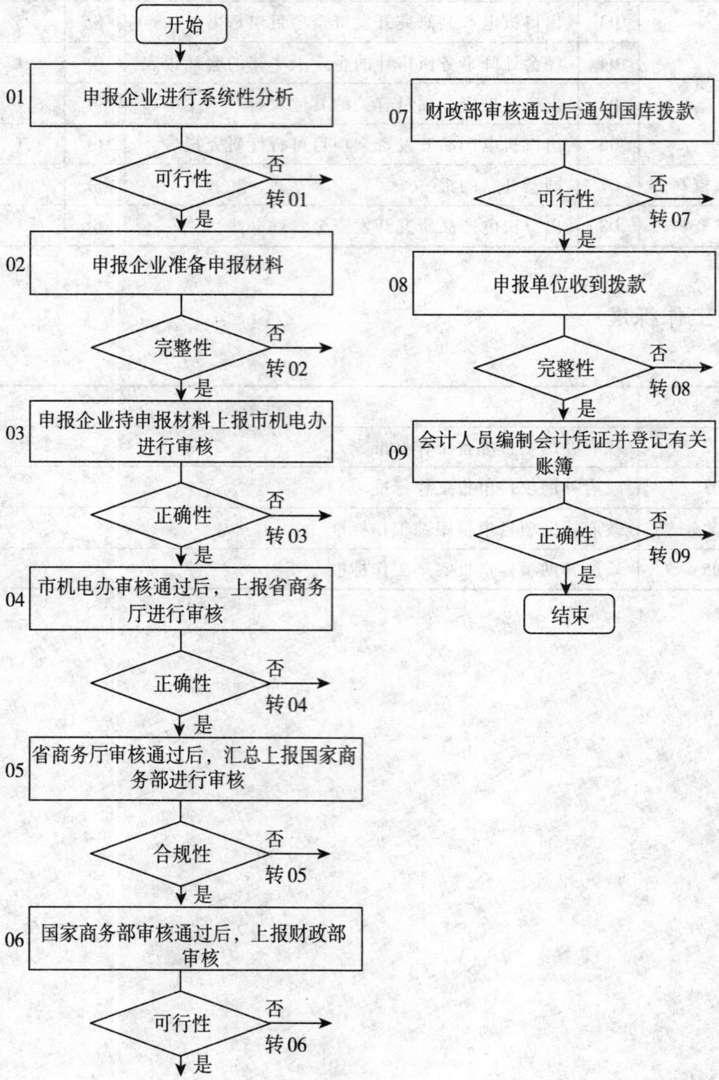
开始
01 申报企业进行系统性分析
可行性
否
转01
是
02 申报企业准备申报材料
完整性
否
转02
是
03 申报企业持申报材料上报市机电办进行审核
正确性
否
转03
是
04 市机电办审核通过后，上报省商务厅进行审核
正确性
否
转04
是
05 省商务厅审核通过后，汇总上报国家商务部进行审核
合规性
否
转05
是
06 国家商务部审核通过后，上报财政部审核
可行性
否
转06
是
07 财政部审核通过后通知国库拨款
可行性
否
转07
是
08 申报单位收到拨款
完整性
否
转08
是
09 会计人员编制会计凭证并登记有关账簿
正确性
否
转09
是
结束

9.39 对外经济技术合作专项资金申报工作标准

标准编号：2009010102

标准名称：对外经济技术合作专项资金申报工作标准

工作标准名称释义

对外经济技术合作专项资金申报工作标准是指对外经济技术合作专项资金申报的工作规范。

工作标准基本内容

工作核心目标	取得对外经济技术合作专项资金	
工作开始时间	确定办理对外经济技术合作专项资金申报时	
工作结束时间	两周内	
相关工作地点	省外经贸厅工作地点 项目申报人财务部门	国家商务部工作地点
相关工作单位	省外经贸厅 项目申报人财务部门	国家商务部
相关工作人员	财政补贴项目申报人 财政补贴项目经办人 出纳员	财政补贴项目跟踪人 财政补贴项目受理人 其他有关会计人员
备　　注		

工作标准所需资料

资料类型	编码	资料名称	单位	原件数	复印数
事前准备资料	01	公司章程	份	1	1
	02	企业各类承包工程、设计、咨询、工程监督、资质证明	份	1	1
	03	企业资质证明	份	1	1
	04	企业法人营业执照或企业执照	份	1	1
	05	对外经济技术合作业务的业绩证明	份	1	1
事中产生资料	06	公司申请报告	份	1	1
	07	可行性研究报告	份	1	1
	08	外经企业概况表	份	1	1
事后结果资料	09	同意补贴的批文	份	1	1
技术要求资料	10	对外经济技术合作专项资金管理办法	份	1	0

相关工作标准

标准编号	标准名称
200002	政府补助项目准备工作标准
200003	政府补助项目申报工作标准
200004	政府补助项目申报跟踪工作标准
200005	政府补助项目审批答辩工作标准

工作标准流程图

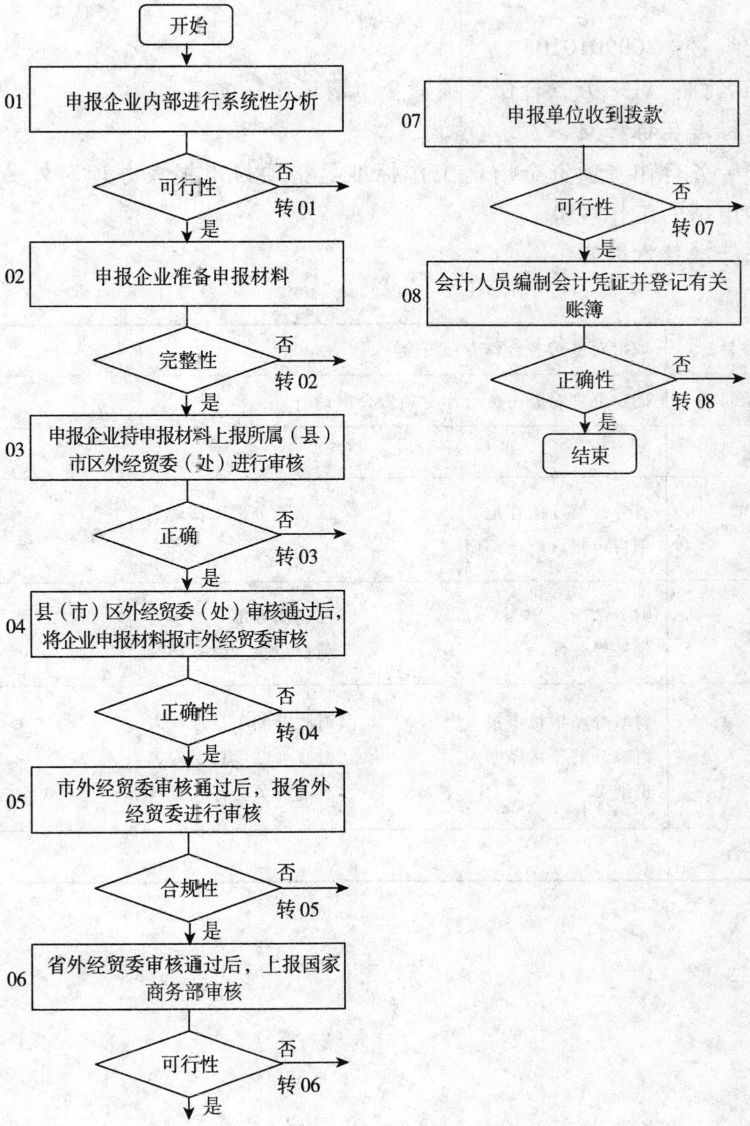
开始
01
申报企业内部进行系统性分析
可行性
否
转01
是
02
申报企业准备申报材料
完整性
否
转02
是
03
申报企业持申报材料上报所属（县）市区外经贸委（处）进行审核
正确
否
转03
是
04
县（市）区外经贸委（处）审核通过后，将企业申报材料报市外经贸委审核
正确性
否
转04
是
05
市外经贸委审核通过后，报省外经贸委进行审核
合规性
否
转05
是
06
省外经贸委审核通过后，上报国家商务部审核
可行性
否
转06
是
07
申报单位收到拨款
可行性
否
转07
是
08
会计人员编制会计凭证并登记有关账簿
正确性
否
转08
是
结束

9.40　对外劳务合作专项资金申请工作标准

标准编号：2009010105

标准名称：对外劳务合作专项资金申请工作标准

工作标准名称释义

对外劳务合作专项资金申请工作标准是指项目申报人办理对外劳务合作专项资金申请的工作规范。

工作标准基本内容

工作核心目标	取得对外劳务合作专项资金	
工作开始时间	确定办理对外劳务合作专项资金申请时	
工作结束时间	两周内	
相关工作地点	省外经贸厅工作地点 项目申报人财务部门	国家商务部工作地点
相关工作单位	财务部门 省外经贸厅	国家商务部 项目申报人财务部门
相关工作人员	财政补贴项目申报人 财政补贴项目经办人 出纳员	财政补贴项目跟踪人 财政补贴项目受理人 其他有关会计人员
备　　注		

工作标准所需资料

资料类型	编码	资料名称	单位	原件数	复印数
事前准备资料	01	企业法人营业执照	份	1	1
	02	会计师事务所出具的企业验资报告	份	1	1
	03	财务年度报告	份	1	1
	04	资产负债表	份	1	1
	05	税务机关出具的完税证明	份	1	1
	06	经营场所产权证明或固定租赁证明	份	1	1
	07	公司章程	份	1	1
	08	经营管理制度	份	1	1
	09	ISO900 质量管理体系认证书	份	1	1
	10	相关人员证书	份	1	1
事中产生资料	11	申请报告	份	5	1
	12	可行性报告	份	1	1
	13	外派劳务人数证明	份	1	1
事后结果资料	14	同意补贴的批文	份	1	
技术要求资料	15	对外劳务合作经营资格管理办法	份	1	

相关工作标准

标准编号	标准名称
200002	政府补助项目准备工作标准
200003	政府补助项目申报工作标准
200004	政府补助项目申报跟踪工作标准
200005	政府补助项目审批答辩工作标准

工作标准流程图

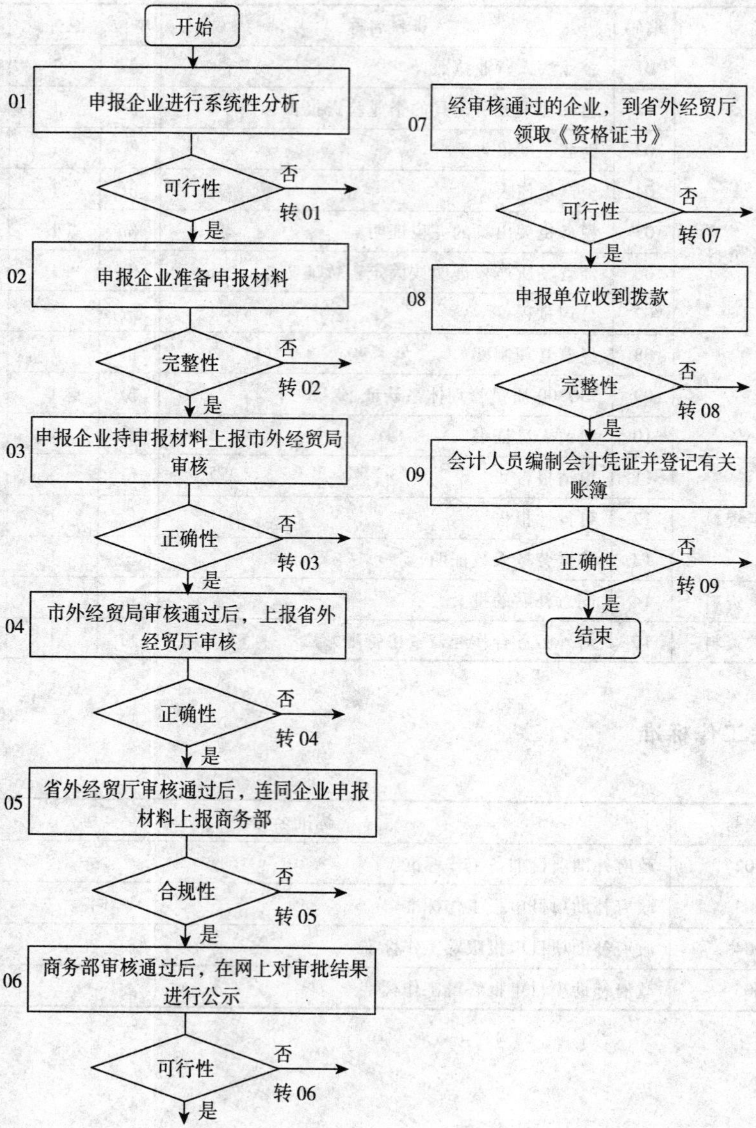
开始
01
申报企业进行系统性分析
可行性
否
转01
是
02
申报企业准备申报材料
完整性
否
转02
是
03
申报企业持申报材料上报市外经贸局审核
正确性
否
转03
是
04
市外经贸局审核通过后，上报省外经贸厅审核
正确性
否
转04
是
05
省外经贸厅审核通过后，连同企业申报材料上报商务部
合规性
否
转05
是
06
商务部审核通过后，在网上对审批结果进行公示
可行性
否
转06
是
07
经审核通过的企业，到省外经贸厅领取《资格证书》
可行性
否
转07
是
08
申报单位收到拨款
完整性
否
转08
是
09
会计人员编制会计凭证并登记有关账簿
正确性
否
转09
是
结束

9.41 中小企业发展专项资金申报工作标准

标准编号：2009010301

标准名称：中小企业发展专项资金申报工作标准

工作标准名称释义

中小企业发展专项资金申报工作标准是指项目申报人办理中小企业发展专项资金申报的工作规范。

工作标准基本内容

工作核心目标	取得中小企业发展专项资金	
工作开始时间	确定办理中小企业发展专项资金申报时	
工作结束时间	两周内	
相关工作地点	所在地经贸局工作地点 所在地经委工作地点 省政府工作地点 项目申报人财务部门	所在地主管财政局工作地点 省经委工作地点 省财政厅工作地点
相关工作单位	所在地经济发展局 省财政厅 项目申报人财务部门	所在地主管财政局 省经委 省政府
相关工作人员	财政补贴项目申报人 财政补贴项目经办人 财政补贴项目受理人	财政补贴项目跟踪人 财政部门工作人员 出纳员、其他有关会计人员
备　　注		

工作标准所需资料

资料类型	编码	资料名称	单位	原件数	复印数
事前准备资料	01	相关金融部门出具的自有资金和资本金来源证明文件	份	1	1
	02	企业法人证明文件	份	1	1
	03	生产经营情况或业务拓展情况	份	1	1
	04	其他需提供的资料	份	1	1
事中产生资料	05	由相关行业有设计资质的单位编写的项目资金申请报告	份	1	1
	06	项目资金申请报告市级及以上核准文件	份	1	1
	07	申报贴息的企业，必须提供有关银行出具的贷款承诺函或意向承诺书	份	1	1
事后产生资料	08	同意补助的批文	份	1	1
技术要求资料	09	中小企业发展专项资金管理办法	份	1	0

相关工作标准

标准编号	标准名称
200002	政府补助项目准备工作标准
200003	政府补助项目申报工作标准
200004	政府补助项目申报跟踪工作标准
200005	政府补助项目审批答辩工作标准

工作标准流程图

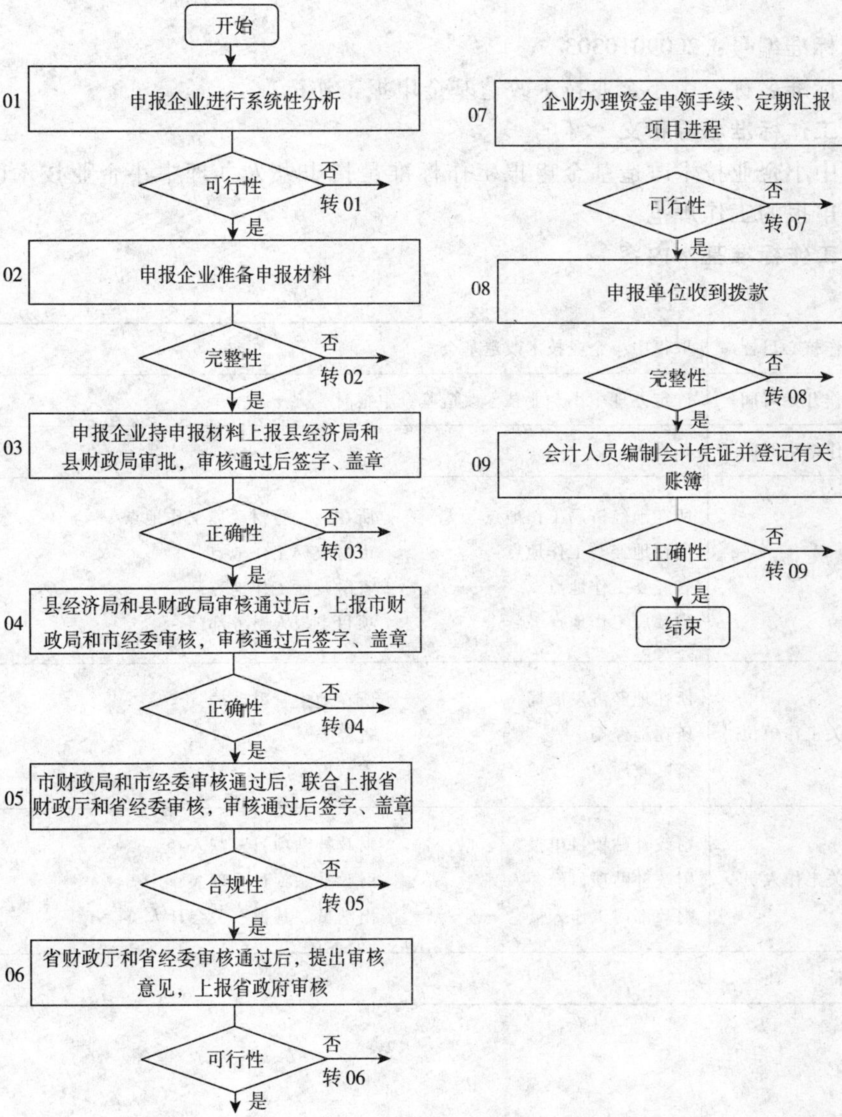
开始
01
申报企业进行系统性分析
可行性
否
转 01
是
02
申报企业准备申报材料
完整性
否
转 02
是
03
申报企业持申报材料上报县经济局和县财政局审批，审核通过后签字、盖章
正确性
否
转 03
是
04
县经济局和县财政局审核通过后，上报市财政局和市经委审核，审核通过后签字、盖章
正确性
否
转 04
是
05
市财政局和市经委审核通过后，联合上报省财政厅和省经委审核，审核通过后签字、盖章
合规性
否
转 05
是
06
省财政厅和省经委审核通过后，提出审核意见，上报省政府审核
可行性
否
转 06
是
07
企业办理资金申领手续、定期汇报项目进程
可行性
否
转 07
是
08
申报单位收到拨款
完整性
否
转 08
是
09
会计人员编制会计凭证并登记有关账簿
正确性
否
转 09
是
结束

9.42 中小企业技术改造基金申报工作标准

标准编号：2009010303

标准名称：中小企业技术改造基金申报工作标准

工作标准名称释义

中小企业技术改造基金申报工作标准是指申办人办理中小企业技术改造基金申报的工作规范。

工作标准基本内容

工作核心目标	取得中小企业技术改造基金	
工作开始时间	确定办理中小企业技术改造基金申报时	
工作结束时间	两周内	
相关工作地点	所在地经济局工作地点 所在地经委工作地点 省经委工作地点 省政府工作地点	所在地主管财政局工作地点 市财政局工作地点 省财政厅工作地点 项目申报人财务部门
相关工作单位	所在地经济发展局 所在地经委 省财政厅	所在地主管财政局 省经委 省政府
相关工作人员	财政补贴项目申报人 财政补贴项目经办人 财政部门工作人员	财政补贴项目跟踪人 财政补贴项目受理人 出纳员、其他有关会计人员
备　　注		

工作标准所需资料

资料类型	编码	资料名称	单位	原件数	复印数
事前准备资料	01	财政贴息资金的书面申请	份	1	1
	02	项目可行性研究报告	份	1	1
	03	经社会中介机构审计的企业上半年年度审计报告	份	1	1
事中产生资料	04	项目立项审批部门对项目可行性研究的批复文件或项目立项主管部门对项目的备案许可文件	份	1	1
	05	经环保部门确认的环境影响初步分析报告	份	1	1
	06	国土资源部门出具的项目初审意见	份	1	1
	07	承贷银行出具的项目贷款合同及合同项目所涉及的借款借据、利息结算清单	份	1	1
	08	技术改造贷款财政贴息资金申报表	份	1	1
	09	申请财政贴息资金有关的材料	份	1	1
事后结果资料	10	同意补贴的批文	份	1	1
技术要求资料	11	企业技术改造贷款财政贴息资金管理办法	份	1	0

相关工作标准

标准编号	标准名称
200002	政府补助项目准备工作标准
200003	政府补助项目申报工作标准
200004	政府补助项目申报跟踪工作标准
200005	政府补助项目审批答辩工作标准

工作标准流程图

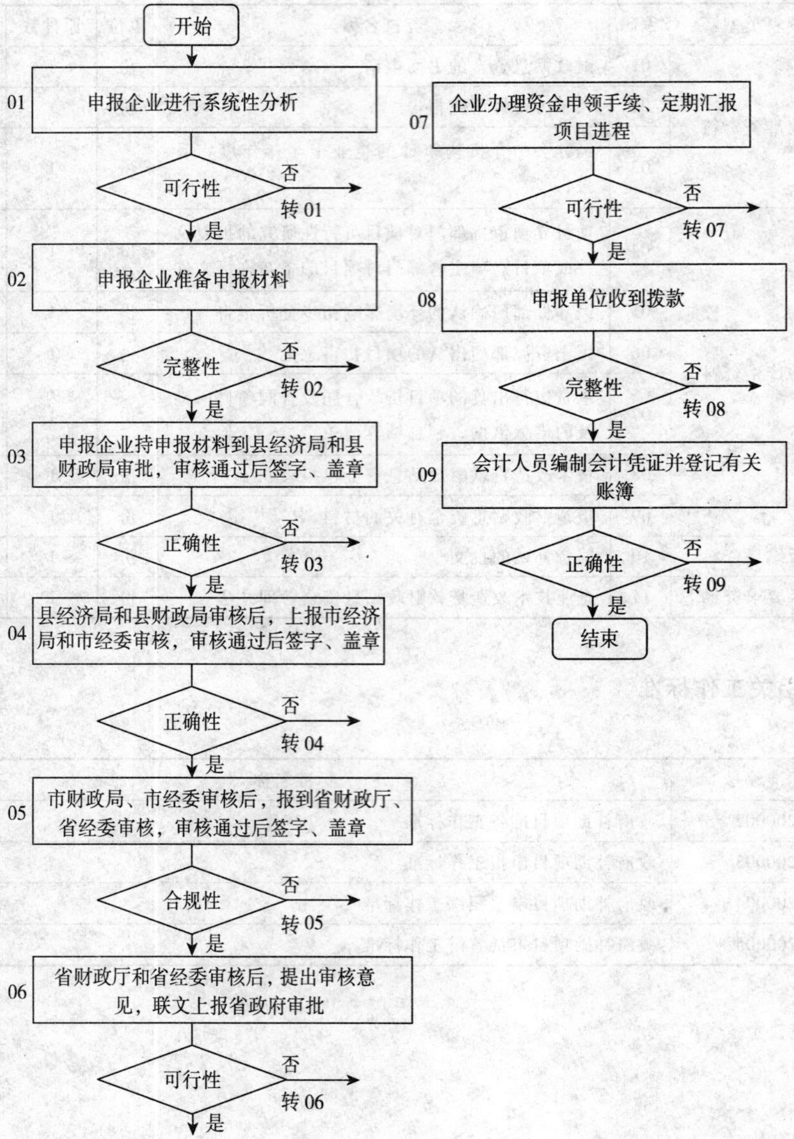
开始
01 申报企业进行系统性分析
可行性
否
转 01
是
02 申报企业准备申报材料
完整性
否
转 02
是
03 申报企业持申报材料到县经济局和县财政局审批，审核通过后签字、盖章
正确性
否
转 03
是
04 县经济局和县财政局审核后，上报市经济局和市经委审核，审核通过后签字、盖章
正确性
否
转 04
是
05 市财政局、市经委审核后，报到省财政厅、省经委审核，审核通过后签字、盖章
合规性
否
转 05
是
06 省财政厅和省经委审核后，提出审核意见，联文上报省政府审批
可行性
否
转 06
是
07 企业办理资金申领手续、定期汇报项目进程
可行性
否
转 07
是
08 申报单位收到拨款
完整性
否
转 08
是
09 会计人员编制会计凭证并登记有关账簿
正确性
否
转 09
是
结束

9.43 中小企业服务体系补助资金申报工作标准

标准编号：2009010304

标准名称：中小企业服务体系补助资金申报工作标准

工作标准名称释义

中小企业服务体系补助资金申报工作标准是指项目申报人办理中小企业服务体系补助资金申报的工作规范。

工作标准基本内容

工作核心目标	取得中小企业服务体系补助资金
工作开始时间	确定办理中小企业服务体系补助资金申报时
工作结束时间	两周内
相关工作地点	主管财政局　省财政厅工作地点 国家财政部工作地点　项目申报人财务部门
相关工作单位	所在地主管财政局　省财政厅 国家财政部　项目申报人财务部门
相关工作人员	财政补贴项目申报人　财政补贴项目跟踪人 财政补贴项目经办人　财政部门工作人员 财政补贴项目受理人　出纳员、其他有关会计人员
备　　注	

工作标准所需资料

资料类型	编码	资料名称	单位	原件数	复印数
事前准备资料	01	申请单位的基本情况	份	1	1
	02	开户银行及账号	份	1	1
	03	取得的主要成绩	份	1	1
	04	申请单位对资助申请报告内容和附属文件真实性负责证明	份	1	1
	05	中小企业服务机构申请信用服务项目资助经费有关情况表	份	1	1
	06	地方配套资金证明文件	份	1	1
	07	开展诚信活动的通知及有关资料	份	1	
	08	信用等级评价报告	份	1	1
	09	信用征集服务需提供被征集企业名单、联系人及联系电话	份	1	1
事中产生资料	10	项目完成情况	份	1	1
	11	费用支出情况	份	1	1
	12	开展中小企业信用服务实施方案	份	1	1
事后结果资料	13	同意补贴的批文	份	1	1
	14	年度资金拨款通知	份	1	1
技术要求资料	15	政府中小企业服务体系补助资金管理办法	份	1	0

相关工作标准

标准编号	标准名称
200002	政府补助项目准备工作标准
200003	政府补助项目申报工作标准
200004	政府补助项目申报跟踪工作标准
200005	政府补助项目审批答辩工作标准

工作标准流程图

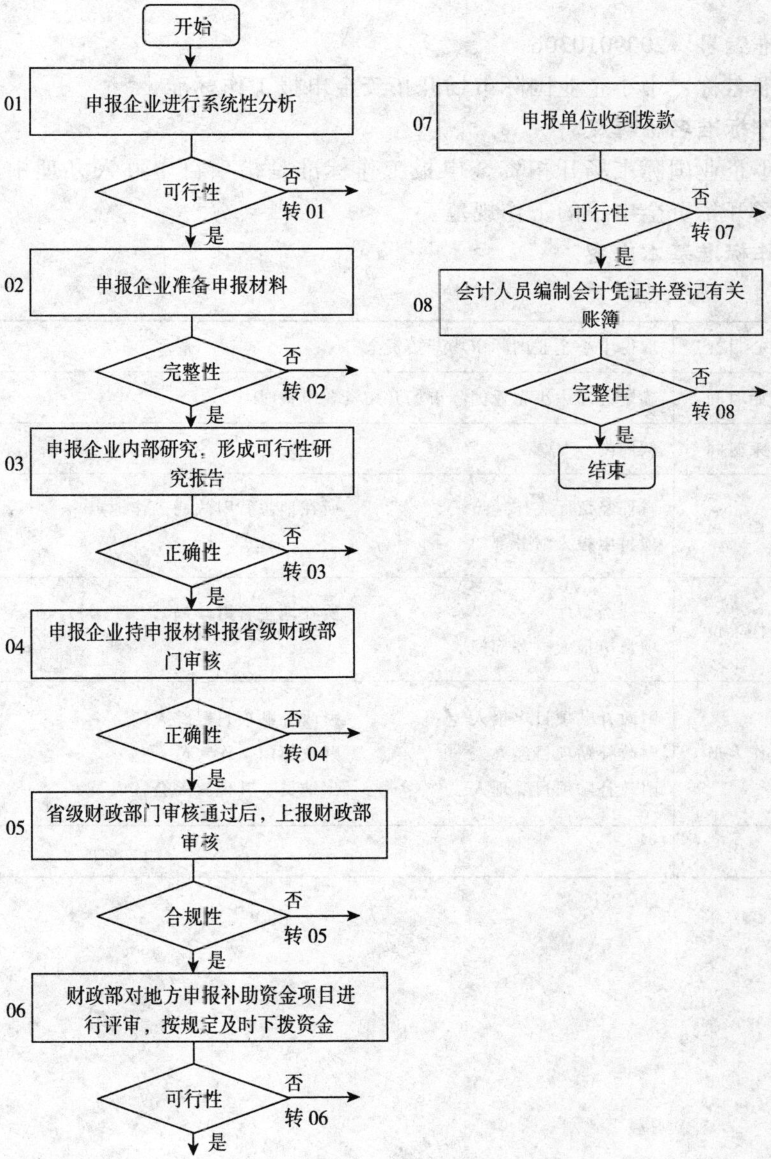
开始
01
申报企业进行系统性分析
可行性
否
转 01
是
02
申报企业准备申报材料
完整性
否
转 02
是
03
申报企业内部研究，形成可行性研究报告
正确性
否
转 03
是
04
申报企业持申报材料报省级财政部门审核
正确性
否
转 04
是
05
省级财政部门审核通过后，上报财政部审核
合规性
否
转 05
是
06
财政部对地方申报补助资金项目进行评审，按规定及时下拨资金
可行性
否
转 06
是
07
申报单位收到拨款
可行性
否
转 07
是
08
会计人员编制会计凭证并登记有关账簿
完整性
否
转 08
是
结束

9.44 中小企业国际市场开拓资金申报工作标准

标准编号：2009010306

标准名称：中小企业国际市场开拓资金申报工作标准

工作标准名称释义

中小企业国际市场开拓资金申报工作标准是指项目申办人办理中小企业国际市场开拓资金申报的工作规范。

工作标准基本内容

工作核心目标	取得中小企业国际市场开拓资金	
工作开始时间	确定办理中小企业国际市场开拓资金申报时	
工作结束时间	两周内	
相关工作地点	省外经贸厅工作地点 项目申报人财务部门	所在地主管财政局工作地点
相关工作单位	省外经贸厅 项目申报人财务部门	所在地主管财政局
相关工作人员	财政补贴项目申报人 财政补贴项目经办人 财政补贴项目受理人	财政补贴项目跟踪人 财政部门工作人员 出纳员、其他有关会计人员
备　　注		

工作标准所需资料

资料类型	编码	资料名称	单位	原件数	复印数
事前准备资料	01	工商营业执照	份	1	2
	02	组织机构代码证	份	1	2
	03	税务登记证	份	1	2
	04	对外贸易经营者资格证书	份	1	2
	05	工商执照	份	1	2
	06	注册登记表	份	2	1
事中产生资料	07	项目资金拨付申请表	份	3	1
	08	市场开拓资金项目总结	份	2	1
	09	实际发生费用的合法凭证	份	2	1
	10	市场开拓资金费用支出清单	份	2	1
	11	（团体项目）企业统计表	份	2	1
	12	项目计划申请表	份	2	1
	13	对外贸易经营者备案登记表	份	1	2
	14	其他需提供的材料	份	2	1
事后结果资料	15	同意补贴的批文	份	1	1
技术要求资料	16	中小企业国际市场开拓资金管理办法	份	1	0

相关工作标准

标准编号	标准名称
200002	政府补助项目准备工作标准
200003	政府补助项目申报工作标准
200004	政府补助项目申报跟踪工作标准
200005	政府补助项目审批答辩工作标准

工作标准流程图

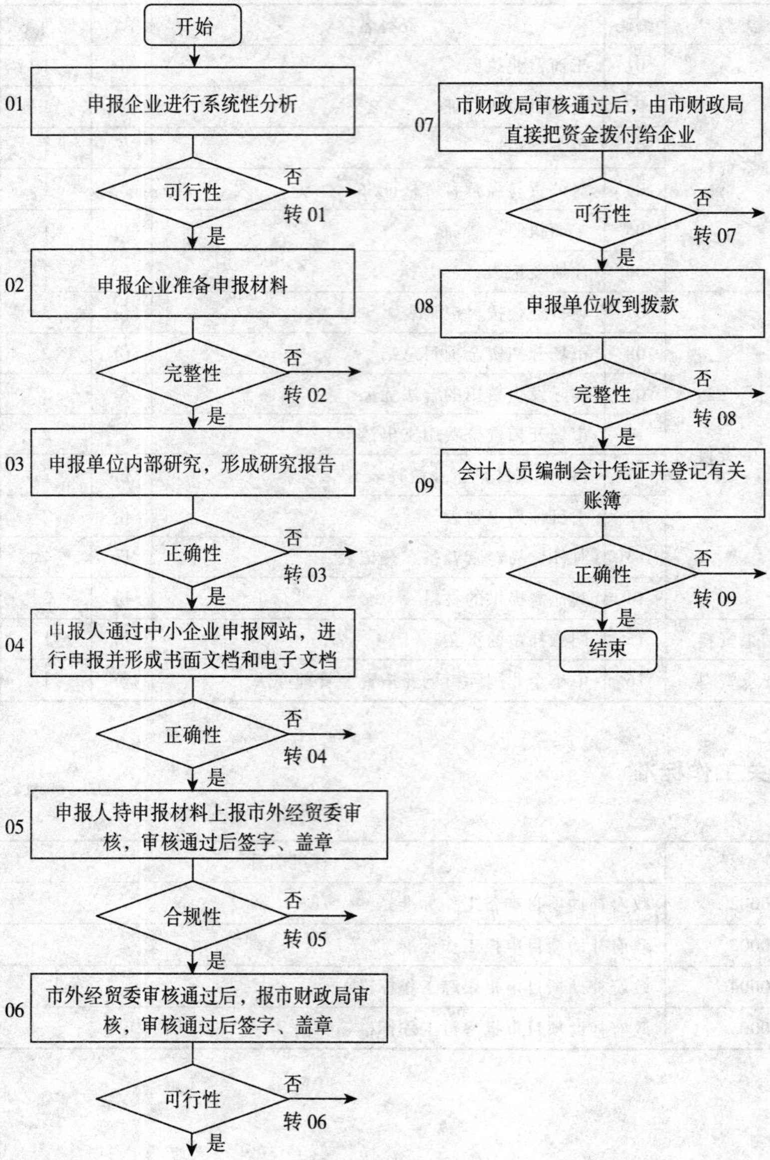
开始
01
申报企业进行系统性分析
可行性
否
转 01
是
02
申报企业准备申报材料
完整性
否
转 02
是
03
申报单位内部研究，形成研究报告
正确性
否
转 03
是
04
申报人通过中小企业申报网站，进行申报并形成书面文档和电子文档
正确性
否
转 04
是
05
申报人持申报材料上报市外经贸委审核，审核通过后签字、盖章
合规性
否
转 05
是
06
市外经贸委审核通过后，报市财政局审核，审核通过后签字、盖章
可行性
否
转 06
是
07
市财政局审核通过后，由市财政局直接把资金拨付给企业
可行性
否
转 07
是
08
申报单位收到拨款
完整性
否
转 08
是
09
会计人员编制会计凭证并登记有关账簿
正确性
否
转 09
是
结束

9.45 新产品、新技术产业化和生产服务基金申请工作标准

标准编号：2010010201

标准名称：新产品、新技术产业化和生产服务基金申请工作标准

工作标准名称释义

新产品、新技术产业化和生产服务基金申请工作标准是指项目申报人办理新产品、新技术产业化和生产服务基金申请的工作规范。

工作标准基本内容

工作核心目标	取得新产品、新技术产业化和生产服务基金	
工作开始时间	确定办理新产品、新技术产业化和生产服务基金申请时	
工作结束时间	两周内	
相关工作地点	所在地经济发展局工作地点	项目申报人财务部门
相关工作单位	财务部门 项目申报人财务部门	所在地经济发展局
相关工作人员	财政补贴项目申报人 财政补贴项目经办人 出纳员	财政补贴项目跟踪人 财政补贴项目受理人 其他有关会计人员
备　　注		

工作标准所需资料

资料类型	编码	资料名称	单位	原件数	复印数
事前准备资料	01	新产品设计和主要工艺技术文件	份	1	1

续表

资料类型	编码	资料名称	单位	原件数	复印数
事中产生资料	02	新产品、新技术鉴定验收申请表	份	5	1
	03	新产品、新技术鉴定验收大纲	份	1	1
	04	产品技术标准和标准化审查报告	份	1	1
	05	新产品、新技术检测结果和例行试验报告	份	1	1
	06	国内外同类产品对比及使用单位意见	份	1	1
	07	经济和社会效益分析、市场和推广应用前景预测	份	1	1
	08	涉及环境保护、安全、卫生的，提交有关部门批准报告	份	1	1
	09	行业主管部门要求具备的其他文件	份	1	1
事后结果资料	10	新产品、新技术鉴定证书	份	1	1
	11	同意补贴的批文	份	1	1
技术要求资料	12	新产品、新技术鉴定验收大纲	份	1	0

相关工作标准

标准编号	标准名称
200002	政府补助项目准备工作标准
200003	政府补助项目申报工作标准
200004	政府补助项目申报跟踪工作标准
200005	政府补助项目审批答辩工作标准

工作标准流程图

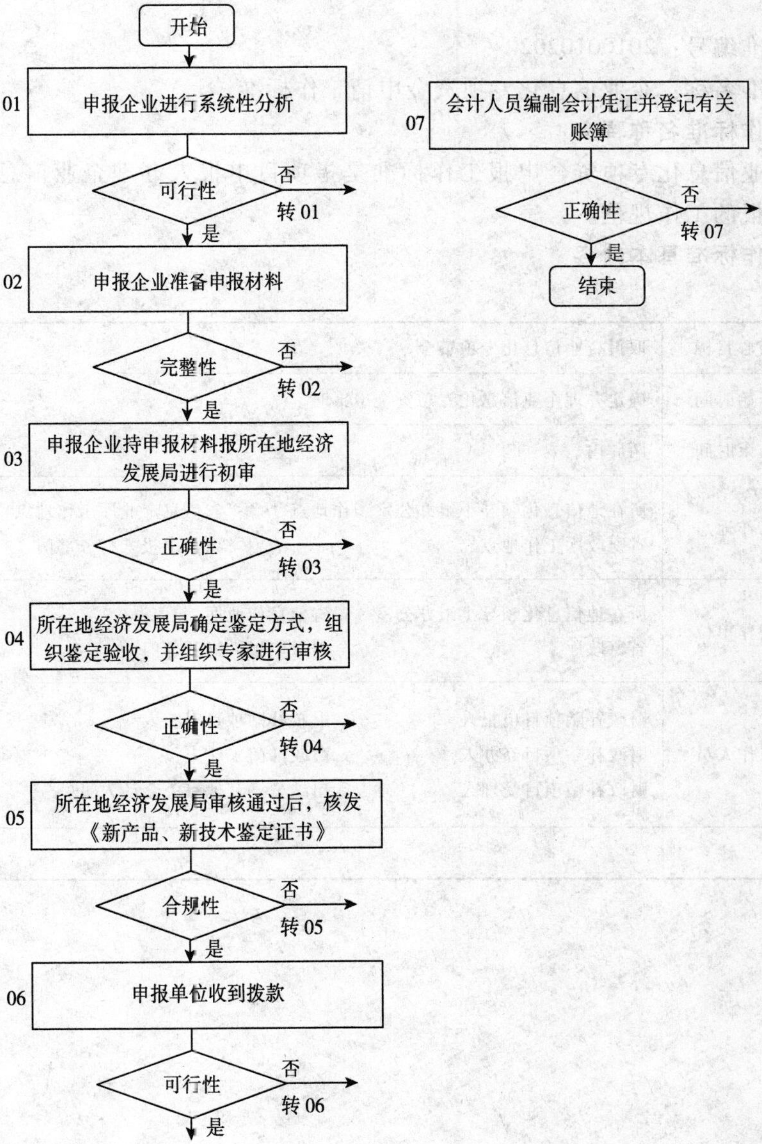
开始
01
申报企业进行系统性分析
可行性
否
转 01
是
02
申报企业准备申报材料
完整性
否
转 02
是
03
申报企业持申报材料报所在地经济发展局进行初审
正确性
否
转 03
是
04
所在地经济发展局确定鉴定方式，组织鉴定验收，并组织专家进行审核
正确性
否
转 04
是
05
所在地经济发展局审核通过后，核发《新产品、新技术鉴定证书》
合规性
否
转 05
是
06
申报单位收到拨款
可行性
否
转 06
是
07
会计人员编制会计凭证并登记有关账簿
正确性
否
转 07
是
结束

9.46 企业信息化专项资金申请工作标准

标准编号：2010010202

标准名称：企业信息化专项资金申请工作标准

工作标准名称释义

企业信息化专项资金申报工作标准是指项目申报人办理企业信息化专项资金申报的工作规范。

工作标准基本内容

工作核心目标	取得企业信息化专项资金
工作开始时间	确定办理企业信息化专项资金申报时
工作结束时间	两周内
相关工作地点	所在地信息化领导小组办公室工作地点　省信息产业厅工作地点 省财政厅工作地点　项目申报人财务部门
相关工作单位	所在地信息化领导小组办公室　省信息产业厅 省财政厅　项目申报人财务部门
相关工作人员	财政补贴项目申报人　财政补贴项目跟踪人 财政补贴项目经办人　财政部门工作人员 财政补贴项目受理人　出纳员、其他有关会计人员
备　　注	

工作标准所需资料

资料类型	编码	资料名称	单位	原件数	复印数
事前准备资料	01	单位法人证	份	1	1
	02	企业营业执照	份	1	1
	03	可以说明项目技术情况的有关法定证明材料（如技术报告、检测报告、专利证明、用户使用报告）	份	1	1
	04	与项目有关的其他参考材料（如列入国家项目的有关批准文件、环境保护证明、奖励证明等）	份	1	1
事中产生资料	05	信息化专项资金申请表	份	5	
	06	可行性研究报告	份	1	
	07	经会计师事务所的注册会计师审计本单位上年度以及最近一个月的会计报表	份	1	3
	08	承贷意见	份	1	1
	09	地方政府的证明文件或投资伙伴同意投资的承诺证明等	份	1	1
事后结果资料	10	同意补贴的批文	份	1	1

相关工作标准

标准编号	标准名称
200002	政府补助项目准备工作标准
200003	政府补助项目申报工作标准
200004	政府补助项目申报跟踪工作标准
200005	政府补助项目审批答辩工作标准

工作标准流程图

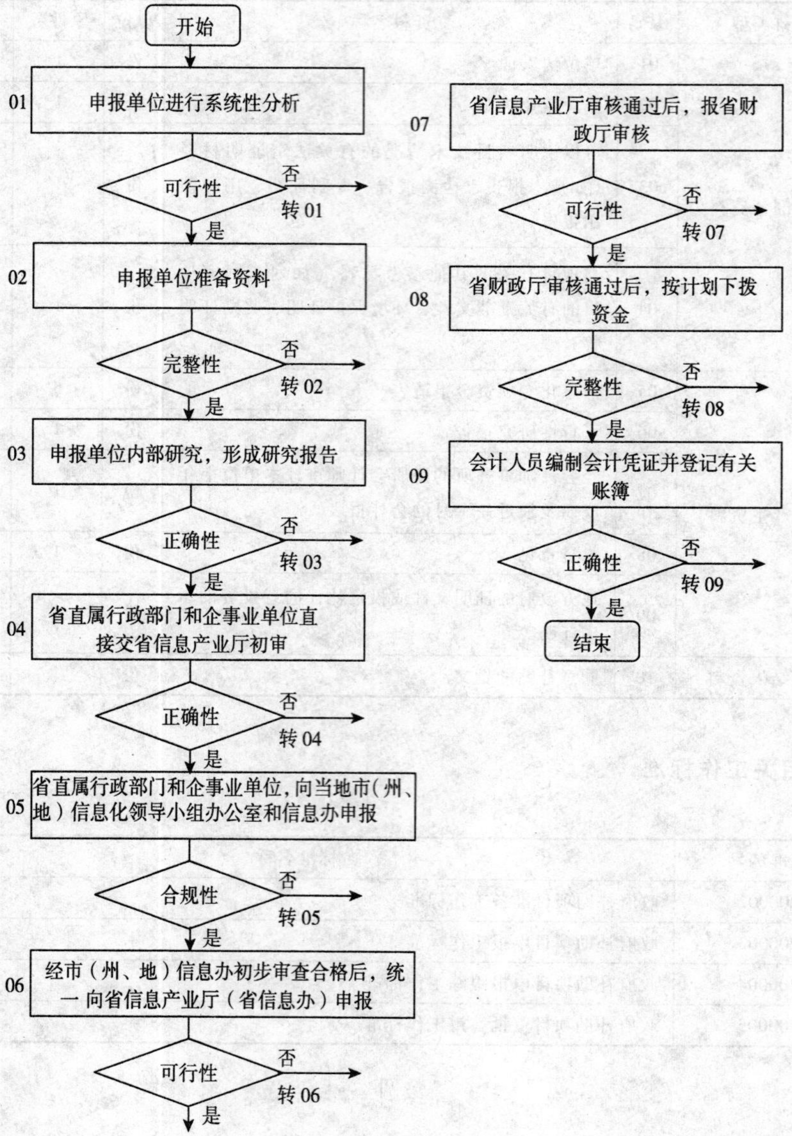
开始
01
申报单位进行系统性分析
可行性
否
转 01
是
02
申报单位准备资料
完整性
否
转 02
是
03
申报单位内部研究，形成研究报告
正确性
否
转 03
是
04
省直属行政部门和企事业单位直接交省信息产业厅初审
正确性
否
转 04
是
05
省直属行政部门和企事业单位，向当地市（州、地）信息化领导小组办公室和信息办申报
合规性
否
转 05
是
06
经市（州、地）信息办初步审查合格后，统一向省信息产业厅（省信息办）申报
可行性
否
转 06
是
07
省信息产业厅审核通过后，报省财政厅审核
可行性
否
转 07
是
08
省财政厅审核通过后，按计划下拨资金
完整性
否
转 08
是
09
会计人员编制会计凭证并登记有关账簿
正确性
否
转 09
是
结束

9.47 创新及技术进步专项引导资金申报工作标准

标准编号：2010010401

标准名称：创新及技术进步专项引导资金申报工作标准

工作标准名称释义

创新及技术进步专项引导资金工作标准是指项目申报人办理创新及技术进步专项引导资金申报的工作规范。

工作标准基本内容

工作核心目标	取得创新及技术进步专项引导资金	
工作开始时间	确定办理创新及技术进步专项引导资金申报时	
工作结束时间	两周内	
相关工作地点	所在地主管财政局工作地点 项目申报人财务部门	省财政厅工作地点
相关工作单位	所在地主管财政局 项目申报人财务部门	省财政厅
相关工作人员	财政补贴项目申报人 财政补贴项目经办人 财政补贴项目受理人	财政补贴项目跟踪人 财政部门工作人员 出纳员、其他有关会计人员
备　　注		

工作标准所需资料

资料类型	编码	资料名称	单位	原件数	复印数
事前准备资料	01	企业基本资料	份	1	1
	02	项目基本资料	份	1	1

续表

资料类型	编码	资料名称	单位	原件数	复印数
事中产生资料	03	年度全省重点扶持项目资金计划	份	1	1
	04	技术创新项目计划任务书	份	1	1
	05	技术创新项目申报计划表	份	1	1
	06	中小企业技术创新能力建设专项项目计划任务书	份	1	1
	07	技术创新项目申报跟踪表	份	1	1
事后结果资料	08	同意补贴的批文	份	1	1
技术要求资料	09	企业资助创新及技术进步专项引导资金管理暂行办法	份	1	0
	10	关于实施科技规划纲要增强自主创新能力建设创新型省份的决定	份	1	0

相关工作标准

标准编号	标准名称
200002	政府补助项目准备工作标准
200003	政府补助项目申报工作标准
200004	政府补助项目申报跟踪工作标准
200005	政府补助项目审批答辩工作标准

工作标准流程图

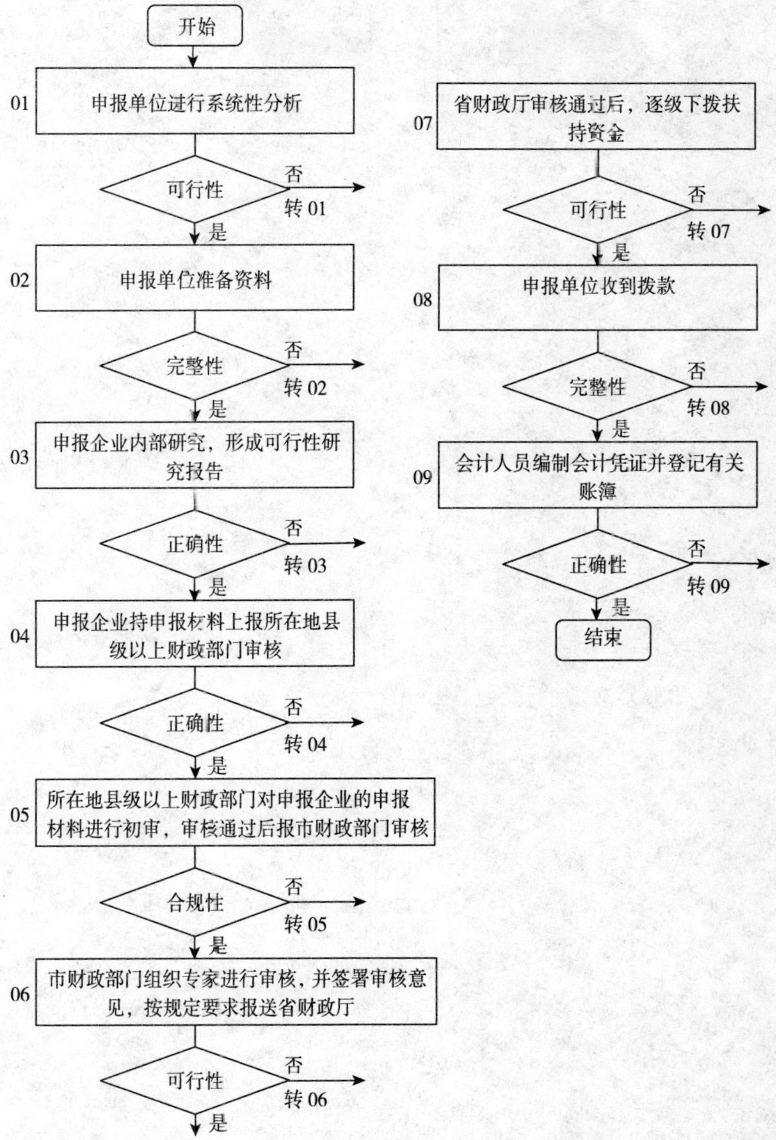
开始
01
申报单位进行系统性分析
可行性
否
转01
是
02
申报单位准备资料
完整性
否
转02
是
03
申报企业内部研究，形成可行性研究报告
正确性
否
转03
是
04
申报企业持申报材料上报所在地县级以上财政部门审核
正确性
否
转04
是
05
所在地县级以上财政部门对申报企业的申报材料进行初审，审核通过后报市财政部门审核
合规性
否
转05
是
06
市财政部门组织专家进行审核，并签署审核意见，按规定要求报送省财政厅
可行性
否
转06
是
07
省财政厅审核通过后，逐级下拨扶持资金
可行性
否
转07
是
08
申报单位收到拨款
完整性
否
转08
是
09
会计人员编制会计凭证并登记有关账簿
正确性
否
转09
是
结束